中国人生设计第一人

徐小平 著

仙人指路

Follow me
to Success

陕西师范大学出版社

图书在版编目(CIP)数据

仙人指路/徐小平著. —西安:陕西师范大学出版社,2006.5
ISBN 7-5613-3482-6

Ⅰ.仙… Ⅱ.徐… Ⅲ.杂文—作品集—中国—当代
Ⅳ.I267.1

中国版本图书馆 CIP 数据核字(2006)第 019685 号

图书代号:SK6N0369

仙人指路

著　　者:徐小平
责任编辑:周　宏
特约编辑:孙国勇
装帧设计:奇文云海工作室
出版发行:陕西师范大学出版社
(西安市陕西师大 120 信箱　邮编:710062)
印　　刷:河北三佳印制装订有限公司
开　　本:787×1092　1/16
字　　数:300 千
印　　张:20
版　　次:2006 年 6 月第 1 版
印　　次:2006 年 6 月第 1 次印刷
ISBN 7-5613-3482-6/I·393
定　　价:28.00 元

Follow me to success

目　录

目 录

CONTENTS

目 录

CONTENTS

重磅推荐：人生美文

徐　小　平 XUXIAOPING

给母亲的礼物

1994 年秋天，是我人生最低潮的时刻之一。

1993 年 9 月到 1994 年 8 月，我应国内朋友之邀回国创业，想发挥我的音乐特长，搞一个音像公司。一年下来，出了一盒磁带，是我在海外创作的关于留学生活的歌曲，叫《洋插队情歌》。当时以为一个大陆的罗大佑胜利诞生了，就志满意得准备迎接订单铺天盖地地到来，还摩拳擦掌准备打盗版。不幸的是，街头不仅没有出现盗版，连正版也没有见过——因为没人订货，唱片一出厂，就直接进了废品回收站。

没有赚钱，没有出名，没有做成自己想做能做的事情，没有实现我预想的创业计划，什么都没有。如果我坚持下来，工作也是有的，但显然无法支撑我两个孩子、一个太太，以及一双父母日益增长的精神和物质需求。两个孩子在父母那里抚养了两年，我已经不能再让他们操心了。太太一直在加拿大挣钱养家，更不可能一个人边工作边带两个孩子。于是，肩扛幼小的孩子，背负父母的黯然，心系妻子的失望，带着失败，带着贫穷，带着失望，也带着全家，我仓惶离开北京回到了加拿大，另谋生路。

虽然那次回国奋斗失败的体验，为我 1996 年再次回国成功创业打下了坚实的基础，但在 1994 年的秋天，当我抱着儿子，告别父母，愧对妻子，登上北京去温哥华的飞机时，我心里充满了凄凉和迷茫。

父母这个时候已经日益看出苍老衰弱，爸爸妈妈都曾经有过突发急病送到医院急救的经历。做儿子的我在将近四十的时候还让七老八十的父母为我担忧，为我出力，为我心情低迷，为我不能骄傲，他们不说，我也知道他们心里期待的我，显然应该是另外一个样子。

太太在生了两个孩子、独自工作支撑家庭好几年之后，也渴望我能分担她的压力。太太是一个极其美丽的女人，当时三十四五岁，正处在女性人生迎风怒放的盛夏时期，但在我多次失败的重重打击下，生命虽然不至于如秋叶般凋零，但至少也没有夏花之璀璨。她对我的信心，正在迅速流失。

压力是可怕的。上有老，下有小，中间还有对我恨铁不成钢的太太。我这个本来应该是家庭中流砥柱的人物，却不知将被命运冲向何方。当时的我，虽然对自己并没有失去信心——我依然觉得自己是一个伟大的人物——但现实是，我在加拿大做过的最伟大工作，也就是一个自封的第一送(比萨)饼师。我不仅不能让我的祖国自豪，我连我的父母太太儿子也无法面对。

(所以后来我知道了，欲让你的祖国自豪，先让你的家庭幸福。)

太太带着两个孩子，留在她工作的离温哥华一千四百公里的城市。我一个人来到温哥华找工作，住在一位好朋友家里。这位朋友曾经有过一个做过舞蹈演员的妻子，一到加拿大就把他甩了，嫁给了一个比她矮一头的富翁(我经常想：怎么搞!)，于是他又单身。朋友见我来到，无限亲切——一个已经被太太抛弃过，一个正在被太太抛弃中，两个四十不立的大男人，真是英雄哭英雄，猩猩惜猩猩!

……对了，当时我的哥们，和我一样，也没有工作！虽然这个朋友后来创业成功，成了一个百万富翁，但当时和我属于同一阶级——有知识无资产阶级。

什么阶级说什么话，什么男人有什么家！我住在他那一居室的客厅里，天天聊天说法，想着赚钱发财，越想越饥渴，越渴越急迫，越急越绝望，越绝望就越觉得自己对不起父母，孩子太太还可以等，我自己再苦再累也不要紧，但父母这个年龄，万一有个三长两短，在我能够尽孝之前就带着对儿子失败的无尽遗憾撒手西归，岂不给我留下一生难以弥补的创痛!

妻儿嗷嗷，自身难保，还要为父母尽儿子的孝道，尽量让他们高兴开心起来，以帮助维持父母的身心健康和晚年幸福，这是我最为烦恼头痛的事情，成为我精神崩溃的诱因之一。中年男人的所有艰难，在这一时刻几乎把我压垮。

但我发誓要让我的母亲高兴，要让她感受儿子对她的孝敬，要让他们知道，小平我即使再难再穷，我也要和他们分享生活的喜悦，让母亲感到儿子的孝心!

接近我的朋友，经常有人问：你怎么开口闭口都是母亲母亲，怎么从来不提你爸爸？我不担心我爸爸！我爸爸也是一个男人，虽然当时已经 70 多，现在更属于 80 后，但我从来不担心他老人家——男人，生来就是受折磨的，哪怕你是我爸爸!再说，爸爸爱着妈妈，妈妈眼中洋溢着幸福时，爸爸心里也就感到了欢乐啦!

但我能为母亲做点什么呢？没有钱，却要尽孝。人在加拿大，还要往中国送爱心。左右为难的我，想到了红楼梦里，贫寒的史湘云为轮到她做东宴请大观园姊妹们犯愁，但后来终于办了个物美价廉螃蟹宴解决了问题的故事。我的螃蟹在哪里?

有一天，我终于有了一个创意：朋友家里有中文版的美国《读者文摘》，里面有订阅广告，只要买个汇票寄到香港九龙某个地方，并指定寄送地址，受赠人就可以收到这本精美杂志!

我眼睛一亮，立即去邮局买了一张汇票，为父母订阅一份中文版的美国《读者文摘》，订阅期一年，似乎是三十六美元。把汇票和订单寄出之后，我立即给爸爸妈妈写了一封信，1994 年还没有电子邮件，通信就是那种贴着邮票的平信，我精心选择了好多张漂亮的邮票贴在信封上，以期待爸爸妈妈眼睛为之亮一亮。我在信中告诉他们，下个月他们将会收到我替他们订阅的、从香港寄来的《读者文摘》杂志了，我希望他们喜欢并欣赏这份美丽的刊物。

美国版的中文《读者文摘》，即使出现在今天国内的书架上，也是一种赏心悦目的阅读体验。这份彩色精印的杂志，当时每期封面都是一幅意味隽永的水彩画，每一页都有彩色插图，所有文章，都是关于亲情、爱心、幽默，以及轻松而深刻的哲理。我的母亲先前在加拿大看望我们时曾经读过并喜欢这本《读者文摘》，现在特地为她订阅一份，更显做儿子的用心周到。

1994 年的中国还相对封闭，能够在国内定期收到这份与众不同的刊物，捧上这本儿子从万里之外特意给他们寄赠的礼物，爸爸妈妈肯定会高兴、欣慰、欢笑。即使不能拿着这本小书向左邻右舍吹嘘儿子如何成功发达，但老人家内心深处一定会感到无比温馨。

千里寄鹅毛，礼轻儿意重。我的父母虽然和天下父母一样，也有强烈的物质需求，但我知道，他们更加看重的就是这份心意——这份儿子在自己人生如此低迷潦倒的时刻，依然能够替他们着想、希望讨他们高兴的心意；这份在自己最拮据窘迫的时刻，也要和父母和所爱的人分享爱心的心意！

啊，这本将在未来十二个月中源源不断、如期而至的《读者文摘》，就在这个时刻成为我心中无比珍重的鹅毛，送到了万里之外父母的手里，印证了中华民族这条千年以来维系亲子之情的古老家训。

寄走汇票，回到住处，我想自己总算为爸爸妈妈做了一件能够令他们开怀一笑的事，感到无比轻松和开脱。趴在桌上，我默默流了很长时间的眼泪，为自己的爱心感动。

朋友回家，看见我眼睛红红的，以为我离婚了，就很开心地安慰我。他已经离过婚，希望大家都离，这样他就多了一个难友，少了一份孤独。

……

2006 年。父亲 85 岁，越活越健康，每次家庭聚会，他都对姊妹们夸奖我，不说别的，只说：“小平是个孝子，三天两头打电话回来给我们！”（好像我给他送的许多脑白金就从来就没有收到似的！）。

因为从爸爸妈妈的夸奖中，我听出他们很希望我给他们打电话，所以我无论走到哪里，确实都会给爸爸妈妈打电话报平安，就为让他们放心、开心——可惜我已经不再写信，和父母交流，再也看不到那种精心贴着各种邮票、恭敬写着父母名字的信封了！

这次我回加拿大，抵达三天没有给爸爸妈妈打电话，爸爸妈妈就把电话打了过来，说是没什么事，只是看我没电话回来，不放心，打个电话，“看看到了没有”。

我坐的是飞机，如果三天还不到，那就永远也不会到了！瞧这个逻辑！

但接完电话我懊恼不已！稍一马虎不慎，我就让父母担忧了！其实父母真会担忧飞机没到吗？但是，他们已经习惯我每飞一地就必然打来问候报安的电话，到时电话铃不响，老人的生活就缺了些什么，就不踏实，就不安心，就不“幸福”。

爱是一种责任，爱是一种承诺，爱也是一种生物钟……爱与贫富贵贱无关、爱与成功失败无关、爱与辉煌潦倒无关、爱是一种需要精心维护、持之以恒、不断表达、习惯成自然的行动啊！

王子或乞丐、公主或保姆、身无分文或腰缠万贯、安居高楼或流落街头的你，今天，你对你的父母，表达了你的爱了吗？

与一个新东方学生的四次邂逅

一

1999 年春节过后不久，是一个情人节。我在中关村礼堂做讲座，具体讲了些什么我已经记不得了。那天给我留下难忘印象的，是在我讲到激情深处时，一个男生羞涩地走上台来，送给我一朵玫瑰。

同学们热烈鼓掌。这给寂寞的情人节期间的我，带来了一股春风般的温馨。因为我听说新东方老师们总是收到各种玫瑰，据说当时名满京城的 GRE 老师宋昊收到的鲜花最多，多得可以开花店，但是又据说宋昊在他老婆的管理下，一点也不花心。

但毕竟玫瑰象征着爱，哪怕来自一个男生，也是爱的表达啊！我说：这是我第一次收到学生的玫瑰。但这珍贵的第一次，却来自一个男生！我更希望是一个女孩……学生们哄堂大笑，接着我又立即重新开讲。笑声中那个身影单薄、面容苍白的瘦削男生姓甚名谁，也就无从理会了。

新东方有无数的学生，在春节、情人节这样的良宵吉日还在学习，无非是为了留学、前途和人生梦想。他们把自己强行封杀在世界躁动呼啸的欲望潮流之外，恰恰是为了厚积薄发，等待来年“春风得意马蹄疾，一夜看尽长安花”。

这朵情人节的玫瑰，在我眼前飘动了很久，在我心里散发着持久的馨香。但那个男生是谁，他后来去了哪里，他的命运如何……我是根本无从追想的了。像人生急流里的一朵浪花，他在我眼前匆匆打了一个旋涡，然后又匆匆地流往人生的远方，奔往命运的大海。直到命运把他再次带到我的面前。

二

1999 年夏天，美国签证的旺季，我开设了“美国签证哲学辅导班”，报名者甚众。有几个班几乎达到二百人。签证咨询班上，主要是那些已经被拒签或即将被拒的同学。每年这个时候，美国签证处窗口总是冤魂遍地，黑云密布；而新东方咨询处则总是灌满了学生对签证官的深仇大恨，杀声震天。

面对这种情绪，我虽然总想尽一切办法对这些被拒的同学进行鼓励、打气、调解、指导，但自己不免被这些学生的低落或愤怒情绪搞得非常沮丧，感到很累。但在一次课堂上，当一个男生站起来向我提问时，真让我感到彻底地心力衰竭，走投无路：但见这个男生长着一张苍白而瘦削的脸，那脸上布满了杀气——或者说布满了一脸刚刚被人含冤谋杀的怨气和怒气。他说他去美国读 MBA 签证申请刚刚被拒。

他反反复复告诉我被拒签是冤枉。我告诉他“所有拒签都是不公平的”。他说他的拒签最不公平，因为“那个签证官妈妈的实在不是东西”，明明他有足够的钱但还是以资金不足和移民倾向把他给拒了！

我向他阐述了我所认为的他被拒签的观点，不是因为金钱不足被拒，而是因为没有表明自己优秀的背景而被拒，但他却生硬地说不同意我的观点，并立即在课堂上和我辩驳起来。占用了如此多的时间，一时间其他学生烦躁起来，底下发出了嘘声。

学过 GMAT、刚刚从申请 MBA 的炼狱里走出来的人，狡辩能力和攻击性正处于峰值状态，我当然辩不过他，而且课上还有好多学生，我说，这样，下课和你单独谈吧。现在我要照顾大家的需求。

课后这个学生走到我面前。他说徐老师你不认识我了吗？春节时我给你送过玫瑰呢！

因为被学生赠送玫瑰的事情就发生过那么一两次，所以，我立即记起了他是谁，并为我的健忘感到脸红。我说：抱歉我不记得你了。因为从你的表情，我看到的全是刺,无法把你和那朵玫瑰联系起来啊!

那天和他谈话,我现在想起来还心有余怒。他完全彻底被他自己的逻辑弄得走火入魔,不断用他的思路来反问来折磨我,根本不听我的。这使我很恼怒:既然你来寻找我的帮助,你就得听我的。听我的,就是签证!但他非要打破沙锅问到底,而我,在这每天都有上百个学生需要我帮助的签证高峰时刻,我根本不可能为一个学生咨询三四次,对谈十小时!我觉得这个家伙太不像话了,虽然我始终都保持着强颜欢笑!

不过,我知道他的偏执完全是因为奋斗到了最后关头的疯狂!所以我虽然愤怒他占有我的时间,但心里还是充满了对他的喜爱。因为,我发现他确实是一个优秀的学生。于是,我说:假如最后实在拿不到签证,你还不如今年不去这个学校,明年去哈佛!你完全有资格去哈佛。

听到"哈佛"两个字,他的头皮跳了一下,好像根本无法相信他能够去哈佛。我说那么多聪明人和傻瓜都去了哈佛,哪里就多你一个少你一个!

为了鼓励他,我问:"考上哈佛的都是人吧?""是。""你是人吗?""是。""所以你也可以去哈佛。"这好像是版权属于王强老师的一个说法,是他在演讲时为了激励学生自信时常常使用的一种江湖逻辑。对于以自谦闻名的中国学生来说,这样的逻辑无疑是一剂自信的强心针,曾经激励和驱动无数学员到达了他们此前根本不敢想象的地方。最后,我鼓励他还是先用这个学校的录取去签证,等拿到签证之后,如果决定不去,再把那张可恶的签证一点一点地撕掉,以消解心头那被伤害和被侮辱的拒签之恨。

他拿到了签证。但是并没有听我的,实施我的哈佛与复仇计划,而是在经过和我深刻研讨之后,当年去了美国,去实践他的美国梦了。

三

相逢、告别、珍重、再见……这是我在新东方最经常经历的情感旋涡。这个学生,再一次在我面前打了一个旋,再次匆匆消失在远方,那承载着千万人梦想的远方。而他,也从我的心头彻底消失了,在我第三次撞见他之前,我再也没有想起过他。

所以,当三年后我在北京街头被他叫唤我的名字时,我虽然能够认出他来,但却只能"啊、啊"了半天,叫不出他的名字。北京这么大,我居然非得又遇见他一次,真的说不出我和他之间到底有什么非得相遇的缘由!

这时的他,已经从美国那所商学院毕业,在华尔街工作了一年之后,被美国公司派回中国。中国一家大型国有金融公司要和国际接轨，与这家美国华尔街的主流公司合资成立一家投资银行机构，他被合资双方一致认为是最佳总裁人选，前几天刚刚回北京履新，正踌躇满志，要创建中国自己的高盛、美林、雷曼兄弟公司呢！

“中国的投资银行业务，基本是刚刚起步。而美国在这方面已经发展了好几十年。我们回国，带来的是美国最先进的理念和方法，能够把中国投资水平往前推进好几十年。”从他的脸上，已经看不出三年前冬天那种为留学而拒过情人节的伶仃孤独，更看不到三年前夏天那种为签证而钻进牛角尖的疯狂暴戾。他的脸上，有的只是三年在美国留学生活积淀的成熟与沉静，有的只是对于未来金融事业展望与个人锦绣前程的豪情与自信。

我第一次在他的面前感到了自卑。新东方的徐小平，也会因为他而自卑。妈妈的，可见他的如虹气势啊！

从一个蛰伏在新东方一个幽暗教室里艰难的奋斗者，到世界顶尖投资公司的高级管理人士；从一个在竞争洪流里苦苦寻找自己事业彼岸的追梦人，到梦想实现登上自己奋斗高台的成功青年，他在我的眼里，立即显得无比性感迷人。并不是我势利，也不是我庸俗，而是我切实从他三年前后的巨大变化中，感到了教育如何改变人类，留学如何再造中国！我顺水推舟，一厢情愿地把眼前这个小伙子想象成一个江湖英雄，仗剑侠客。因为，我愿意从他人生奋斗的胜利凯旋，看到更多新东方教育的辉煌！并以此感到无比的骄傲！

虽然仔细想想，从美国留学归来，得到一家国际集团的聘用，其实只是万里长征的第一步。我没有必要把对面的这个学生故意神话，并把他的成功，移情到我们自己的成功当中，进而进一步制造新东方神话。不过我依然无法不感慨万千。作为新东方老师，我的最大快乐，以及天下老师们最欢乐的瞬间，莫过于看到时间与历史在自己眼前浓缩而凝固，一个学生从卑微中走来，在辉煌中出现。昨天、今天和未来，通过一个激情澎湃的年轻生命，在你的眼前奇幻般演绎旋转。这个时刻，怎能不让人顿有返老还童、生命永恒之感！

在这个从卑微到辉煌的过程中，作为教育者的我们，曾经为照亮他们的征程点亮过一两盏路灯，甚至只是他们人生的长途跋涉中，点拨过一两次方向，庇护过一两回风雨，预警过一两次寒暑……一个教师和一个学校的神圣，就已经载入了史册，就已经光耀于星空！

新东方！我为她而自豪，我为自己能够成为新东方一员而自豪！因为，在新东方事业的大厦里，每一块砖上，都是由这样的故事铸就；在新东方成就的传奇里，每一个韵脚，都是因这些学生的姓名和学府的校牌组成。这就是新东方存在的意义，这就是我本人在新东方奋斗的最高价值!

写得激动,但其实当时面对他时我又有一些尴尬。因为我想起我曾经劝他放弃他的学校,来年去哈佛。而他没有听我的并且依然获得了如此成功,可见我自己在历史上也曾经有过哈佛情结、有过学位势利主义,甚至有过“留学集体无意识”呢!

但是,我“与时俱进”我怕谁?

我约他来新东方在北京电视台开设的“新东方留学咖啡”节目里接受我的采访。到了预约采访的日子,非典到来,加上我到处乱丢名片的坏习惯,找不到他的联系号码。我想我和他的缘分应该已经到头,从此不会再碰见他了吧。我为什么要碰见他?碰见他于我有什么说法?

四

2003年6月10日,我从温哥华探亲回国。当时非典的恐慌虽然已经过去,但加拿大航空公司却偏偏取消了所有直飞中国的班机,回国必须从日本东京转机,需要在东京机场等待四、五个小时。

我注定要在等候转机的时候再次遇见这个家伙!我自己暗暗叫苦,心想凭什么我和他这么有缘。一个男生,有什么总是被我遇见的理由!

他是去美国谈业务回来的路上,虽然是非典席卷全世界,但他和他的公司一点也没有停步,正在大踏步发展中。他兴奋地告诉我最近两个月来他的公司的发展,虽然我对他的业务一点兴趣也没有,但我对他的成功依然感到一如既往的好奇。

我忽发奇想,想问问他现在去美国签证是否有麻烦?但我立即对自己的职业小心眼感到可笑。这样的人,世界已经属于他的。在这个经济环球化的世界上,他已经是一个不折不扣的环球化了的人!小小寰球,他不会再因为签证而碰壁。大千世界,也不会再有什么障碍能够阻止他实现他认定的理想。

他的航班先我两个小时回国。看着他匆匆消失在通往飞机廊桥里面那自信而沉着的背影,我充满艳羡,充满对于年轻、对于成功、对于充实人生的羡慕之情,心头马上袭来一阵焦灼:我突然觉得,接下来两个小时的等待,忽然像漫漫长夜那么让我难以忍受——我想赶快回到北京!立即投入我最喜欢的、给我带来了人生所有价值和欢乐的咨询工作,赶快继续去遇见、指点、引导、帮助更多像他这样的学生。

因为,从这个学生,我看到了新东方的人山人海,我看见了中国大学生的奋斗急流,我看到了新东方事业的伟大意义。一滴水而见沧海,一花开而知春来。从这个至今我无法想起姓名来的普通成功者,我看到了作为一代教育家的新东方老师们的生命在璀璨开放……

与这个学生多次的偶遇，其实是我生命的必然。每天每日，在中国，在新东方，多少人怀着共同的渴望与梦想，多少人在追求共同的价值与辉煌！那远方的同学朋友们啊，我们其实早已相逢、相识，早已在心底互相引为命运与共、终生难忘的知己了！

同是天涯奋斗人，相识何必再相逢？而一但某一天我们在世界的某个角落邂逅，你只要轻轻地说一声：我们见过面，在新东方！

我期待更多来自学生的玫瑰，不管男生女生；我梦想更多似曾相识的邂逅，无论新朋旧友。而我生命里这些最美丽的东西，只有在中国、在北京、在新东方，至少也必须是在飞向中国、飞向北京、飞向新东方的中途，我才能遇到……

新杂志，旧杂志

一

两年前的一天，北京广播学院一个学新闻传播的女硕士生陈玖来新东方找我。她从外地大学毕业后直接考入了北广读研究生，现在找工作遇到了问题。经过半年努力，她只找到了一份广告公司月薪两千人民币的工作。

看着面前精神沮丧但又牢骚满腹的她，我总觉得有些什么问题，但是一下子又说不出来。我心里想：北广是中国最好的传播学院，如果这里的新闻研究生都找不到一份像样的媒体工作，那么谁能找到？

但是我脑子里又浮现了我认识的无数媒体朋友的影子，他们的学历都没有陈玖的高，没有北广的硬，但他们好像都在媒体里翩翩起舞，左右逢源。为什么别人能够成功而陈玖反而不行？

在和她仔细交谈了一个多小时之后，我知道她的问题出在什么地方。但也知道我要说的话陈玖肯定不爱听，于是我皱起眉头。

陈玖看见我皱眉，以为知道我在想什么，就抢先叹一口气，愤愤地说：徐老师，我想问您一个问题，如果连我这样优秀的人都找不到工作，大学办了还有什么用？

我心里想：你可真是说到我心里来了，我也在问这个问题呢！不过我问的角度，和你是完全不一样的。

陈玖在责问社会，而我则想拷问陈玖：为什么那么多的人在各种各样的新兴和旧式媒体都找到了工作，而你这么好的硬件条件却找不着？

我说："你想知道你为什么这么难吗？坦率说，如果我是那些你申请过公司的招聘主管，看了你的申请表也许会给你面试的机会，但面试完了我同样也不会录用你！

"我不会要你，是因为你虽然苦读多年获得北广的硕士学位，但我看你在其他方面的发展却非常落后。你的情况，有点像中国经济，虽然GDP增长世界第一快，但环境污染和资源消耗也是世界最糟糕。你缺少科学发展观指导下的全面协调发展。

"全面协调发展，指的是除了专业知识与技能之外其他方面的能力。我看你这些能力是非常差的。和你聊了将近两小时，一点也没有给我带来交谈的快乐和交流的愉悦。和你谈话，是一种枯燥和无聊的经历，是一种苦闷和压抑的象征——中国社会的各种压抑是越来越少了，而中国人民正在日益时尚新颖、迅速开放透明起来，但和你面对面，却使我感到一种好像时光倒流、土地横转、倒退到上个世纪八十年代、吹刮到黄土高原无人地带的感觉……

"你的思想，严重过时；你的打扮，相当土气；你的表情，像个小市民；你的动态，像个发育之前的中学生。你一点没有都市知识女性应该有的那种成熟、精致、优雅、妩媚。"

陈玖似乎想反驳我，但我决定奋不顾身把我的话说完："瞧你的嘴唇未曾施朱、你的面颊尚未敷粉、你的身体，没有喷上一抹香水从而为我传来幽幽的淡香，让和你对话的人感到浅浅的晕眩——疏影暗香，本来是女性最为动人的表达、最为委婉的诉求，它是无言的诗歌无形的丹青，但你却一点也没有这种文明的装饰、职场的需求，居然就蒙着自己灰色的本色、单调的风采走到了包括我老人家在内的那些能够帮助你到人生更高层次生活更美境界的那些决策者的身边。你想证明什么？——我很丑，但是我很温柔？你怎么可能在这个世界上找到你要的奶酪，切到你要的蛋糕，摘到你要的樱桃呢！

"你的问题是：你太土了。你不像一个北广新闻研究生。你像一个进城卖菜的农村姑娘。'村里有个姑娘叫小芳，长得好看又善良'，但是如果进城，一定会被李春波这些回城知青甩掉……"

陈玖打断我的话，整顿衣裳起敛容，她说："徐老师，虽然我非常尊敬你，但我不同意你的观点。听你的意思，好像女生出外找工作就是靠外表取胜似的。如果人人都听了你的(胡)言(乱)语(括号里的话她并没有说出口,是我听出来的弦外之音),把嘴唇涂得像刺刀见红似的那么红,把面颊敷得像一穷二白似的那么白,你说这个世界成啥样啦! 那样研究生就不是研究生,而是……"

见她有点脸红,欲言又止,我鼓励她道:"而是什么? 大胆说,我不怕的!"

"而是、而是妈妈生(桑)了!"她生气地说:"而且你知道,我确实来自农村,但我为我的出身自豪。要知道,一支口红,贵的可以贵到农村人家几个月的口粮钱,一瓶香水,甚至可以超过一个农民一年的收入,你让我做这做那,岂非让我背叛我的过去吗?"

我惊叹这个女孩子居然用这种思想和我辩论。这种思想,是反动的。于是我决定继续和她理论到底,否则不仅对不起这个女孩,事实上我就有可能对不起天下所有和她有一样问题的同性人、同学人、同龄人。

三

于是我说:"看见我书架上的那两本杂志了吧? 把它们拿过来,仔细观察它们。"

陈玖把两本杂志摊在我的面前,一本是一份与美国合作出版的时尚类杂志,一本是一份国内自主出版的性质相同的生活类杂志。

我说:看见这两本杂志了吗?

女生说:当然看见啦,怎么呢?

"这两本杂志,用的都是一样的纸、写的都是一样的内容,它们都有图片、都是彩印、都是中文,说不定后者比前者的中文更加地道更加流利,它们的故事事实上都很吸引人,甚至后者比前者的内容更加扎实丰富,但是,你看看这两本杂志的价格:一本只有六块钱,一本却卖到二十元。两者相差三倍多! Why?

"同样的纸张、油墨、文字、故事,但做出来的东西,居然在市场上有三倍多的差价,为什么?"

陈玖被我问住了。但是她似乎知道了什么,于是诚恳地看着我,眼睛里没有了挑战的神情。她说:我很想知道为什么,徐老师,你告诉我!

"我也不知道!"我斩钉截铁地告诉她。

"我不是搞出版的,更不懂杂志的方法与规律。但我作为读者和买杂志的人,我肯定会喜欢那本20块的杂志。瞧这杂志看在眼里多么舒服,拿在手上多么惬意,翻阅起来多么潇洒,那本6块钱的破玩意儿,哪怕免费赠送给我——我也要,但我肯定不会仔细去阅读它。因为,在生活中,许多时候形式就是内容。比如时装模特的全部内容,就是她的猫步。烹饪里面的色香味,前两个指标全是形式。杂志的使命是让读者感到轻松、休闲与格调，如果杂志的外表是这个小瘪三和三陪女的样子，你怎么能够期待绅士淑女来购买呢——当然，你只能降格以求，只能把自己定位在低端市场——6 块钱的市场，价值比你应该有的低三倍多。

"你别告诉我你就是走民工路线，心为民所系，脸为民不容。你已经是一个新闻学硕士了。党和人民以及你的父母花这么多钱培养你，目的就是要你在职业场上证明高等教育如何改变你的命运，提高你的地位。如果读完研究生和大专毕业工资一样高，你简直就是辱没了高等教育的神圣性。你不觉得这正是你的问题吗？作为新闻研究生，你的收入应该是在 6 千人民币上下，但你得到的，正好比这个市场价格低了三倍。你是……"

看见我面有难色、欲言又止的样子，她鼓励我说："徐老师你有什么话你就说吧，我遭到的打击也够多的了，我扛得住的！"

我说："你是一本旧杂志！"

我把旧杂志甩进废纸篓，然后温情脉脉地看着她说："从小学到研究生，将近二十年寒窗，容易吗？但打造出来你这本旧杂志，在人才市场上这样遭到如此贱卖和甩卖，真是教育的失败和命运的戏弄啊！"

四

什么是旧杂志？新旧杂志所代表的人的新旧，到底有什么具体指标？

"新旧杂志的区别到底是什么我也许说不清，但我确实知道市价两千块的研究生和六千块的研究生之间的差异。杂志有新有旧，人也一样。新人旧人，虽然都是人，但却是市价完全不同的人。

"两千块和六千块研究生的差异，在于如下三个方面，请允许我由表及里、由浅入深把这三个方面讲述如下：

"第一是外表。新人旧人在穿着打扮、行为举止这些表面文章上的差异，很大程度上决定了他们的价值。上个世纪的八十年代，知识界流行着'丑陋的中国人'的说法，而'丑陋的中国人'之主要例证，主要体现在当时的人们喜欢随地大小痰、就地抠鼻子等这些外在'小节'问题上。进入九十年代，'丑陋的中国人'的民族自卑情结已经被'美丽的中国人'的上升的自信所取代。中国人民不仅站'起来了'，中国人也开始美起来、洋起来、不随地大小痰起来了！但中国人的穿着打扮行为举止难道就没有继续改进和提升的地方了吗？肯定有的。而且事实上有很大的差距，比如你老人家。

"那么多中国女明星见到外国人就奋不顾身，勇往直前，被老外搞得年老色衰之后再回到伟大的祖国出售她们充满低级色情隐喻的失败罗曼史。为什么？发展中国家的好男人坏男人比发展过国家的好男人坏男人整体上不幸确实存在着稍逊风骚和略输文采的地方。中国内地女性在表达人作为动物之美的外在美方面也平均不如港台女人和欧美女性。别说我在这里贩卖一种新时代的洋奴意识。我不是。我说的只是中国在人的发展问题上和世界先进水平的差异——其实，你只要看看你自己和那些没有离开乡下的当年小女伴们的土洋差异，你就知道内地与(国)外地的差别了！

“就人的发展问题而言，中国还是一个巨大的农村。即使是在大城市里受过哪怕硕士教育的你和发达国家同等教育水平的男女比起来我们还是要命的土人。你本来可以抱土守粗，拒绝洋化，就这样幸福而闭塞地过一辈子。但不幸的是，环球化正在把人的发展标准迅速引进到中国。更不幸的是，这些标准已经并将继续深入成为外企、内企、私企、国企在招人、用人、裁人、酬人时的标准了。”

陈圦累张地摸摸头发，生怕我以她为例来证明什么。我接着说：

“新旧杂志，一目了然；新人旧人，世人自知。世上只有新人笑，世上哪听旧人哭，素质两个字好辛苦！

“新旧人士的第二个重大区别，是在性格魅力、人格表达上的差异，简单说，新人具有表达自己、展示自己、感染他人、说服他人的能力。旧人没有。在美国当议员、选总统，政治家们都必须在性格魅力和人格表达上，赢得选民的喜爱——他的政治主张是好是坏暂且不说，但他给选民的印象必须要好。事实上不仅政治家要这样，你就是一个汽车销售员一个售楼先生或小姐也必须做到让别人第一眼就喜欢你，第N眼也必须继续被你吸引着。

“性格魅力是一种人格的表达，是一种为了使你交流交往的对象感到愉快高兴和接纳你的做人的形式。它表现在说话、办事、交流、理解等这些与人打交道时体现出来的能力。你只要走向社会、接触他人，你就有责任有必要把自己最可爱的一面表达出来。而这种表达，不幸又有一种客观标准在被人们时刻筛选、鉴定和取舍着。

“性格表达其实很简单——只要你想。只要你想，你的性格魅力就会跳跃晃动、就会动感地带。传统教育往往遏制学生对于自己性格的表达，封杀他们的性格魅力，结果一个个本来应该很优秀的学生走到我的面前往往使我会产生绝望和轻生的念头——因为，假如我们民族的教育培养出来的全是陈景润式的失去独立性格和精神自由的三好学生的话，我们民族也许可以解开哥德巴赫猜想，但却永远出不了歌德和巴赫这类照亮了人类文明的伟人——甚至就连哥德巴赫这样原创性的数学家也诞生不了啊！

“人格魅力，人人都有，但并非人人都能够表达。而这种人格一旦表达出来，就是魅力，就是财富，就是高薪，就是六千高工资，而不是两千骂人钱。你要多多表达自己，不断展示真我的风采，拼命抖落女硕的魅力。你这本旧杂志，说不定就会被当作改版的刊物，在报摊上卖出一个更高的价钱啊!”

陈玖脸上露出羞愧和希望的笑容。她的个性魅力，在这里开始曙光初露，我看见朝霞升起在她的脸上。加油！表达你的魅力！

“人群中新旧杂志的第三种主要差异，在于思维方式和价值观念的不同，换言之就是思想的新旧不同。这个问题虽然抽象，但我依然可以说得无比具体。比如你刚才以口红香水的高价来和贫苦农民的生活比较，企图证明你不修饰打扮是正义的，而这个观点恰好是旧杂志文章，是旧人类的反动!

“要知道，即使是最贫穷饥饿的农民，也知道为了好收成就得给地里多施点化肥粪便，也会不惜血本倾其所有让地里的麦子多收个三斗五斗。

“而你，你，你，你须知作为记者，你每天都要和人面对面交往、眼对眼对流、口对口呼吸，你的面孔，就是你的耕地；你的口红，就是你的化肥。为了面孔土地的肥沃而投资一些颜料和油料，是农民兄弟都深谙的伟大智慧。这是投资，而不是挥霍！这是施肥壮苗，而不是水土流失。你连这点智慧都没有，你还能收获什么？

“价值观念指导我们的行动，思维方式决定我们的选择。中国有这么大的变化，其实就是改革开放这四个字。改革开放，是伟大的思维方式。国家现在已经把改革开放推到了如此的前沿，现在不再是年轻人在推动老年人快点改革，甚至出现了政府在推动小青年快快丢掉旧思想的局面了。

“亲爱的，你居然让我为这个简单的问题说了这么久，这已经是在浪费社会资源，你已经成为这个时代的绊脚石啦。如果不赶快改变你自己，也许中华民族已经走出被开除球籍的阴影了，但你的工作籍，却可能永远没有了保障!

“硕士到手烦恼起，北广毕业等于零。因为你虽然学到了新闻理论和技巧，但你没有学到现代媒体人应该有的现代气质、表达和思想。你沉浸在传统教育的‘优秀’里面时间太长，成了人群里的旧杂志。

“解放思想，跟上时代，迎接环球化带来的对个人素质的影响和标准，从外表到内心，从思想到行动，是你从旧杂志变成新杂志的标志，是你从旧人类进化成新人类的象征。祝贺你啊!”

五

一年后，一个女记者要采访我，打电话说我过去见过她，她说我肯定记得她的名字:陈玖。可惜我想了半天也想不起她是谁。在新东方,我见过的学生实在太多。我只记得他们的性别和命运,而记不住他们的面容和姓名。

"嗨,徐老师你忘啦?我就是那本'旧杂志'啊!"

我情绪大振,一下子想起了那个两千块的研究生。对于和我谈过话的同学,我总是深刻地关注着他们的后续发展,虽然一般我并不追踪咨询。她现在在一家合作出版的时尚杂志负责都市女性心理与性格的专栏,要请我谈谈我那给她深刻影响的"新旧杂志"理论。她顺便骄傲地告诉我,她的工资是六千五百元。

她说:"到时我来找你,你可要记得我的名字,让我进来。"

我说我记得你的名字,旧杂志陈玖!

陈玖得意地笑了笑:"我已经不叫陈玖啦,这个名字太陈旧!我给自己起了一个笔名,叫馨瓣——新版的意思。"

捧着电话,我会心地笑了。我自豪,一本旧杂志,终于在我的帮助下被迫改版,回归了她本来应有的价值,展示了她所属的时代风采!

可黛的故事

一、深夜约会

这是一个新鲜出炉的故事,新鲜得我在打字的时刻,几乎能听到吱吱的奶油流淌的声音。

这是2004年7月7日的晚上。这个晚上,我喝了好多咖啡,发誓要把已经过了截稿期的《新东方英语》杂志的文章赶出来。但正当我坐在书桌前搜刮枯肠、绞尽脑汁时,电话突然响了起来!

这是一个叫可黛的女孩打来的。她说今晚一定要见我一下,因为明天,她就飞赴美国,去斯坦福大学读她的MBA,所以无论如何要和我见面道别。

可黛是谁?谁会在即将去美国的前夜这么含情脉脉、深情似海地想起我?

夜色笼罩北京。我为文章所困,可黛为留学兴奋。

北京,今夜无人入眠!

当然,我很快就想起可黛是谁了。那种期待浪漫的幻想心理,也就迅速冷却下来。但另外一种庄严的幸福感,却在心里升起……

二、全奖鸡肋

2000 年夏天,我受俞敏洪启发,对获得奖学金即将赴美留学的一些同学进行采访,编写一本书。这就是后来北京大学出版社出版的《美国留学天问》。

在这本书里我采访了一个女孩。她获得了美国一所排名七八十的商学院录取,而且还得到了 MBA 学生罕见的奖学金。她对即将开始的美国留学生活,充满了展望和幻想。

这个女孩就是可黛。可黛长得并不漂亮,她的本科学校很一般,研究生毕业于北京的一个二流大学。但她与众不同之处在于她的综合实力:她获得了经济学本科、金融学硕士,拥有一个会计执照,还考了一个经济法律师资格。在银行工作了一年。托福 630,GMAT 我已经记不得了,可能是在 700 分以内。

当时我正在新东方宣讲“MBA 的十大战略”:战略之一就是 MBA 和其他文理工程学科比起来,比较讲究出身门第。一般工程技术专业没有这个问题,但如果读 MBA 的话,就要尽可能去好一点的学校。什么是好学校?美国 Top20,最好当然是 Top10。

前十名学校 MBA 毕业的工资,平均是在十万美元以上。而可黛手中这个八十名的学校,毕业能够找到一份五万美元的工作就是学校的骄傲。前十名学校的 MBA,很容易进入各行各业世界前十名的公司,而排名靠后的 MBA,就业前景肯定不那么激动人心。

因此我鼓励人们提前规划 MBA 入学,做好充分准备,努力使自己进入自己能力范围内最高可及的商学院。换言之,我的咨询,除了告诉大家“名校烂校一样出人才”这样的基本道理之外,其实还不遗余力地鼓励大家在奋斗的道路上,尽量跳到更高平台。不注重学历出身,与努力挖掘个人潜力,登上更高教育平台,两者是一个巴掌的两面,并不矛盾。

MBA 需要工作经验。越好的学校,对于工作经验的要求越严格。世界名校的 MBA 学生,平均总有四五年工作经验。可黛研究生毕业才工作了一年,工作经验严重不足。以她的其它条件,如果能够再多一点工作经验的话,肯定可以得到顶尖大学的青睐。

换言之,如果可黛舍得放弃手中的录取,瞄准美国 Top10 的商学院重新申请,她的前途人生,从此就会改写。

我的职业病开始发作。我心里跃跃欲试、痒痒难忍，开始酝酿如何改变她的人生轨迹，打算试图劝说她放弃这个虽然来之不易，但我看来一钱不值，甚至后患无穷的全奖鸡肋。

当然，我说的话、提的建议必须对人家负责。我不能今天提出这个建议，明天又想出那个主意，让我的学生无所适从，让我的咨询对象走投无路。我必须对我自己负责。

可黛告诉我，她有一个美好的未婚夫，两人恋爱已经很多年，“本来就要结婚了”，但为了留学，决定推迟婚期。

听到这个情况，本来还有点犹豫的我立即找到了劝她的理由。我说：“你爱你的未婚夫吗？”

可黛毫不犹豫地说：“当然！我爱他，他爱我。我们在一起可幸福了！”

我就怕她说他们的爱情不坚固，这样我就会失去一些劝她留下的道德理由。我追问道：“你真的爱他吗？他真的爱你吗？这里面有没有自欺欺人的因素？”

可黛明媚的脸上显得无比灿烂：“我们从大学一年级起就爱上了。徐老师，我们真的、真的很幸福！”

我相信她的话，但我也知道这个时刻我的责任：我必须穿透明媚和灿烂的阳光，指出太阳里面的黑子。

于是我说：“我相信你的话。但树上的鸟儿成双对，你们应该夫妻双双赴北美。夫妻虽是同林鸟，分居导致燕分飞。虽然你们的爱是真实的，但你们之间也真实地存在一对不可调和的基本矛盾：你认为你的潜力还没有挖尽，需要出国留学才能获得提升。他认为自己才华还没有发挥，只要努力工作就能尽得风流。

“你们两个，也许已经把单人床密密地合并在一起，但并没有把未来紧紧捆绑在一块。你们也许在肉体上有了零距离接触，但灵魂却依然有着一万里鸿沟——正好是美国和中国的飞行距离。

“在奔向未来的道路上，他向东，你向西，他对内，你对外。每天太阳升起，你向往美国的奶油蛋糕，他垂涎中华的豆浆油条。你们虽然打算同甘共苦，但却认可同床异梦；虽然渴望同枕共眠，但却计划隔海相望。这是婚姻吗？这是爱情吗？这是海枯石烂、青藏高原、长江黄河、忠贞不渝吗？

“我建议，如果你想放弃你未婚男友，你明天就出国，我送你机场；如果你不想放弃你大学甜心，你就放弃美国、放弃这个并不值钱的奖学金，来年我帮你去哈佛！

“这就是我的建议。我的建议基于两个根本的价值判断：第一是你可以去更好的学校。而 MBA 学校的好坏，决定你一生的生活层次、社会地位、工资数额、汽车牌子、龙虾品种——麻小、还是澳龙……

“第二个根本价值判断，则是你必须珍惜来之不易的爱情。人的一生也许可以结许多婚，但真正刻骨铭心的爱情，往往就这么一次。不要用留学来破坏这个刻骨铭心的爱情。也不要以奋斗为名，忘记了我们奋斗的最高价值其实就是心灵深处的幸福。

“暗礁险滩，我已经分析完毕。何去何从，你可三思而行。”

可黛自信矜持的表情，在我的压迫下开始崩溃。她失声痛哭起来。我知道她哭什么。

是的，假如我的咨询，能够在几分钟之内摧毁一个知识女性小半生构建的人生大厦的话，这个人生大厦，多半是烂尾楼。

哭声中，一个幸福自信、美丽成功、生命之花即将彻底盛开、幸福之果即将甜蜜透顶的女孩，正在重生！

因此，我都没有给她面巾纸擦眼泪，我陶醉在自己咨询的效果中。

……

四年过去了。

……穿越岁月的花径，飞过时光的原野，趟着蜜月的河流，可黛载歌载舞地向我走来，而且她的手中，还挽着她幸福而自信的丈夫。从两人幸福的眼睛里，我看到了我的光芒。我沐浴在他们感激赞美的暴风雨中，虽然我不时撑起谦虚的雨伞阻挡两下，但心里却拼命地高兴，想：毕竟，我为他们的幸福喜悦是承担过一些责任重负和心理压力的，就让快乐的暴风雨来得更猛烈一些吧！

三、中途接力

2000 年的可黛放弃了美国留学，回到了自己熟悉和热爱的生活中，很快就结婚了。虽然她试图申请 2001 年名校入学，但由于工作背景没有明显改善，并不成功。新婚的她决定暂时停止一年两年，一来享受幸福的家庭生活，一来积累作为银行家的工作经验。她的生活，在向着成熟和成功挺进。

2002 年春天，我约她到我办公室来见面，了解她的近况。她说她的工作现在发展非常好，单位里很重用她，现在已经是科长，很快就会提升为处长，她的家庭生活，也非常幸福，两个人相敬相爱，密不可分。

在这个情况下是否还要出国？她几乎有点犹豫。她自己心灵深处的哈佛之梦，好像有点乘风远去之势，而她自己虽然还没有经历风雨，却好像远航倦归的船，似乎就要抛锚停泊在发现新大陆的中途岛。

如同其他青年人一样，可黛有她自己的局限性。幸福舒适的生活，虽然确实是我们生活终极的目标，也是我四处鼓吹的价值，但保持这个目标的新鲜可及，保持这个价值的不被贬值，人们却不得不经常走出自己既有的环境，去未知的世界探险征战。

二十七八岁的事业小有所成、家庭小富即安的优秀女性，如果这个时候就轻易放弃自己的奋斗目标和实现自己潜力的努力，到了三十七八岁基本上就会痛恨和懊恼自己。

青壮不努力，老大徒伤悲。人生不息，奋斗不止，而奋斗是永无止境的。两年前我要可黛放弃鸡肋大学，只是因为我认为她完全可以得到一块肯特鸡脯。两年前我要可黛放弃出国和大学甜心结婚，只是因为我要替她和丈夫争取天长地久的机会。

我没有让她放弃留学！我只是要她退一步，进两步，进入留学的最高境界！在这个人才辈出，留学生大量出国、大量回国、大量展示自身独特竞争力的时代，可黛这样的女孩，除了让自己加入到人才国际化的行列之中成为这个时代最优秀人才之外，她别无选择！

我说："不行！你必须申请，而且如果 03 年不走，04 年也得走人。因为你的经验已经足够，再不走，对你而言也许就有点晚了。"

可黛显得有点为难。我知道她为难什么？我说："如果你接着申请经费有困难的话，我可以帮助你。虽然我们并无深交，但既然你听了我的放弃了几万美元的奖学金，我就有责任让你得到更加肥厚的收获。

"我愿意资助你进行申请，原因在于我自己对自己的信念：我认为你肯定能上哈佛至少也是耶鲁。我要用我对你的支持来证明我的判断是英明正确明察秋毫的。

"有时候，人生转折就在一念之差，相信自己的人就能够实现自己。不相信自己的就不能实现自己。只要你想。

"我的支持，就是要让你在这个奋斗的低谷期打上一剂强心针。我以我的荣誉担保，你肯定可以去哈佛。最差，也是耶鲁！"

我鼓励可黛完成哈佛之旅，真实原因比上面讲的其实要卑微得多：我不能让人们说，徐小平鼓励可黛放弃了留学，徐小平毁了可黛辉煌前程！我必须让她辉煌起来，照亮这个世界！

我的荣誉，在对学生提供的咨询中闪光。假如学生因我的咨询而成功，我和他们一起辉煌;万一有人因我的咨询而失败,我和他们共同绝望。

可黛必须成功——哪怕是为了我的荣誉!

四、理想三问

在香格里拉酒店大堂的咖啡厅,我问可黛一个我必须向社会公开的问题:

"推迟出国,现在的你,到底和四年前有什么不同?你认为留下来值得吗?"

可黛说:"当然值得。四年前,我不知道我为什么要出国,我不知道我要过一种什么样的生活,我不知道我要从事一种什么样的事业,现在我全知道了!"

她到底知道了什么?我对她的认识很感兴趣。

"你真知道自己为什么要出国吗?"我问一。

可黛说:"不出国,就无法和世界竞争。我从事的是金融行业,这个行业我们和世界相比,差距非常大。只有我们这样的专业人士大量出国学习,中国才能在这个领域以及无数落后领域赶上来。你说过环球化竞争其实就是人才的竞争。我出国,从个人角度是和我的国内国际同事们竞争,是为了职业提升的竞争;从历史角度,其实是中国和世界的竞争。"

"你真知道自己要从事什么样的事业?"我问二。

可黛说:"我要从事投资银行的事业。做一个 Investment Banker,投资银行家。我现在的工作单位,就是一个投行性质的公司。但和摩根斯坦利、美林证券相比是不可同日而语。读完斯坦福,加上我四年来的经验,我肯定能够进入这些世界级的金融机构工作。我想我能够站在世界金融行业的顶峰,成为一个顶尖的 financial professional。"

"你真知道自己要过什么样的生活?"我问三。

可黛说:"我现在工资其实已经很高了,年薪十五万。但我要把数字后面的货币符号 RMB,变成 USD……

"我要……我要……我要……"。从可黛嘴里说出来的每一个心愿,都像迷人的音乐,在我的耳边余音绕梁。正是因为可黛这样男孩女孩对于美好生活的渴望,对于个人成功的追求,中国社会的繁荣发展才有了持续不断的强大动力。

其实,可黛的这些心愿在四年前基本上就已经有了。但唯一不同的是,四年前她要的这些东西她肯定得不到,而四年后她要的这些东西,必然属于她!

五、幸福归宿

斯坦福已经有了,老公怎么办?我问他们下一步的夫妻计划,可黛的丈夫感慨而庆幸地说:“这真要感谢徐老师呢!是你的警告唤醒了我的责任感和危机意识。我决定和可黛共同奋斗。几年下来,我已经考过了托福、GMAT,暑假过后立即办理去美国探亲,同时申请明年的MBA入学。从此我们就不会分离啦!”

他的眼中,流露着一种非常罕见的特大幸福感。

我突然有点嫉妒这个小伙子!他可真是什么都有啦!这么好的太太,这么好的家庭,而且还有这么好的感情,这么好的计划……

我真希望,他暂时去不了美国……人不可以这么完美的,否则别人怎么过!

我立即对自己的嫉妒心发出了嘲笑,于是风度翩翩地向他和可黛再次表达了祝贺。

在可黛和她丈夫对我依依惜别的挥手中,我告别了这对幸福成功的夫妻,也告别了四年来使我自己的生活充满美丽期待的一个不断变幻升华的梦影——这个梦影,就是所有在人生道路上追求奋斗的学生、就是无数个可黛……男孩或女孩。

告别他们,我马上想到了我自己不断被《新东方英语》催稿的悲苦命运。写点什么呢?我的心马上就沉到了谷底……

写于2004-7-10

把命运交给陌生人

四月一个阳光灿烂的早晨,我去参加中央音乐学院同班同学王次炤夫人魏室丽女士的葬礼。

次炤夫人魏室丽是中央广播乐团女高音歌唱家,国家一级演员,因病华年早逝。遗体告别室内,没有播放哀乐,而是播着魏室丽生前一段哀婉动人的歌声。参加者无不为之动容。我参加的葬礼不多,但这是我见过最美丽的葬礼。

老同学王次炤,带着女儿和亲友和前来送别的人一一握手。我走过去,次炤和我握手拥抱,并对他正在上大学美丽可爱的女儿用几乎听不到的声音说:“这就是徐叔叔”。

次焰的女儿学英语，我给她做过一些间接的指导，但一直没有见过这孩子。我握着她的手，用父辈最真诚的慈爱对她说：“有任何事情来找我！”

走出告别大厅，来到春天的阳光下，我有些感伤。忽然想起了和次焰相处的一件往事，心里就告诉自己一定要把它写出来，以此作为我对次焰兄的一种慰问。

这件往事，几乎已经被我忘却了。但在这个时刻出现在我的脑子里，突然让我感到一种令人激动的寓意——

原来，我当年能够来到北京中央音乐学院读书，竟在一个致命环节上，得到了一个和我一样孤零零来自上海外地考生的帮助！这个外地考生，就是此刻正在亡妻的歌声中克制着悲伤、保持着风度、接受着亲友悼唁的次焰兄！

不同的是，当年那个外地考生次焰兄，今天已经成为现任中央音乐学院院长，领导着这个世界一流的也许是获得国际大奖最多的著名艺术学府。

……

1978年5月，中央音乐学院和上海音乐学院在上海联合招生。我脚蹬一双塑料凉鞋，手提一只尼龙网兜，怀揣几个茶叶蛋，肩扛一架手风琴，从泰兴家乡来到上海赶考。

在一个亲戚家里安顿好，然后就随着滚滚的人流、天才的洪流，参加了上海音乐学院作曲系和中央音乐学院音乐学系的考试。

我至今还栩栩如生地记得，在上海音乐学院办理报名手续时，看见一个在那里登记名册的女老师，顿时被她的风采迷住了。从乡下来的我看见那老师白皙的皮肤，修长的手指，卷曲的头发，当时就流口水，心想：这个老师肯定天天用牛奶洗澡，听着小夜曲睡觉……心里充满了对上流社会生活的神往。我暗自狠狠掐自己，一定要考上！

上海音乐学院作曲系复试榜贴出来了，我去看榜，但看来看去，就是看不见我那后来变得很性感的“徐小平”的名字！我不甘心，继续看，看到最后，终于看到了“徐、小、平”这三个汉字了——但不幸它们并不连在一起，而是被残忍地分裂在几个不同的名字里面——我知道我不能把那三个人的名字归纳成一个，当作我的名字参加复试。

我记得，当时那复试名单就用大字报的形式，贴在音乐学院的院墙上，一个个考生，怀着生死存亡的紧张心情，仰头追逐自己的名字。遥想当时的情景，在形式和内容上，和一千多年来赶考的那些穿着长袍、戴着方巾的书生有什么区别呢？邓小平恢复高考，也就是某种形式的开科取士。当然，他老人家可能想得更远：正是这次的恢复高考、以及后来的派遣留学生，永远地改变了中国社会的面貌，也拓宽了青年人追求前途和成功的通道……

上海音乐学院让我名落孙山，中央音乐学院音乐学系的复试名单榜却要过好几天才公布。我虽然有一种不到黄河心不死姿态，但老呆在上海干等也不是个事儿，所以我决定先回泰兴老家去等。走之前，我告诉我的亲戚：到了发榜日，请帮我到上海音乐学院去看榜，如果有我的名字，赶紧给我拍个电报！我好赶来复试。

嘱咐了我的亲戚。我总感觉到还不够放心。但我在上海就这么一位亲戚熟人，还能拜托谁？想来想去，我想到了在考场上刚刚认识两天的一个考友——次炤兄。

次炤是来自杭州的考生。经历了上山下乡的考验，经历了青春虚度的折磨，终于赶上了邓小平恢复高考。当时的他，已经29岁，属于恢复高考后“老三届”中最老的一届。他们心中的压力，显然是我这个也已经22岁的大龄考生无法想象的（22岁的我，入学后发现自己居然差一个人就是全班最小的弟弟，可见当时社会之异常！）。

我和次炤在考场一见钟情，谈得很投机。从他看我的眼神中我知道，这是一个值得信赖的朋友。于是，就在匆匆离开上海的时刻，我把自己最后一线希望委托给他，请他如果看到我的名字，给我发个电报。

我对复试并不抱有希望，但不抱希望并不是我不希望，我是多么强烈希望自己能够获得复试以及录取啊！所以，这个对次炤兄的委托，凝聚着我对自己命运最深沉的期盼。

比我年长七岁的次炤兄，毫无疑问肯定比我更希望获得复试。中央音乐学院音乐学系那次公布只在全国范围内招十个名额。考生之间竞争之惨烈不言而喻。我和次炤既是考友，其实也是竞争者。但我好像根本没有想到这一点，只是怀着对次炤完全的信赖，离开了上海。

我并不知道二十多年后，次炤兄会当上中央音乐学院院长，成为这个中国最高音乐圣殿的掌门人。但当时的我知道，他肯定会及时把复试的消息安全及时地传给我——假如有的话！

在1978年5月这个美丽的早晨，在洒满阳光的上海音乐学院大墙外，当我把家庭地址留给次炤时，我的心里真是溢满了那句千古绝唱的精义：同是天涯赶考人，相逢何必曾相识！

留下微薄的希望，带着无限的苦涩，我离开了上海。

……

如果我没有记错的话，复试发榜那天是我的生日。早晨起来，我就开始等电报，等待命运的宣判。但等到中午，电报还没有来。我甚至走到了邮电局里面去等，以防邮递员送错地方。但等到下午将近两点时，还是没有任何消息。

人的一生总是要经历挫折的。得不到某种你为之付出很多、期待很高的东西，比如高考，当然是一种特大的挫折。虽然从一生远景来看，一城一池的得失未必决定我们一生的幸福成功——比如俞敏洪老师就参加了三回高考——但人们当然还是希望在每件事情上都“心想事成”，一帆风顺的。

从邮局出来，手上没有电报，心中没有底气，头顶没有光环，我郁闷地走到附近一个朋友家里去，想寻找安慰。到了那里，朋友就问我有没有考上，我说“没有”……“没有”一字说出口，我就立即感到我的朋友对我的态度发生了巨变！哼，他积压了很久的对我狂妄竟想要考中央音乐学院的反感，终于得到了伸张！须臾之间，他对我的口吻变了，对我的眼神变了，对我的态度变了，甚至，从他背对着我的屁股的扭动中，我都看到了他那抑制不住的蹦迪般快感节拍！

这是我当时的感觉。其实，我的朋友也许根本就没有这个意思。他还是他，我还是我，完全彻底是我自己心虚过敏。但无论如何，在这个“心态决定一切”的生活中，所感即所得，我当时确实就感到了这种糟糕透顶凉透了心的落榜情节。

回到家中，爸爸妈妈也在那里守株待兔，而且已经知道兔子即使没有被别人拦截，至少也已迟到。当时的我虽然也没有绝望，因为紧接着提前招生艺术院校考试，七月还有全国普通高校招考，我还有机会！考不上中央音乐学院，大不了我就上北大呗！但毕竟“中央音乐学院”这么响亮的名字，还是我梦寐以求的心灵归宿啊！

我们全家对眼坐着。月落乌啼霜满天，江枫渔火对愁眠。等待着太阳落山，等待着黑暗降临，等待着明天，等待着把今天的失落覆盖，重新开始新的追求。Life goes on，考不上梦中的大学，生活还要继续！

当然，也等待迟到的电报的最终出现！

大概在下午四点多钟的时候，门外响起了命运的幸运敲门声！电报，电报，小平复试电报！来自中央音乐学院的复试通知终于到达了！随着街坊邻居纷纷喧嚷起来，爸爸妈妈和我的眼睛立即亮了。

我的兴奋就不用说了。但当时泰兴到上海已经没有班车，唯一能让我第二天早晨赶到上海参加八点就开始考试的，是离家二十多公里的长江边上，还有一班到上海的小客轮。父亲帮我找了一辆货车，把我像一头猪那样拉到了江边，客轮停泊在长江南岸江阴黄田港（二十年后我知道，那里就是俞敏洪的故乡），我又赶上了最后一班开往江对面的渡轮，在那里买了一张五等舱的船票，登上了即将启航的客轮。

那班客轮五等舱的乘客，全是带着自己的鸡鸭鱼蟹猪去上海赶早市的江北农民。舱内除了听不到人的音乐，什么动物的摇滚都有。而我，美滋滋地与那些即将被上海人民吃掉的鸡鸭鱼虾一起，脚沾着鸡毛，头枕着波涛，面露着微笑，向着大上海，向着我的未来航行！

……

那天深夜，就在我和各种动物酣眠在一起的时候，另外一份通知我面试的电报到了泰兴家里！

家里人接到这份作为喜讯的电报，却出了一身冷汗：如果我只委托了一个人，而这个人恰恰是发送这份深夜来电的主，我的前途可就毁了！因为复试就在第二天早晨八点举行，除非我有直升飞机，否则只好望洋兴叹、遗恨终身了！这要比收不到复试通知还要冤！

后怕之后，家人感到庆幸——幸亏那第一份电报！但庆幸之后，大家又感到纳闷：是谁，选择这么晚的时间把复试通知送给我呢？上海到泰兴的电报从发送到收到大概需要四个小时，半夜来的电报，发送的时候应该已经晚上七八点了。故意这么晚才把消息送给我，这个人是谁？

家里人显然不会认为发第二封电报的是我的亲戚。那么，肯定是那位受托的考生，故意拖延到晚上才发电报。这样，他也许就可以消除一个竞争对手了！

家里人于是嗟叹人心险恶！并夸奖我好聪明，还知道多留一手，让亲戚替我双重保险！

Well，在这件事情上，大家的推测都错了！恰恰是王次炤兄——这位当时我还素昧平生、只是在激烈竞争的考场上萍水相逢的考友，看到复试榜上我的名字之后，花了宝贵的钱、花了宝贵的时间、怀着纯真的心灵，在第一时间给我送来了复试的喜讯！

而我的亲戚，后来则告诉我：他那天起来，就没想去看榜，因为他觉得我根本没戏。到了傍晚时分，他信步走到了离家不远的音院发榜处，在那里"居然"看到了我的名字，于是立即给我发电报，虽然当时已经是晚上七八点钟了！

我什么也没说，亲戚是个老人家，他也不欠我什么，倒是我欠他很多。我不能责备他！但我的心里，立即充满了对次炤兄的无限感激！因为，如果不是这位我素昧平生、才认识两天的杭州考生第一时间先给我把电报拍过来，我的大学梦，一定就会梦断扬子江了！

……

进了音乐学院，我和次炤住在同一个宿舍——还有另外十几个人。

这十几个同屋里面，诞生了两位音乐学院院长——另外一位是担任过中国音乐学院党委书记的戴嘉枋兄，两位国家级乐团队指挥（高伟村、王诺文）、几位系主任和研究所长（修海林、郑祖襄），以及也许为新东方增了光、但肯定让音乐学院遗憾的我老人家。

当时的我，虽然自己有着伟大理想，想做文化部长——我是最早实现自己理想的人：一毕业，就担任了文化部长：北大团委文化部长，并且这成为我此生最高官衔——却没有想到这些同屋的兄弟会有人当上院长。否则，我就会好好对待他们了！

现在知道为什么要热爱“同桌的你”、善待“睡在你上铺的兄弟”了吧！

如同我在今天也不是一个成功的音乐家，我在当时，也不是一个好学生，虽然，虽然所谓的“好”，也有不同的解读，但我必须承认无论从哪个角度，我都不是一个好学生，也许唯一的优点，就是耐不住寂寞，喜欢无事生非。往事不堪回首，我就不说我和次炤同学为宿舍问题吵架的往事了……

不过，无论有多少后悔与内疚，正是音乐学院的五年磨砺，让我从一个“热血愤青”，变成了一个有社会责任和历史意识的青年知识分子，使我后来的人生，在追求个人成功与幸福的同时，也能时时意识到自己作为一个社会成员所承担的公民责任。

……

2006 年 4 月。在八宝山春日阳光的照耀下，生命与死亡的分界线显得如此鲜明，过去与未来的鸿沟好像就清晰地断裂在我的脚下，青春与梦想的意义，更在次炤年轻可爱的女儿和他华年早逝的妻子之间，演绎着一部深邃悠远的生命交响乐。

我说不清楚，次炤兄后来担任中央音乐学院院长要职，和他当年给我发电报之间有什么因果关系。但有一点是肯定的：好人有好报！一个人做点好事并不难，难的是为和自己毫无关系、甚至还有利益冲突的陌生人做好事。次炤兄这个拯救了我梦想和前途的电报，显然堪称纯真年代里纯真人情的经典风范。

曾为我画过漫画的大乐儿或 Henry，或任何其他擅长丹青的博友，你们能为我当时委托王次炤的场景画一幅漫画吗？画名就叫“小平托炤”——如果画出来，一定会有“桃源结义”、“竹林七贤”、“林冲踏雪”那类深长隽永的意境……

次炤兄拍来的电报原件，肯定已经不复存在了，否则，我会把它捐送给中央音乐学院，摆在校史馆里，告诉后来的学生：想当院长吗？看看王次炤是怎么帮助徐小平的！

想当徐小平吗——看看他是如何信赖陌生人的！

三个街头打架的孩子

Once upon a time(从前),一个孩子在街头和小朋友打架打败了,他哭着回家告诉爸爸。爸爸听了之后不仅没有安慰他,也没有对孩子的安全事务进行任何干预,反而狠狠揍了儿子一顿,爸爸揍他的理由,说出来令人惊讶:我们家容不得失败者,下次打架一定要把对方打败,如果哭着回来,你就不是我的儿子!

在这样的家教下,这个出身贫寒的孩子长大了。他后来成为美国总统,名字叫里根。

Once upon a time(从前),也有一个孩子在街头和小朋友打了起来,因为对方人多势众,她被打败了,哭泣着回家,期冀着妈妈的安慰。Guess what,她的妈妈也没有安慰她,相反也是狠狠地教训她道:我们家不允许有懦夫!如果要打,把对方打败了再回来!女孩听了马上走回街头挑战那几个欺负她的孩子,结果,她赢得了大家的尊敬。

这个孩子,后来成为美国第一夫人和参议员,名字叫希拉里。

Once upon a time(从前),又有一个孩子在街头和小朋友打了起来,这一次,战争发生在中国。虽然他肥胖硕大,却被一个瘦弱矮小的孩子先发制人、狠狠地欺负了一顿,为了寻求正义,他哭泣着回家向爸爸告状,要爸爸去找对方的父母说理去,为他主持正义。爸爸听完儿子的哭诉,二话不说,把自己受到委屈的孩子责打了一顿,爸爸打完他,义正词严地说:不管是谁先动手,只要和邻居孩子打架,都是你的错,我就打你!

这个孩子是谁?我暂时不能告诉你,怕说出来让他伤心。

童年的孩子,谁没有和小朋友打架、哭泣、斗气、停火、谈判、和好,然后再打架等等这些甜蜜亲切的回忆啊!成年后的一生,人们又何尝不是在竞争、较量、超越、比赛、优胜、反攻、挑战等这些过程中不断提升着自己、不断实现着梦想的呢?童年时期和小朋友交往的种种较量和交往,其实都为成年后的人格、性格、行为和思维打下了深刻的烙印,留下了不可磨灭的痕迹。

命中注定是森林之王的狮子,其出生之后最重要的生存技能就是学会猎捕羚羊等善于奔跑的动物。追捕、撕咬、扑杀、进攻，就成为它们幼时的游戏、“教育”的主体。里根、希拉里以及整个美国国民性教育，基本就是狮子的教育。君不见小布什一上台就要打伊拉克并且最终如愿以偿，管他娘的国内批评、世界反对。君不见最令美国人狂热的运动，是血淋淋的拳击与赤裸裸的摔跤；最让美国人崇尚的影星，是象征力量与暴力的施瓦辛格。人类进攻性本能，与美国高度完善的法律和道德规范拥抱、扭打在一起，推动、驾驭、驱使、造就了人类历史上最强大的文明——美国。

命中注定是狮子食物的羚羊，其“羊生”的最重要的课程，就是学会成年之后的快速奔跑。于是，百米冲刺和万米长跑，就成为羚羊从小主攻的课程、必修的学分。但羚羊高超的奔跑艺术绝不能成为胜利者的骄傲，因为它们只是为了逃跑。否则，等不到它长大成羊，就会在狮子对它的群体发起第一次攻击之时，成为狮子的朵颐之快、牙缝之香。

一个从小就被教育要勇于不畏强力、大胆挑战权威、不甘接受失败、立志战胜强者的孩子，他长大了，即使成不了美国总统，做不成第一夫人，他在生活中，也肯定是一个令人尊敬、被人看重、让人信赖的人。他肯定会获得这样那样的成功。这样的人，是人类中的狮子。即使他出去捕食暂时不成功，换言之，即使他在生活中有这样那样的不顺利，但他自信自尊的人格，足以使他成为他人心中的亮点，给他和他人带来活着的荣耀、做人的伟大。里根的人格力量与希拉里的性格魅力，已经成为世界文化的一部分，滋润着包括中国青年在内的世界青年。

而一个从小就被父母教导着要容忍非正义、接受不公平、甘受屈辱、自责自贱的孩子，他长大了，即使有可能成为某一方面的专家，某一领域的名人，但他在生活中，肯定难免时时暴露出幼时家长教育造成的心灵扭曲，在和同事、朋友、社会相处的过程中，一定会在各个地方不同角度，表达出自己性格与为人的弱点来。在集体生活中，他很可能不敢争取自己应得的权益，不敢挑战别人不该有的滥权，在私人生活里，他也很可能会轻易放弃自己的快乐与尊严，并为此找到种种阿Q式自我解脱的理由……即使他侥幸获得某种程度的成功，他的生命质量，一定低于他应享的档次。一个不能为了自信、自尊和自由不惜一切代价去斗争的人，永远不能真正不能实现自我，永远不能充分实现他的潜力，永远无法抵达他的理想家园。这样的人，是人类中的羚羊，即使他一生都能逃脱狮子的追捕，一生都有足够的水草，但他留给人世的，只是苟且偷生的小曲，而不是勇猛进击的壮歌。

……

那个受到小朋友欺负回家再被爸爸责打的孩子是谁？我现在还不能告诉你，

怕说出来让他伤心。

话说这个孩子长大后，上了大学，做了老师，办了公司，成了名人。有一天，他心慌意乱地把我从睡梦中叫醒，说有话要对我“忏悔”。他说他活到四十岁，却发现自己“人格很卑劣”。我大惊失色，忙说你别谦虚，人人都说你是一个好人呢。他说他不是谦虚，而是真的，并举例说明：多年来，他在和同事相处时，如果对对方有意见，他从来不当面提出，总是在背后找机会说人家。结果搞得同事关系很糟糕，自己形象很恶劣，于是总是想寻找新的单位，与新的同事相处，而结果即使有了新的同事，他依然相处不好。

他说：经过无数次痛苦挫折，他才学会了一些基本做人的道理。就拿处理同事间的关系来说吧：如果他有勇气当场指出、直接面对、勇于碰撞、敢于冲突，往往都就会得到很好的解决。有矛盾的同事，可能成为最知心朋友；有冲突的对手，往往能成为最忠诚的伙伴。文明社会，从如何穿衣吃饭到怎么治理国家，都会有不同观点和不同意见，而且这不同观点都有各自的价值和道理。成年人为不同观点争吵，如同小孩打架一样，只是一种意见的表达和个人观点的展示。美国共和民主两党吵闹争斗几百年，甚至成为了美国民主的象征和骄傲。如果任何一党在政治斗争中表面放弃自己的观点，转到背后去捣鬼，美国就不会像今天这样强大。

我说你说得深刻！但你为什么不敢直面人生矛盾、勇敢坚持个人意志呢？他深深叹一口气说：“我做不到。因为我的父亲从小就教训我，不要和人家争吵，否则全是我的错！”我说：“如果你摆脱不了父亲的阴影，你就不会有什么大出息，我也不会瞧得起你！”他说：“你没有权利鄙视我，因为你永远无法抛弃我！”我说：“为什么？我现在就永远离开你！”

他叹口气，眼睛幽幽地看着我说：“难道你没有照照镜子看看我是谁吗？——我就是你这个叫作徐小平的家伙啊！”

我苦笑。从梦中惊醒。我发现原来我的灵魂在黑暗中又来纠缠我——尽管成年以后我不断想抛弃这个灵魂，但我知道从小熔铸成的性格，要改变它，必将带来脱胎换骨、抽筋剥皮的痛苦。我只能在人生的全部过程中，带着与生俱来的遗憾，努力去追求人格个性的完美。面对学生，我常常侈谈中西价值观的交融，人格性格的再造，其实这是一个不简单的任务。就连我们这些道貌岸然的老师，要实现自身的提升和净化，真不知要付出多少沉重的代价和痛苦的努力啊！

读者显然已经知道，那第三个打架的孩子就是我——你们热爱的徐老师！虽然小时候父亲给我的那一巴掌与我至今还没有成为总统或参议员并无直接关系。但我实在无法忘记，父亲对我那次打架的教诲，给我幼小的心灵造成的那种委屈、无奈、不平和伤害，以及这种观念对我长大成人之后人格因素的深刻影响。父亲的权威和价值对于孩子，是上帝的旨意，是生来的基因。我无法在四、五岁的时候拒绝它，我也无法在四五十岁的时候忘却它。但我终于在读到里根和希拉里自传时，知道了美国为什么强大，徐小平为什么懦弱：

要是在那次打架以及后来无数次对我的教训中，我的爸爸能够像里根父亲、希拉里母亲那样，教会我的不是忍让而是进攻，不是吞咽不公平而是显示战斗力，不是归来哭泣而是出击凯旋，唉，我的一生，应该少走多少弯路、少受多少委屈、少留多少生命不可逆转之遗憾啊！

从此我要教我的儿子，如果打架，一定要战胜对手！

比萨饼上的泪水与笑容

翻看沈宏非，看到一段他写2000前后香港经济生活的文字，令我莞尔：

"通缩持续，经济萧条，除了赤贫阶层，香港人的日子都不好过。"

令我失笑的，是"除了赤贫阶层"这句话。我本人曾经跻身于"赤贫阶层"，对于这句话的感受，有非常亲切的体会。

1992年左右，我在加拿大读硕士还没有毕业。徐超徐赶相继问世。两只小狗初试啼声，就听得我胆战心惊——学音乐出身的我，别的不行，辨别不谐和音还是一流的。我就知道在他们听似动人的哭声里，隐藏着气势汹汹的质问：造人容易养人难——你拿什么养活我，我们亲爱的爸爸？

我拿什么养活他们？我拿比萨饼养活他们。

确切地说，我拿送比萨饼挣的钱来养活他们。我在加拿大阿尔伯特省一个叫累斯布里奇的小城(Lethbridge，Alberta)一家必胜客餐馆当比萨外送师，挣钱补贴家庭。

为了历史的真实，我必须告诉大家，其实我当时的经济状况并不算最惨。因为当时孩子他妈是当地公立学校的老师，有着相当高的稳定工资。但我自己因为没有收入，所以精神感到赤贫。

90年代初正是美国加拿大陷入严重经济危机的时候。报纸电视天天连篇累牍报道多少人失业，多少机构裁员，多少公司破产，哪里哪里又发生了失业者杀人自杀的消息……这是自三十年代大萧条以来，西方最严重的经济危机。那里人民“日子不好过”的感觉，我可算实地观察并亲身体验过。

但偏偏我的比萨工友中，有人并不难受。一个哥们，他总是悄悄地来，正如他悄悄地去，不带走一片比萨。他最喜欢和我聊天，一时间成了最要好的朋友，以至于我都想和他成立送饼团结工会。

一天我问：人人都在抱怨经济衰退，经济萧条，你感到影响了吗？

这哥们说：No，我一点感觉也没有，我觉得挺好！

我说：为什么？

他说：我自己的经济从来没有繁荣过，所以就无法萧条。我的收入从来没有增长过，所以也无法衰退。Or in other words，或曰我一直处在经济萧条和衰退中。经济再糟糕，也不会比我更糟，所以，只要今晚多挣几元小费，我的 GDP 马上就窜升，超越意大利的……

这个家伙，就是沈宏非所说的无论国民经济怎么糟糕，其个人生活质量都不会更坏的“赤贫”的家伙。

马克思说：“无产者失去的只是锁链”，所以怎么闹事、怎么革命、怎么破坏也不怕。而有产者、半产者、小产者，以及那些希望改善自己生活的无产者和赤贫者呢，就希望社会稳定，经济繁荣，国家昌盛，生活改善。芝麻开花节节高，一年更比一年好……

和谐社会。就是这个意思。当这个社会大部分人都感觉自己生活有希望时，无论穷到什么程度，都会把人性放在积极建设努力工作的渠道上。反过来，如果这个社会大部分都感到某种不公、某种压抑时，无论有产者无产者，都会感到不安，都会希望改变现状——其结果，就是社会的动荡。

有论者指出：韩国金融危机的时候，国民纷纷拿出自己的黄金，捐献给国家，以协助国家渡过危机。这就是民族凝聚力，就是和谐社会在危机时刻的反应。

这也是我们自家和谐社会激动人心的前景——这个前景，不是要大家把脖子上的那点金子摘下来准备献给国家——而是要从制度、政策、法律、舆论与文化建设开始，使每个人把自己国家和社会当作休戚与共的大家庭，共同努力，分头致富，在不同层面上，各自寻找属于自己的好日子。

这样，穷人就不绝望，富人也不恐慌，犯罪率就下降，幸福指数就飙升……赤贫和富有的人，都唱同一首歌：明天会更好！

啊，明天会更好！但不知道我那位经济从来没有繁荣所以也就不会衰退的工友现在哪里？前天的你，昨天更好一些了吗？

我多么地思念你，比萨哥……

圣诞夜的中午，儿子要吃比萨，我就打电话叫了必胜客。必胜客现在有全国送饼电话，方便极了。

比萨送到，我给送饼师一些小费，送饼师一愣，我说："拿着吧，圣诞快乐！我也在 Pizza Hut 必胜客送过外卖的，我们是工友啊！"

每次去必胜客吃东西，我都忘不了我在加拿大必胜客送过外卖，所以每次进得必胜客店堂，都会有一种超越任何其他餐馆的温馨感觉。心里把那些男孩女孩当作我的同事，并尽量多给服务员一些小费。

打过工的我，知道打工者为什么打工。区区几元超越期待的小费，曾经点亮过我在加拿大寒夜中找路送饼的眼睛，温暖过我那和比萨一起凉透的心。所以，给小费成为我的一种习惯，尤其是在我工作过的必胜客。

去年夏天我去瑞士。在日内瓦火车站附近一家必胜客用餐。服务员是一个中国女孩，一看就知道是来学酒店管理、并且学得不怎么样、而且学校肯定不好。她显得很不开心，态度相当不好，尤其见到我这种看上去来自中国的人，她想：这种人，肯定不付小费，甭给他狗日的笑脸……

一开始我摆出一些 pose，企图被她认出来我是谁。但显然她没有上过新东方，不知道坐在她面前的，就是她著名的前同事徐小平——我坚信在北美必胜客送过比萨的中国留学生中间，我目前的知名度可能是最高的！杨澜陈冲肯定都没有送过必胜客。因为没有绿卡，你还不能在这种连锁店打工呢。哼！

话说那顿饭吃下来，太太孩子非常扫兴而恼怒，我也被她显而易见的蔑视搞得一点胃口也没有。账单来了，我记得好像是 75 瑞郎，我递给她一张一百瑞郎。

在瑞士吃饭和美国加拿大不一样，你可以不给小费（在美国，小费是工资的一部分。有些生意好、小费高的中餐馆，你甚至要按月交给老板几百美元，才能在那里打工挣钱——小费）。在瑞士必胜客这样的大众餐馆，服务员更不期待小费的出现。

在美国给小费，一般是百分之十五，在加拿大，一般是百分之十，即使我要按美国标准给小费，75 瑞郎，给 10 瑞郎就算不错。15 就很多。再多就是小布什了——我看过一本餐饮杂志的专栏，专门报道名人用餐给小费的新闻。小布什有一次在华盛顿用餐 800 美元，给了 400 美元百分之五十的小费——可惜当时我不在那家餐馆打工！

我还不是总统。但是，我在受气的时候，已经酝酿好了并决定给这个准新东方学员一个教训。我知道她态度恶劣是因为后悔当初没有来新东方学习、留错了学所以郁闷。

我把一百瑞郎地给她，用尽可能谦卑而亲切的口吻说："不用找了，keep the change."

这个举动完全出乎这个女孩的意料。她非常震惊，非常感动，一下子愣在那里说不出话来。我知道她在想什么：她在为刚才的态度而后悔，同时发誓今后一定要善待所有客人，为食客服务，做好食客的服务员。

毫无疑问，这肯定是她服务生涯里最大比例的小费之一。如果这笔特殊的小费能够提醒她，服务员的天职是服务，我就不为那一笔巨额小费心疼了——同志们，我是心疼的！我现在想起来还为她（我的钱）心疼——但这笔钱如果能够提醒她热爱她的服务工作，我也的心头剜肉之痛，也就能够止住了。

如果你不想服务，你可以不服务，甚至脱下工作服，立地成客，当场做个食客去享受服务，甚至折磨服务员变态取乐。但你绝不可以在服务的时候，把个人情绪带到服务中来，忘记自己的服务职责。这就是所谓的敬业精神吧。

瑞士这个小小的地方，资源很不丰富的国家，能够在金融服务、钟表业、食品工业、时装工业、制药业……对了，还有旅游业——等许多领域取得世界一流的成功，人均国民收入、人民生活质量高踞世界前列，靠的是什么？靠的是国民素质，就是一个个服务员、钟表匠、药剂师、金融家的素质——就是"人"的素质。而"人"的素质里面最重要的素质之一，就是我想告诉大家的"敬业"素质！

回头说我老人家在加拿大送比萨的经历吧。那时的我，开着比萨车，头戴必胜帽，心里想的全是钱——他妈的我送比萨不想钱，难道要我想白求恩?!

绝大多数时候，教养程度很高的加拿大人民给的小费基本符合惯例，十块给一块，二十块给两块。丁丁当当，一块两块，我心上的徐超徐赶，就有了童年的欢快！

有时候我会得到一些比较多的小费，有一个人，15块钱的比萨，他居然给了我5块钱。20的票子递过来，一句："不用找了"，我的妈呀，我恨不得给他一口法式湿吻！

但也有非常混蛋的人，一分钱也不给我。我假装慢慢地找钱给她（我记得是一个女人），希望她在某个时刻叫停，时间过了好长好长，但她偏偏不叫，直到每一个钢蹦都蹦到她那无耻贪婪的手里。两手空空离开她家，我想到在家中不停地问着妈妈"爸爸怎么还不回家"的徐超徐赶，立即感到我自己长得如此矮小猥琐。

写到这里不写了。妈的全是眼泪。

不过，继续写！以完成我本文的目的：我在送比萨时，无论有无小费，无论心情如何（好的时候不多），但我总是拿起比萨就走，开着汽车就飞驰。每天工作的那几个小时，我总处在一种出自本能的激情澎湃状态，好像每个比萨的送达速度，都维系并决定着我的未来。

比萨并没有维系和决定我的一生。但这种做每一件事都激情投入、忘我敬业的本能，确实是我最骄傲的素质。我感谢我的母亲给了我这个基因，也愿意把它移植给所有想要的人。

夜夜做贼不富，天天待客不穷

在美国和一个1988年就定居在这里的朋友谈起金钱，我说起了自己1987年抵达美国后就发生的几件小事，写出来和大家分享。

我到美国第一次捐款：

我1987年年底抵达旧金山机场，身上全部美元资产，就是50块钱。当时的美元，说起来真是如同鲜血一样珍贵，国家就允许她的游子携带50美元出境，这点钱，出了机场也就够打一两次计程车，下了车怎么活？

想起来，采取这种外汇政策的国家，真是一个对她的子民不负责任的国家。但即使当时国家开放外汇政策，随便带，我大概也就能带这么多。穷，是一个更加不负责任的事情。

出得旧金山机场，我记不得是在什么方位了，总之，印象中刚刚出了机场，我就遭到了一个慈善机构的劝捐。那个小伙子，是在为什么具体事业募捐我也不记得了，只记得他那甜蜜的微笑，加州阳光一样的明朗、温柔、锋利，残忍，他居然要我这个刚刚抵达美国、和难民一样穷的穷人给他捐款！

不怕大家嘲笑我善于表扬自己，但一句“人穷志不穷”的赞誉用在我身上，是一点都不夸张的。当时的我，看着他那明媚的笑容，虽然憎恨得他要死，但根本就没有拔脚走开的勇气，居然就捐了他一美元。我记得当我用颤抖的手把钱捐出去的时候，浑身上下紧张万分，钱出去了，汗出来了，灵魂出窍了。一美元哪！一下飞机，这绿油油、挺括括、金烁烁、甜蜜蜜的一美元就从我手上飞走了！什么时候它能够再飞回来？我身上总共就这么几块钱啊！

和我同行的一个女孩，去美国看她丈夫，就站在我的身边，那个残酷的美国小伙子，拿到我的钱之后，马上对着这个女孩说：你可真漂亮，也捐一块钱吧。那个女孩如同木偶一样，居然就呆滞在那里，好久没有听懂他的话，最后我这个傻瓜，竟替他翻译说，你也捐一块钱吧！

我至今还憎恶我自己说的这句话！并对这个女孩感到内疚。我凭什么要带动这个女孩也来学洋雷锋？而且还不能评先进！反正我记得最后这个女孩颤抖了半天，还是从身上摸出了血淋淋一美元，给了那个的募捐者。

美国啊，美国！慈善、捐献、公益……是这个国家活力的源泉之一。美国那些著名的私立大学，都是个人捐赠成立的，而且也靠个人捐赠继续发展。这次来美国，请朋友在百老汇大剧院看《歌剧魅影》，在终场鼓掌时，演 Phantom 幻影的演员，居然打断观众的掌声，开始了长达好几分钟的劝募演讲，一会要大家募捐给爱滋研究，一会要大家资助乳腺癌研究，“捐一百美元，可以得到一张特别版本的招贴画！捐五十美元，可以得到一张经典版本的招贴画……门口还有带特别帽子的工作人员，给个一美元两美元也随意……这里还有我个人的 CD……”当幻影说到他个人 CD 时，全场哄堂大笑，这是一种善意的笑，因为他推销自己的 CD 也是为了慈善……

不过，我写这篇文章的初衷不是讲慈善问题，而是想讲讲我个人对于金钱的态度问题。

我当时自己捐钱，并且让那个女孩子也捐，虽然现在想起来非常恶心，但实际上反映了我个人一生对于金钱的态度：李白式的金钱观——“千金散尽还复来”。虽然当时我只散了一金(一美金)，但在刚刚到达美国，手上只有 50 美元，“前途渺茫后路已断”的情况下，能够拿出 1 美元捐赠给一个根本就不知道什么东西的东西，确实是需要对金钱的大无畏精神的。民不畏钱，奈何以钱畏之？

我唯一感到遗憾的是，为了我的某种面子和感觉，也鼓动那个女孩大失血，留下了终身遗憾。

我爱钱，但是更爱面子，更爱荣誉，更爱某种金钱之外的东西。谓予不信，在这个一美元流失之后，接下来我遇到了另外一件至今我也叹为观止的事情，足以支撑我自己对自己的溢美之词。

我在美国第一次请客：

那是到达美国两三天之后，住在一个朋友家里。带着时差和失去那一美元的惊魂，瞪着一个乡下人的眼睛，我在努力迅速适应美国。

这个朋友有一个朋友，当时正处于在留学生最悲惨的状态之中——被先行到达美国的老婆踢出家门。老李在国内是处长，到美国来探亲看望老婆，结果却被老婆逼迫离婚，正处在极其郁闷状态。老李打电话给我的朋友，约他晚上去喝酒，我的朋友来美国已经很久，很美国地说：那谁付钱？老李在电话里说了什么我不知道，但反正我们就去喝酒了！

这杯酒，也喝出我一生难忘的记忆：因为喝到最后，当账单递上来时，这帮人居然一个也不表态，生生地看着我这个刚刚来美国的客人替他们出血买单！

我当时显然没有假装抢着付账。但账单来了，老李不接手，朋友不下手，而我在那里，左手掐右手，虽然掐疼了手，但那个美国酒保把账单杵在大家眼前，死活不缩手，你说我怎么能够不出手？

那次我付了多少钱已经记不得了，大概也就是10美元上下，但这肯定是我一生出血量最大的一次被宰——出血量大，不在于金额，而在于名额，我刚到美国两三天，这样的账单，怎么也不该派到我穷人家来付这笔相当于我一个月工资和总财产五分之一的巨款啊！

但我还是付了。几天前，我把这个故事翻出来告诉在美国生活了很多年的朋友时，他们露出了难以置信的表情，感到义愤填膺，说这样的人不是朋友。朋友还是朋友，我写出来这样的故事，显然不是为了追回我那失去的几美元（如果朋友给我，我也要！），但我在追思一个东西：

为什么有人成功有人不成功？为什么有人“成功”了也不幸福，有人很幸福尽管看上去也许不甚“成功”？

我写这篇文字，也不想批评别人对于金钱的态度，而主要是自恋我自己对于金钱的美好心态：我爱你，小平！认识我的人都知道，有钱时我是慷慨的，但没钱时，我也同样慷慨。因为，一个人的价值观决定了他的为人处事，而不是他的财富量。

就刚到美国几十小时内发生的这两次付出来说：第一次我是为了荣誉，第二次我是为了友情。荣誉和友情，实在是比金钱更加重要的东西。在这个“刚到美国，身上只有50美元，月收入只有10美元”的典型环境中发生的这两次典型行为，毫无疑问，反映了我身上最引为骄傲、我也最看重的一种品格。我号召大家向我学习！

小平您好！小平您好！小平您好！……

写到这里，意犹未尽。让我再讲一个令我很崇拜的故事：我有一个朋友，来自江西农村，通过个人努力，变得非常成功富有。每次一起喝茶吃饭聚会，都是他抢着付帐。我说我来，他说他来。每次争夺过程中，他都要说一句话，几乎成了他的仪式。

他说：“徐老师，我来我来，小时我妈常常跟我说‘天天待客不穷，夜夜做贼不富’，我来我来，不必客气……”

这真是一个伟大的母亲，难怪她的儿子赤手空拳来到北京，变得如此成功富有呢！

我要天天请她吃饭——反正根据她的说法，“天天待客不穷”啊！

与小儿子空中惊魂

坐到今天的飞机，已经没有太多的飞行恐惧症。但每次飞机升空时，心里还是会掠过一丝不适：万一有个三长两短，我的博客谁来写？有那么多迷人的文字还没有发，还有那么多人生的责任还没有尽……

1998年前后，小儿子Adam才6岁。我送他去加拿大他的哥哥和母亲那里。由于奋斗艰难、经济拮据的原因，小儿子Adam曾经在国内单独和我生活过三四年，父子培养出了难分难舍的战斗情感。一个弱小的生命，他所有的温饱安危、喜怒哀乐完全都寄托在你身上，那种至高无上的责任感，不为人父母者，无法体验。

说什么为人类解放而奋斗才算伟大理想，那是扯淡。那些为子女尽到了爱心的父母，都是真正的伟人。理想主义固然神圣，但千万不要忘记了眼前的责任！卢梭虽然为人类文明做出了杰出的贡献，但他把几个孩子遗弃在孤儿院的行为，总是人类文明的污点。

至于我，宁可做一个好父亲，不愿成为卢梭。这就是我的理想主义。虽然我离卢梭最近的时候，也就是吃梭子蟹的时候。当然，如果“好父亲”和“卢梭”能够兼得，我也愿意做一个卢梭门下走狗，为社会公正和教育事业，啃两根力所能啃的骨头……

我没有特定的宗教信仰，虽然心里对生命充满了虔诚和感恩。我最真诚祈祷上帝的时候，一般都是为了孩子们，希望冥冥中有个什么力量能给他们终极保护。这也是只有为人父母者，才能够体验的一种信仰。

话说那次我和Adam的飞机飞到半途，突然剧烈颠簸起来。漆黑的太平洋上空，前不靠村，后不着店，真给你一种人世茫茫、生命无助的恐惧感。但这次的飞行恐惧和其他时候不一样：我身边还有我的命根子Adam。爸爸我有个三长两短不要紧，我已经活了四十来岁了，可Adam才六岁，虽然他已经到过了长城、吃过了北京烤鸭，但离品尝爱情幸福的日子，还要再等十几年呢！

飞机还在颠簸，而且越颠越激烈。虽然飞机颠簸如同汽车颠簸完全是一回事，但几乎所有人都更怕飞机颠簸。一时间我心乱如麻，失去方寸，恨不得按紧急按钮叫飞机停下来，“让列宁同志和Adam先生先走！”

飞机在颠簸，我的心在揪紧，恐惧感弥漫我全身。我本能地伸出手臂，把Adam搂在怀里。

Adam正在熟睡，他顺势倒在我身上，美丽的脸蛋枕在我的大腿上，我正好能够俯视他。甜蜜睡着的Adam，此刻也许正在梦见哥哥和妈妈，梦见中国和加拿大，梦见麦当劳和游戏机，全然不知爸爸此刻的慌乱恐惧。

我看着他，情不自禁地俯身吻了他一下。奇迹出现了——忽然之间我心中什么恐惧也没有了，世界在我心里，立即变得可有可无！

啊，就在俯身吻我儿子的时候，我看见上帝了！我感到了前所未有的幸福和宁静！

任你飞机怎么颠簸、任你把飞机和人颠到什么地方去，这一切都不要紧了。因为，无论发生什么事情，我是和我生命中的最爱在一起啊……

我必须说清楚我当时的心理活动，否则就不真实，就不令人信服：飞行恐惧，说到底就是怕死。但在我抱着Adam的那一瞬间，我对“死亡”的惧怕突然间像太阳照过的阴影，立即消失得无踪无影。因为我是和Adam在一起——即使飞机出事（上帝不让），我会和孩子一起进入天堂，我来世的生命，就不会有天堂里的眼泪，而只会充满天堂里的笑声。

抱着Adam，我轻轻地笑了。飞机还在颠簸，但此时此刻，它变成我抱着儿子入睡的摇篮曲，摇啊摇，摇到温哥桥……很快就进入了梦乡。

那次飞行，是我人生感悟最深切的一次。父爱母爱，是人类最伟大的爱。为子女而死、而活、而斗争、而拼命、而卖苦力、卖血、卖身的父母之爱，是人类最基本的责任心和爱心的出发原点。

Adam不是我的上帝，有时候我也会对他咆哮，我敢对上帝这样吗？但抱着Adam，我抱住的是通过他弱小的生命来向我宣示活着意义的我的上帝，我的信仰，以及我生命中其他的所有价值目标。

就是在这个感悟上帝的瞬间，决定了我人生的信念和走向：为了我的孩子和天下的孩子，努力工作。在儿子和卢梭之间，我选择儿子；假如卢梭和儿子可以兼得，我也愿做卢梭门下走狗……

我生命中的第一个一万块钱

我生命中的第一个一万块钱,不是我的,而是一个陌生的日本女人的。这个陌生的日本女人和我没有任何关系,但由于某种神秘的原因,她带着那至今也不属于我的一万块钱,走进了我的回忆。

但这个不属于我的一万块钱,却深刻地影响了我的人生发展,事隔这么多年,我依然无法忘记它给我的思想带来的冲击和启迪。

那是 20 年前的一个春天,大约是 1987 年 4、5 月份,我为出国,去北京王府井那儿的中国银行分理处,去换国家允许我带出国的 50 美元!当年出国的人,估计都去过那个地方,那里好像是北京唯一指定换出国外汇的地方。

1987 年,国家允许个人出国的换汇指标,50 美元。精神文明丰富的中国物质文明之贫穷,由此可见一斑。

就是在那个窗口等待之时,我看见了我生命中的第一个一万块钱!一个日本女人,手上拿着那一叠钞票,在等着存银行。而且,那叠人民币,还不是一般的人民币,而是人民币外汇券。

人民币外汇券是 80 年代一种特殊的货币,只有外国人可以使用。比例大概是人民币的 1.5 倍,换言之,那个日本女人手上拿着的,不止一万人民币,而是一万五千人民币。

当时的我,几乎什么也没有想,只是默默地看着,没有感觉。这么多钱,我过去从来没有见过,从来没有想过。当时的我在北大工作,虽然谈笑有鸿儒,往来无白丁,精神生活确实丰富,但经济上却非常拮据。诗曰:六人一间房,幽会要清场,月薪近一百,食油配八两。

在这样的物质环境下,我居然不感到穷,更没有任何改变这种贫穷的什么具体愿望和想法!当时我甚至觉得,安贫乐道,君子固穷,那是一种美德。后来在国外听到崔健那首“一块红布”,我才好像悟一些什么……

“那天是你用一块红布,蒙住我双眼也蒙住了天,你问我看见了什么,我说我看见了幸福,这个感觉真让我舒服,它让我忘掉我没地儿住……”

当时我在国外，已经“有地儿住”了，但我依然为那被歌声唤醒的过去生活而感到震撼和悲愤！……原来那块红布的作用，是让人忘记没地儿住，而且还让人在“一无所有”的情况下依然感到幸福！

出国前，那一块红布也遮了我三十年，让我浑浑噩噩但却“幸福”地生活了那么久，直到在国内终于感到实在无法混下去了，才想到要出国寻找幸福并至少知道了什么是幸福！

然而，即使就在那块遮天蔽日的红布笼罩下，我眼睛的余光还是看见了眼前这个日本女人手上那一万元人民币外汇券。它在我心中引起了如此深层的爆炸，以至于我在离开那里好多天之后，才感到那一万人民币对我的冲击波的力量，这个冲击波的力量，可以说一直到今天还在蔓延！

那一万人民币外汇券对我到底产生了什么冲击？

我记得我回来告诉我身边的朋友，今天在中国银行看见了一万人民币外汇券。然后，我给他们算账，我在北大月薪 100，如果要凑到那么多钱的话，需要不吃不喝 150 月，12 年半，才能达到这个数字。当时我已经三十岁，也就是说，根据我当时的收入状况，我要挣钱挣到 42 岁，才能挣到此时此刻这个日本女人轻松捏在手上的那一堆彩纸！

从来没有为金钱郁闷过的我，就在这个计算中，感到了一种前所未有的渺小，卑微、无奈和可笑！我未来 12 年的岁月，折合成国家给我的金钱，为什么只值这个女人手头捏着的那点纸钱？

TMD。即使今天我写这篇文章，我也依然不禁对三十岁以前的迷茫愤愤不平！我不仅不要面子，我 TMD 也不做徐老师了！徐老师也要养家活口！徐老师也爱钱！我为什么不爱钱？我为什么不能爱钱？我为什么不能大张旗鼓地说：我爱你祖国，以及钱！

我生谁的气？我生我自己的气。我对当时的我自己怎么就不能让自己的老母、老婆，以及尚未出生但注定一出生就要找我哇哇要粮吃的徐超徐赶他们，也拥有那么一叠人民币外汇券！先把家庭的事情弄好，然后再去解决社会的问题——事实上，所有一切社会问题，只不过是个人和家庭的问题的集中反应而已——那么反过来，如果我们的教育能够教育自己的公民，努力把个人和家庭问题自己解决好，岂不就是帮助国家和政府解决了社会的重大问题？……

个人责任与社会责任两不误，经济收获与精神财富双丰收……TMD，我当时怎么就没有明确确立那种目标，努力追求那种责任，拼命实现那种成就呢！

我承认，我当时做不到，因为，那是一种积五千年文明牛粪之大成养成的人格，它是一种需要费尽九牛二虎之力才能打扫干净的“奥斯亚吉的牛圈”。不经历脱胎换骨的精神折磨和摧残，无法扫尽。后来我出国奋斗的漫长过程和痛苦经历，证明了我现在的论断。

生于50年代、长在60年代、成熟在70年代、思想解放在80年代的我们，对于金钱财富物质市场的观念，是一种非常扭曲的观念。扭曲不在于我们接受的那些红布教育，扭曲在于邓小平推动改革开放，十一届三中全会我党转变工作战略之后——原来我党是在1978年之后才把主要精力放在经济建设上来的，这就是现实！——整个社会价值观念和机会变异带来的那种对固有思维的冲击和摧残！

拨乱反正，政策上的一切也许容易，但人心上的一切才是最难最难的。

邓小平带领中国人民走出金钱意识、财富意识和市场意识的沙漠，犹如摩西带领犹太人走出法老暴政统治下的埃及，是一个民族的新生。

问题是，摩西带领犹太民族走出埃及，是一种可见的行为。不走的人，会被摩西的下属驱赶鞭打着上路，实在不想走的，留在埃及也许就意味着死亡。

而邓小平带领中国人民走出金钱财富和市场的沙漠，却是一种潜移默化的心灵深处的精神大迁徙。它看不见，摸不着，关键就在你是否信它是否跟它，是否在实际行动中采纳和追求它。这是一个别人不知道，自己也不确信的过程，它是一种茫茫大海中看着北斗潜心夜航的信心远征！

在茫茫大海上，柳传志走出来了，俞敏洪走出来了，张朝阳走出来了，无数人都走出来了……

走在前面的人，可能成为了时代先锋、社会精英、成功典范，但留下不走的人——那些依然意识不到金钱机会、财富机会和发展机会的人，却非常可能沉浸在没有风险没有动荡没有困扰的环境中，慢慢没落，渐渐衰亡。在百舸争流、一日千里的时代面前，成为人群的沉舟，成为社会的弃儿，成为家庭的叹息……

而我，深深庆幸自己没有落在社会后面，虽然我未必走在时代前面。也许生在江南小镇，没有京城关系的我，对于邓小平改革开放的政策有一种本能的拥护和认同，因为改革开放，改的就是机会不均等，放的就是机会被压抑。

但我总觉得，如果不是生活种种机缘巧合、一波三折的话，我很可能只会把邓小平改革开放理论当作一种思想学说，只会歌唱在口头，而不会落实在手上，使之真正成为我个人人生价值追求的一部分。

但是，在王府井附近看到这个日本女人手上一万元人民币兑换券，一举撤下了蒙在我眼睛上五千年文明腐朽丝线织造的红布，擦亮了我的眼睛。

诗曰：“黑夜给了我黑色的眼睛，我要用它来寻找美金。”从此，随着出国，我开始了从一个传统追求依附并期待从依附中得到物质保障的知识分子，向一个独立自由知识分子转变的伟大历程！

谓予不信，请看另一篇文章《我初到美国时的经历》，那就是这一伟大进程中的第一次泸定桥！

向前进，向前进，自由的责任重，传统的腐朽深。

古有花木兰，替父去从军，今有徐小平，打工为活命！

向前进，向前进，自由的责任重，传统的腐朽深……

我也有名校情结

新浪教育正在讨论“名校情结”，请我写一篇文章参与热闹。我犹豫了几天要不要写？因为如果我写，我就要说实话，而说实话，我就必须承认：我也有“名校情结”。

我是文革耽误的一代，上大学的时候已经22岁了——后来没想到，这个悲惨经历却成了我的宝贵人生财富，我经常拿它来教育我的学生，告诉他们，一万年太久，不争四年，22岁上大学一样有出息，瞧我！

我们当时可真没有选择啊。邓小平开放高考，给了我们机会，当时的青年人，只要能够上大学，就是幸运了，谁还敢有什么“名校情结”！事实上，在国家开放高考的前一年，1976年，我还曾心急火燎地让父母给我找人通关系，搞一个工农兵大学的指标，完成我的大学梦呢！

不幸的是，或曰幸运的是，我爸爸的地位在江苏泰兴小城还不够高，我的这个梦想，遂没能得逞。

上面是废话。但至少说明，在那个时候，我们并没有“名校情结”，而只有“我要读书”的高玉宝式“读书情结”。半夜鸡叫，我不用起来做工，但却要起来读书。啊，我有一个多么好学然而却失学的青春岁月！

我的大学是中央音乐学院，读的是音乐学系。在音乐学院里我痛苦地熬了五年——说是痛苦地“熬”，一点不假。我没有音乐天才，但却被迫与全国最了不起的一群音乐天才们圈在一个院子里生活，比如当时就已经崭露头角的谭盾、叶小刚之流，那日子真是“相当”难受。看着那些浑身上下颤动着音符、散发着仙乐的女子十二乐坊们在你身边走来走去，就是不肯“奏”你一把，或被你“奏”一曲——她 play 你，or 你 play 她，你真的恨不得就做她们乐器上的蛇皮或鼓皮，让她们溜溜地拉来让她们溜溜地敲……唉，名校名校，如果没有名模垂青，有什么好！

好不容易熬到毕业，我被分配到了北大。我在那里找到了我的自信、位置、理想，以及俞敏洪、王强、包凡一等终生事业伙伴和朋友。我是幸运的，既然我没能在中国的顶级名校做一个学生，那我直接做个老师也不错！我在北大的生活是非常愉快的，虽然北大的那些学者们同样瞧不起我这个音乐学院来的人。

我们几个当年北大艺术团的朋友们每年都会聚集一次，每次见面，大家必定调侃英壮——当年在北大艺术团，他是一个演群众演员“匪兵甲”的龙套！

名校，是一个民族精神的家园，是一个社会文明的灯塔。名校之所以是名校，就是因为它提出并不断创造着这个社会知识与良知的标准，因此才被这个社会奉为一种价值标准和心灵归宿。人们向往名校、崇尚名校，渴望进入名校学习深造，竭尽全力为进入名校而努力，完全是一种正常而值得鼓励的现象，是完美与和谐社会的人们精神追求的蛋糕上的奶油。

我是幸运的。我学习和工作过的中央音乐学院和北京大学，恰好都是名校——但是，名校毕竟是有限的，对于那些没有这么幸运进入名校的人，名校情结应该如何解开和结上呢？这方面我也有经验。

且听我说下去：

我 1987 年到美国留学，第二年转学去了加拿大，因为那里一个大学给了我一份全额奖学金。这个大学是一个典型的非名校，名叫：University of Saskatchewan，加拿大萨斯喀彻温大学。

听说过吗？我估计你没有。

萨斯喀彻温大学所在的省是加拿大最主要的小麦产地。这个大学与农业有关的专业相当不错，他们和东北以及内蒙的几个农学院有着密切的交流，但很少很少有来自北大清华的学生。但是，这个学校在我心中，却比哈佛耶鲁更加美丽亲切，更加珍贵重要。因为，我在这里度过了几年最难忘的岁月，遇到我终身感激的导师 David Kaplan，完成了我对于西方教育和文化的学习与体验，形成了我后来在新东方宣讲传播的那些思维方式和价值观念，永远改变了我对于人生、社会和生活的认识和思考。

而且，我在这个学校还有一个最最难忘的经历——在这里，我的大儿子徐超诞生了。从此我获得了做父亲的责任与欢乐！

我感激我的留学母校，她重新塑造了我，给了我本来没有的一切。我从来没有因为我的留学母校不是“哈佛耶鲁”而自卑，我为萨斯喀彻温大学培养了我这样的人才而自豪！

假如你的母校是名校——为它骄傲吧！假如你的母校是非名校——也为它自豪吧，而且要更加努力，以让你的母校因你而自豪。说到底，一个学校的知名度，主要是由它校友的成就决定的！

在新东方做咨询和演讲十年，我经常要面对学生的“名校情结”，以及由此带来的一些负面效应——“名校情结”没有错，错就错在把名校当作唯一的人生价值，当作比你自己更重要的偶像，一旦进不了名校就自暴自弃，肆意挥霍人生自信和自尊，作践自己青春与才华，患上一种“丧失名校癫狂症”——这又是我发明的词汇。

我经常告诉同学们：“我在加拿大就读的学校并不有名，但这所大学对于我却是如雷贯耳，因为我毕业于那里……这所学校其实也就出了两三个世界级名人——比如：加拿大前总理约翰·蒂芬贝克，former Prime Minister of Canada，加拿大前总督瑞纳·提辛 former Governor General of Canada，以及、以及、以及新东方前副校长徐小平 former Vice President of New Oriental School！”

每次我用英文讲到这里，学生都会哄堂暴笑。笑声中，大家知道了一个基本道理：虽然人的知识和文凭靠学校，但人的尊严和价值，最终还是靠自己！假如我在新东方提到自己留学背景时以自卑的心态表达对自己母校的轻蔑的话，徐小平肯定就不是徐小平，新东方也未必是新东方了——眼睛雪亮的同学们，马上就会看出我的庸俗，转而会对我产生鄙视的。

萨斯喀彻温大学，我心中永恒的名校！因为，这是我的留学母校——我曾经写过一篇文章，叫“儿不嫌母（校）丑”，讲的就是一个人要为自己的出身和背景自豪的道理，对“名校情结”下的自卑自贱人格，进行过深刻的批评。

说到批评，我这里不得不批评一下我的博友潘石屹了。我和潘石屹天天见面——他在街头广告牌上，我在街头；也常常聚会——他在我客厅电视里，我在沙发上——有一次，在央视《对话》栏目，人们问他毕业于哪个学校，他完全可以理直气壮地告诉全中国广大“名校情结”受害者，他毕业于河北石油职业技术学院，让他的母校狠狠地扬一下名，让他的校友以及所有非名校出身的人，大大地出一口气！但可惜，老潘从头至尾，就是不肯说出他的母校的名字，搞得我以为他毕业于某个秘密军校。

潘石屹不说他母校的名字，显然也是觉得这个学校不值一提。老潘啊老潘，你都这么成功了，还不能免俗！令我替你着急啊！

说到为母校自豪，我在加拿大还有一次印象深刻的经历，每次讲给学生听时，都能收获到意想不到的笑声和反响：我曾参加过加拿大 University of Lethbridge 莱斯布里奇大学的十年庆典。这所大学才建校十周年，说明这个大学实在短暂，没有什么值得炫耀的历史。但就在这个庆典上，老师校长们一致自豪地宣称：我们的大学，有一个加拿大之最——我们是加拿大最年轻的大学，耶！（掌声雷动）

“年轻，没什么不可以！”其实，历史短暂是一个学校最糟糕的负指标，但在加拿大教育者们的眼中，“最年轻”也可以成为令人自豪的因素。“一张白纸，没有负担，可以写最新最美的文字，可以画最新最美的图画。”毛泽东在建国早期这些诗歌般的语言，唤醒并激励了多少受苦受难精神低落的人民群众啊！没想到，英雄所见略同，加拿大人民也有同样的优秀心理素质和价值观！

名校，它是一个民族精神的家园，它是一个社会文明的灯塔。亿万学子渴望进入名校学习的愿望，是文明得以发展的人性最美好的因素。

但是，尽管所有买车人都想买名车，我们最终还是买一辆最接近自己价位的车；尽管所有买房的人都想住豪宅，我们最终还是搬进最适合自己按揭的家。所有学子，都想进入自己心目中认定的名校，但我们经过努力，收获总会有好有坏。一旦录取的尘埃落定，无论你进入的是名校还是非名校，就应该立即调整心态，重整步伐，确立目标，精心规划，向着下一步人生目标，发起总攻！

每年过了大学录取的季节，即使是美国的媒体，也会连篇累牍发表“进不了名校怎么办”的文章，以帮助美国高中生调节自己的心理，调节自己的人生。名校情结，并非中国特产，而是全球现象。

但由于中国教育系统的心理辅导、学生顾问人数相对少、素质相对低（有多少人有心理学和教育学等合格专业训练呢?），这个问题在中国给学生造成的负面效果相对严重。很多学生终其四年大学生活，走不出这个阴影，给他们的一生带来极其严重的伤害。我在新东方做咨询，接到最多的倾诉和求救，很大一部分就是来自高考受挫、无法进入“名校”的学生们。

怎么办？没办法。上帝只救自救者。考入“名校”的人，要知道名校并不是成功的保证书。考入非名校的朋友，更要懂得生活给一个人的最后审判，最终是依据你的能力而不是你的文凭。

我可以说出一万个非名校出身的伟人的故事，你也可以告诉我一万个名校出身的伟人的故事。但有一个紧迫的事实在战鼓咚咚地提醒人们：在人生的战场上，大学只是一场战斗，而你的一生，则是一场永无止息的战争。为失去名校而郁闷的学生，千万不要左顾右盼，再次失去你赢得大战的人生机会啊！

我承认，我也有名校情结！面对北大清华哈佛耶鲁牛津剑桥，是个文明人谁不高山仰止啊!

但我也承认,我更相信个人价值！在那些尽管未能进入名校但通过自我奋斗战胜恶劣环境、超越心理局限、获得人生成功的自信自尊自强的朋友面前,是个社会人谁不肃然起敬啊!

徐　小　平 XUXIAOPING

咨询手记：环球化威胁本土人才

对一个大专女生的人生设计

耿茉莉的爸爸耿爸爸是一位比较令人尊敬的政府高级官员，部级。人不错。他的身份以及这个身份所代表的社会资源，对于我为他的女儿耿茉莉设计人生前途，是一个重要的因素，所以这是我谈耿茉莉，却必须先从耿爸爸说起的原因。他带着他的女儿来找我，满脸的忧虑。她的女儿，今年已经24岁，大专毕业，学的是财务会计，在一家金融机构工作。按理说，这是一个非常好的职业，肯定也有发展前途。但是耿茉莉看上去非常不自信。不自信怎么有魅力？没有魅力怎么会爱自己？自己都不爱的人别人怎么会爱她？二十四岁的女儿，有许多问题。学业不完整、家业无指望、老父老母安度晚年的物业显得很遥远。这些问题导致耿茉莉的爸爸来找我，要我为她女儿的前途做点策划。许多在国内为大专文凭自卑的人，往往去英国读一个硕士，以为这样就能够解决他们的人生问题。这种针对大专生的一年的MBA或类似的硕士学位其实有点害人。因为，一年的硕士学位，只能是从书本到书本，多了点知识而已。而大专生们最急需的就业技能、文化素质、自信心态，并不能得到合理的提升。耗尽精力出得国去，积蓄花光了，时间耽误了，机会放弃了，青春向晚了，而自己最缺少的实际能力并没有得到真正的增强，这样的经历往往甚至会加深他们的人生危机和自卑感。我从不反对任何为前途奋斗的行为，我只反对出于错误的观念而发出的错误的追求。大专生的人生问题根本不是没有本科文凭，大专生最严重的问题，实际上是在这种以文凭为根本价值目标的社会风气下的自我意识、自尊心和自我评价的崩溃。因此，当我面对耿茉莉的时候，我心里甚至产生了对她的怜悯，一个好端端的高级官员家庭出身的女孩，有着相当不错的职业和技术能力，却有这样一种提不起气来的精神状态，以至自己根本没有一点想去打扮自己的愿望。她的身体，放射出来的语言全是：“讨厌我吧”；而不是应该有的那种：“为我疯狂吧”。让人“为我疯狂”，不仅是当代青年应该有的素质，甚至，在我看来，是一个年轻知识分子应尽的社会责任呢！不让我为你疯狂，难道要我为你沮丧吗？当然，当着耿茉莉的爸爸，我不好说这些话。我怕她爸爸受不了我的思想，回去让教育部至少先把我的咨询处封闭了。于是，我对着耿茉莉讲出了我为她前途设计的思路：

一、尽管我一般反对人们出国读语言，但鉴于耿茉莉的年龄压力、家庭能力，最主要的是基于耿茉莉濒临崩溃的自尊心，我建议耿茉莉立即去出国读一个好一点的语言学校，哪怕去新加坡都可以。在那里，在西方文化的学习氛围里，耿茉莉肯定会感觉到前所未有的作为女人的自尊感和幸福感——“做女人真好”，“做女人‘挺’好”——而不是作为“大专生”的要命的自卑感。这种“真好”、“挺好”的感觉一经建立，从此就不会离开她。她一旦拥有了这种感觉，对于自己的感受就会发生惊人的变化。她会爱上她自己，也就会有意识地让人爱她。一个美女，就会在耿茉莉心理残疾的躯体中脱颖而出，亭亭玉立于世界之上。到时候可能连老耿都无法想象他女儿的巨大变化。我会特别叮咛耿茉莉，要注意美化自己外在的形象，注意提升自己的自信心。

二、去国外读半年语言，目的是在学习语言的同时，提升自我感觉。但千万不要立即进入读学位。她的条件还不够成熟。学习语言半年后，耿茉莉应该回国。回国的目的，是让她带着这种崭新的自我感觉和新鲜肉体，继续回原单位工作一段时间。耿茉莉爸爸的作用，这个时候就突显出来：他当然应该为了女儿的事业，和单位领导“沟通沟通”，让她得到这种工作机会。回国工作的目的，不是一般的来混日子。我要求耿茉莉重新审视自己的能力，重新审视金融机构里面的各种岗位，带着自信的目光，看待自己过去所从事的一切，认真思考、选择、决定一个自己最喜欢的金融业务方向。为将来出国读金融硕士研究生做经验上和思想上的准备。这一时期耿茉莉的生活，一定会非常充实、非常自信、非常愉悦。在某种意义上，她的这一年实际上是作为读硕士前实习来度过的。一年收获必将超过过去的三年。

三、在国内的这一年，耿茉莉还应该再奋斗一下，把雅思考出来。在英国读过半年语言，加上国内的复习，这个耿茉莉应该能够拿到 6 分，她也必须拿到至少 6 分。否则，就真的是没出息的人了。雅思成绩，加上对于金融行业的重新思考和实习，一年之后耿茉莉再次出去留学，就不是对于失败的承认、对于自卑的屈服、对于社会庸俗眼光的躲避，而是对于自己专业梦的设计，虽然只关乎留学与职业，但实际上爱情和婚姻问题，一切尽在不言中。这三年之内，耿茉莉不仅获得事业的飞跃，其实她的爱情问题，也会一路得到完美解决。你想想，她去国外读语言，说不定会碰到一匹白马王子；她从国外读语言回来，以崭新的精神风貌开展她的学习工作，说不定在新东方雅思班上，再碰到一匹白马王子；然后去国外读硕士学位，有着雄厚事业基础的耿茉莉，肯定还会再碰到一匹白马王子。还有一个可能：耿茉莉三年后硕士毕业从国外回来，那时候的她，心理年龄和外表年龄，要比今天坐在我们面前的耿茉莉还要年轻迷人，更加美丽自信，说不定会碰见一个在世界级公司做世界级职务的高级白马王子呢！那时候，耿茉莉可以把前三匹白马放马归山，自己飞身跃上这匹世界级的宝马，登上婚姻的幸福马厩。耿茉莉的爸爸，也就是您老人家的地位身份，也会成为耿茉莉女性魅力一个不可抗拒的因素。您已经为女儿做了足够多的贡献，婚姻的事情和所有其他事情，可以托付给我，您就不用操心啦！虽然你如果愿意，也可以做一个女儿婚姻幸福马厩里的弼马温——这是天堂里的一个虚职，什么也不用做的！”

听完我的陈述，耿茉莉的爸爸哈哈大笑。耿茉莉虽然满脸通红，但那也是一种迫不及待、立即要让她的白马王子来抢夺她的样子。办公室里充满了兴奋和信心。耿茉莉父女两个，雄赳赳、气昂昂，走到了新东方咨询处外面的大路上。这时候，我再仔细观察耿茉莉，发现获得了前途目标和自信意识的耿茉莉的女性魅力其实已经开始蔓延、无法阻挡了。

一个人的外表往往透露他的内涵

“老头”在《新杂志，旧杂志》后发表回帖：

这故事编的有点道理。说得人一愣一愣的。

思维方式很功利，只是抓住了某些社会现象的表面，却使人远离本质。

不过，有些人只需要这些就够了。

徐小平回应：

这个署名“老头”博友评论的关键，是认为外在的东西不是本质，因此不重要，而我老人家恰恰认为，外在的东西就是本质，形式就是内容。

君不见鸟巢、巨蛋、央视新大楼、水立方、悉尼歌剧院……全是形式展示一个国家心灵的范例。

这是一种核心价值观的差异，也就是文化的核心差异。文化程度低的人，现代化程度低的人，以及经济水平低的社会，一定更加注重“内在、本质”的东西，也就是基础实用的东西，会认为外在的东西不重要，重要的是内涵……

如同食不果腹的饥寒交迫者，怎么可能谈到食物的色香味？怎么可能讲究服装的款式和色彩？但哪个民族在解决了温饱问题之后，不立即开始讲究食物的色香味和服装的设计和色彩？

正是这种差异，在许多方面暴露了一个人的教养，显示了一个人的素质，在许多时候导致了有人失败，有人成功。

所以，谢谢这位伟大的博友“老头”，让我老人家有机会重新呼吁大家读一读“新杂质、旧杂志”一文。

青年人啊，我爱你们，但是要迅速让自己变化为新杂志！

一封适用于所有“改行”者的短信

徐老师：你好！

每个星期在电视里都能品尝您煮的咖啡，味道很浓很浓……

现有一事相问，儿子今年十六岁，在北外读俄语专业，他本人对经济类专业比较感兴趣，想毕业后去欧美国家留学，不知该如何规划和打算？特向您请教，盼复！

谢谢。

——学生家长

尊敬的家长：

学了一种语言，再去学经济学、法律、管理，都是非常天经地义的选择，甚至是非常好的选择。迪斯尼的 CEO Michael Esner，本科学的是英语文学，毕业后就搞创意，搞电影电视的制作，最后成为娱乐管理大师。维亚康姆的老板 Redstone，本科读的是日语，后来再读法律学位，毕业后就在爸爸的露天电影院公司工作，最后成为媒体大亨。

从俄语到经管类专业，不要把它看作是转行，这不是转行，这是入行，以不错的人文功底，进入一个新的职业行当。所以，非常正常，非常可行。

入行，尤其是进入一个新的行当的方式，无非是通过读书，或者通过工作实践来完成。

读书，可以在国内读研，也可以出国读研。取决于语言能力和经济能力。如果语言和经济都不是问题，最好是出国读，即留学。

工作实践的问题在于：经济类专业是一个非常宽泛的概念。你的儿子自己必须回答一个问题：学完经济类，将来干什么？经管、金融、保险、证券……这是浩瀚巨大的领域，你的儿子必须找到适合自己的具体行当才行。这样读经济类专业，或任何其他学科，才有出路。

通过工作实践入行，还有一个好处：即在实际岗位上，青年人马上知道公司有什么位置，需要什么人才，自己就会自然而然地成为这个需求的潜在对象。这样，三年左右，打下一生的事业基础。那个时候再出去读硕士，前途非凡。我写的可黛的故事，值得你儿子读一读。

祝贺！

徐小平

奋斗者的捕鼠器和米老鼠

徐老师：

我知道您很忙，在您的书中见过一个药师，为了出国，去了新东方，最后经您开导，去药店当了药师。我也是一个在医药公司干了五年的学药的大专生，为了能进外企制药企业工作，我付出了很多，第一次去外企面试，他们说我没临床销售经验，于是我在医药公司，从内部管理转到商业销售，干了一年后，觉得自己销售还行，又从国有企业跳到一私营制药企业做医药代表，又干了一年，再去应聘外企，还是不行……很苦恼，人家说只要适合的，不要优秀的……呵呵……哭笑不得。我不知道这种追求是否对……现在搞得自己都不自信了……我现在的苦恼是，是继续在私营企业干呢，还是一直找下去……私营企业不是很规范，很想去外企规范销售的流程，得到培训……这样在这个行业就更有竞争力，这个问题困扰我很久，您能帮我指点一下吗……我在新疆，新疆的制药外企，我都面试过，不知道问题出在哪……真的很迷芒……

胡杨林的狼

亲爱的胡杨林的狼:

你的来信使我想起邓小平那句最著名的话:不管白猫黑猫,能抓老鼠的就是好猫。

作为企业,不管私企、外企还是国企,能抓老鼠的就是好企。问题是:作为企业的员工,你的老鼠是什么?

一个字:钱。

你说"私营企业不是很规范",所以一直削尖脑袋想进入外企,为什么?不规范,正好是机会所在,如果太规范了,很可能无数机会就被人填满了!

对于青年人来说,到底追求什么,是一个最最重要的问题。如果你把所有心思和精力放在进入"外企"这个目标上,你很可能一路丢失了无数机会,错过了千万"老鼠"。而如果你一直是把心思和精力放在"赚钱"这个字上,你的处境很可能就不一样。原因很简单:在医药销售领域,私企销售员赚钱的很多。

也许这就是你的问题所在:在捉老鼠的路上,你关注的不是老鼠,而是猫,你总是在选猫,而不是在找鼠。不管肥鼠瘦鼠,你一律放过,而总是暗恋着那只叫作"外企"的猫,你的人生当然会出现问题啦!

《图穷对话录》里写到的那个药剂师,在见到我之前,一直把"出国读博士"当作他的老鼠,而我告诉他,"洋博士学位"只是一只捕鼠的猫,而不是猫捕的鼠。如果养其他猫能够更快地抓到更多老鼠的话,你就应该毫不犹豫领养一只这样的好猫贝贝,而不是美国博士!

"他妈的大专生"一文里的红军,就是一只在私企找到了很多老鼠的猫。我逼迫她自信地回到她的老鼠洞里继续捕捉更多老鼠。

啊,老鼠,可能很讨厌,想想在米缸里被抓住的样子吧——但也可能很可爱,人们去香港迪斯尼不就是为了看米老鼠他老人家一眼吗!(米老鼠已经五十多岁了!)

钱,也一样。如何看待"钱"这只老鼠,在很大程度上决定了一个人,甚至一个民族的命运。

谢谢你的来信,使我获得了一次表达最深刻思想的机会。这个思想就是:青年人在追求捕鼠器的同时,不要忘记自己真正需要的是抓到自己的米老鼠,而不是捕鼠器。

你的爱你也爱钱的徐小平

首先，认识你自己（然后掌握自己的命运）

一、“认识你自己”

虽然谈论雅典奥运会是一个会逐渐冷却下来的热门时尚，但思考古希腊哲学却是读书人基本不会过时的脑力活动。

手头拿着哈佛商学院两位职业指导专家撰写的《哈佛职业生涯设计》，心里却想起了刚刚结束的雅典奥运会以及雅典所象征的人类智慧明珠的古希腊文明——为什么？

一本教人如何求职、谋生、挣钱、养家的俗人俗书，与纯洁神圣的雅典奥运会和古希腊哲学是什么关系？难道我因为不能在奥运会上吸引观众眼球就想来这里借这个话题占有大家的注意力吗？

不是。奥运会和古希腊哲学对于我，是星空和道德律，我只配、也甘愿做一个渺小而敬畏的仰望者，永远从它们那里寻找生命的美丽和先哲的神谕。

而我手头的这本书，《哈佛职业生涯设计》，和奥运会以及古希腊哲学，确实有某种神秘的联系——至少我这样认为。正是因为这种联系，或者正是因为我发现了这种联系，我才觉得这本书将会对读者大众尤其是那些亟待获得正确职业指导以走出人生困境的朋友们，提供最大程度的帮助。

“认识你自己”！据说这是镌刻在古希腊宗教中心戴尔菲阿波罗神庙墙上的一句箴言，又据说古希腊哲学家苏格拉底曾对这句话进行过论证和解说，更据说，这句箴言是古希腊哲学里面一个重要的命题，深深影响了人类两千多年来的思辨和认识。

我真不知道这句话到底有什么高深莫测的哲学意义，但我旗帜鲜明、毫不含糊地知道：你是否能够正确地“认识你自己”，正确“认识你自己”的兴趣、能力、激情、欲望、压力、好恶、理想……并把这种对你自己的认识，融化灌输到你在职场上的追求与奋斗之中，是决定你奋斗成败、生活质量、人生价值的核心要素。

《哈佛职业生涯设计》是一本帮助你自己“认识你自己”，从而为自己设计和寻找最符合自己需要的职业生涯道路的好书。

从这个意义上，本书实际上暗中应验了古希腊阿波罗神庙上那句箴言。也是从这个意义上，我发现本书和奥运精神之间的某种联系：它让每个人带着对自己能力和兴趣的全新发现和认识，投入人才竞争职场发展的奥运会，在这个永不熄火的竞技场上，争夺自己人生成功的金牌。

二、为何要“认识你自己”

我在新东方从事教育和职业咨询，其年头也长（从 1996 年回国至今，已经不觉冉冉十年已逝矣）、其人数也众（新东方学员每年以数十万计，大多数学员应该都曾暴露在我演说和文字的火力点下）。如果要我在错综复杂的咨询实践中提出我的基本思想和方法的话，其实就是“认识你自己”这句话。

在我的咨询实践中，我要大家认识自己的方法是：以你自己的人生观、价值观为“一个中心”，以你自己的兴趣和能力为“两个基本点”，从这里出发，寻找你一生正确的职业定位。瞧！我在这里，借用了邓小平同志的著名方法论。

而正确的职业定位——也即是说，基于自己对于生活的最根本追求（人生观价值观），分析自己对自己所做事业的兴趣和能力，确定自己到底追求什么职业目标——对于今日中国的读书人来说，读书人，我指中专到博士、从土鳖到海带这些职场生猛水产而言，则是他们人生稳固的根基，是他们生活滋润的水源，是他们实现自我的前提，是他们获得成功的坐标。

职业定位和职业指导，对于今日中国社会，是一个关系到社会稳定、家庭和平以及个人欢乐的重大战略问题。它和下岗职工、大学生就业、海归变海带等这些社会问题，假如不是同等重要的话，那就是比他们更加严峻。因为，假如后者是某种社会问题的后果的话，前者则是这些后果的原因。可以说，正是因为我们教育系统内职业教育体系的不完备，才导致了很多本来方向感很好而且既有就业技能又有兴趣和激情的人，却在职业就业市场上找南撞北，处处碰壁，走投无路。

急剧变化的中国职业市场，对人才的需求和标准，已经并正在发生剧烈的变化。运动产生晕眩。否则在雅典奥林匹克射击场上，那个美国射手就不会把最后一枪瞄准隔壁枪友的靶子，虽然射中十环但只能获得零分了。变化产生迷惘，无数的中国青年，在十年寒窗之后正准备享受苦练之后金牌的荣耀时，突然发现他们原先精心瞄准的那些神圣的人生目标，突然之间成了错误的靶子，成为失败的标志。

从来没有一个时代，身处其中的受过良好教育的一代青年，既拥有那么多激动人心的机会，却面临那么多进退两难的选择；既享受那么多经济繁荣的实惠，又遭受那么强心理失衡的痛苦。在这个中国社会正在走向世界走向未来走向现代化走向伟大复兴的时代，最最需要的精神雨露之一，就是以职业市场（也就是人才市场）为导向的正确的职业规划、职业指导，以及我们手头这本书所精心策划的个人职业定位。

我想你现在已经知道：为什么从古希腊神庙的神谕，到新东方徐小平的呓语，再到《哈佛职业生涯设计》的作者，都在强调同一个问题：即要你自己“认识你自己”了？我承认我的文字实际上是一些非常浅显落俗的实用性指导，我也承认我的咨询虽然应该但至今依然停留在一般性思辨的层面而没有进入科学分析的高度——但我保证我理解那些我咨询过并与他们一起痛苦过他们的痛苦欢乐过他们的欢乐的无数学生们，我知道他们的无数人生失败和挫折其实往往源自于他们不知道自己那个在职场上的“自我”是谁？哪种职业更符合他或她的本质？

有人把兴趣爱好当作才能，贸然辞去自己最擅长领域的工作随意改行，虽然尝试不同职业如同神农尝百草一样，但最终却被不熟悉、无经验、缺技能这样的毒草一下子麻翻在失业大道上，然后再走到我的咨询桌前面来寻找解药……

有人把劳动就业当旅游娱乐，认为自己对这份工作不喜欢无激情，于是就可以爱干不干、能少干不多干、能偷懒不勤劳、能恶心不爽快，结果几年下来走到人生十字路口，发现别人都已经突破了职业的终点而自己还停留在起跑线上，甚至奥运结束别人已经功成名就了而自己还没有抵达雅典……

更多人面对职场各种飘逸的锦旗闪光的金牌完全彻底失去了人生的方向，也就是说失去了最最重要的人生最高追求和终极理想：从政？从商？搞学术？搞实用？求名还是求利？短跑还是长跑？眼前利益还是长远利益……左右徘徊、举棋不定、声东击西、一步一个跟头，人生没有了中心价值，没有了根本方向。失去了自我中心……

我给那些找上门来的读者和学生应有的帮助了吗？也许。

这类的帮助是否能够满足中国社会日益紧迫的需求呢？绝不！

因此，当我看到《哈佛职业生涯设计》得以翻译出版，从专业的角度心里得到了深深的欣慰：虽然中美之间在职业指导方面存在着巨大的差异，美国专家既不能大批量来到中国提供专业服务，中国社会也难以大规模培训我们自己的现代化咨询队伍，至少，我们可以大规模出版美国市场上获得读者认可的专业著作。这样的著作已经引进过不少，但每出版一本书，我们会看到中国市场更多的空白。这样，我们就可望更多的著作能够达到读者手中，成为他们职业发展道路上的良师益友。

《哈佛职业生涯设计》作为一本货真价实的好书，对于嗷嗷待哺的职业指导市场来说，可以说是填补了中国职业指导的一个空白，回应了一个巨大的需求。我相信读者只要静下心来，认真阅读和使用此书，就可以从中获得巨大教益。

获益?

获什么益?……认识你自己!

为什么要认识你自己?使你的职业竞争，能够早获成功，早获金牌。

12月13的咨询手记

为了让读者读起来方便一些，我把两天的咨询手记分开，一天一篇。同时，我把这两天接待的学生的时间次序稍微调整了一下，更有利于读者快乐阅读。

一、学会爱自己和自己的身体

上午11点，来了一个学经贸的女生。由于高考不那么好，进了一个自己并不喜欢的学校、并不喜欢的专业。她的问题是：即将毕业，是考研，还是出国，还是工作?这是幼稚的问题，也是经典的问题。

我发现这个女孩有一个问题：她的面孔很漂亮，瓜子脸，但是她的身体很肥硕，反映在脸上，葵花子变成了西瓜子。而且她在和我讲话的时候，眼睛只敢偶然看看我，一旦我们的目光相遇，她立即像惊恐的兔子一样，把脸躲闪到其他地方去。

我想起一句成语："静如处子，动若脱兔"。虽然她逃离我的目光的动作有点"动若脱兔"般地迅捷，但从她纷乱嘈杂的眼神里，我看到某种令我不安、令她不静、令世界不美的东西。所以我不能形容她静若处子。什么东西搅乱了她的视线、喧嚣着她的心灵?

我说：实话实说，绝无奉承——你应该是一个很美的女孩。美丽是一种财富。你本来应该很富有。但你的表情，惊恐不安，你的身体，肥胖不堪。什么东西导致你不爱自己的身体?什么东西使得你暴殄天物?又是什么东西使得你不敢正视世上最慈祥的徐老师?

考研、留学、工作，虽然每个人情况不一所以选择也未必一样，但幸福的人都是一样的，而不幸的人则各有不幸。这个看上去并没有任何不幸的女孩，到底有什么问题？

原因很复杂，其实就是家庭和学校教育不“以人为本”的恶果。我这里不说我发现的原因，只说我咨询的结果：

我要求她勇敢看着我，学会“目光接触”，eye contact，因为这是人际交流最基本的手段、最重要的表达，要勇敢看着对方，把自己的真诚和希望，用你美丽的眼睛发射出去。同时，回去减肥，减去十公斤之后(她说应该是15公斤)再来见我。你可以不爱我，但不可以不爱自己、不爱自身、不爱自己本来无比美丽的身体。

不爱自己的人，必不爱别人。这样的女孩，无论考研、留学、还是工作，自己不会幸福，也难以给别人带来幸福。所以，追求成功，追求幸福，先从追求、塑造、挖掘、再现(对这个女孩而言)自己的美丽开始。然后你干什么都行。

这是我对她的咨询，也是我给所有青年的咨询。

“可是我长得很丑，怎么追求自己的美？”

放屁。只要是人，就是美丽的！

而且，只要是人，都可以把美丽当宗教，使自己变得更美丽！

二、“兜售自己”的能力是一种软实力

下午3点，来了一个小伙子，30岁。他做电影电视技术，与不少大牌导演合作过，颇有成就。但在三十岁上，遇到了事业的瓶颈。他花了很多钱报考新东方精品英语班(Elite English)，提出一个请求想见我一次。我历来是新东方捆绑销售的免费赠品，这次达到了高峰，所以立即带着自豪见到了他。

他的问题是：想出国，想考博，想做教授，想学英语，想到外国公司工作……选什么？

聊来聊去，我发现，他其实还是更愿意在中国工作、在中国挣钱、在中国成功、在中国做他最擅长的技术。说到最后，我发现他的问题不在于专业技艺不够，而在于营销意识不足——他不会推广、推销、兜售、出卖自己。

美国艺术家实行经纪人制，是人都有经纪人。经纪人在艺术家发展中起着非常重要的作用。在某种意义上，是经纪人创造了艺术家。更准确地说，艺术家是发动机，经纪人是润滑油。中国有世界一流的艺术家，但由于市场经济的落后，中国缺乏相应的经纪人。

这个朋友，他的技艺已经很成熟，具有国际竞争力。他的事业突破口，并非更高的技艺，而是在影视市场让更多导演制片知道他的价值、获得更多实现自己价值的机会。但可惜，他没有推销自己、推广自己的意识，当然更谈不上寻找专业人士的帮助。所以，他在事业发展还有很大空间的时候，居然就遇到了“瓶颈”——他的瓶颈，实际上不是通道的堵塞，而是自己不会取道而已啊！

兜售自己的能力，即sell(出售)自己的能力，和一个人的实力同样重要。

……至于向好莱坞学习，这是一个永无止境的问题，任何影视人在任何时候都需要。但对他而言，突破“瓶颈”的方法，是认真考虑推销自己方式方法和途径，让包括国内国外的市场都知道他的存在和价值。

他很高兴，说要请我吃饭——显然，在和我咨询过之后，他觉得对自己的饭钱充满信心，所以要和我分享，我答应了他。

12月14日的咨询手记

一、生理成熟靠上帝，情感成熟靠爱情

上午10点，来了一个二十一岁的男生，并给我带来一束鲜花。他中专毕业后自考大专，在一家公司做会计，单位大小领导都赏识他。他正在考着ACCA国际注会资格，梦想在40岁时，当一家大公司的CFO。

他的问题是：这个设计对不对？

这个设计非常对！人生设计的成功境界，其实就是：知道自己做什么，知道应该怎么做，知道这样做下去的前景是什么？这个男孩自己给自己的设计当然没有任何问题。

我最怕别人的人生没有问题——因为这样一来我就没有成就感了。让我白讲是小事，让人家白来、鲜花白买，我于心不忍。

于是我就没话找话说：很好！有女友吗？

他说没有。

我说：没有女友，那有男友吗？

他说也没有。

我严肃起来，说这怎么可以！

我说：在生理成熟后，我们可以为了革命事业，遏制性冲动，但为了人生幸福，哪怕是柏拉图式的爱情，怎么也得谈一个。

他问：为什么？

我答：因为，生理成熟是一种自然现象，到时候，你的喉结和其他东西不想长出来也会长出来。可是在生理成熟之后，我们还面临情感成熟这个重大命题，这就是一个社会问题。生理成熟是生理，这个靠上帝；情感成熟是心理，这个靠自己——这是一种需要努力学习、实习、实践、尝试才能获得的东西！

使自己情感成熟的方法很多，爱情是一个极其重要和关键的通道。一个没有谈过恋爱、不知道爱的欢乐、爱的痛苦、爱的责任、爱的麻烦的人，怎么能够正确妥善处理我们一生最重要的关系——男女关系？怎么可能承包我们一生最复杂的工程——婚恋嫁娶？怎么可能善用我们一生最宝贵的财富——爱情、情感？

所以，在生理成熟之后，我们就该为了人生幸福，大胆寻找、实习爱情。爱就是幸福，幸福就是爱。在游泳中学会游泳，在恋爱中学会恋爱——然后在恋爱中理解、掌握、尊重、享受人生最宝贵的东西——爱，以及与爱相关的情感。

这样，即使不做ACCA、CFO，你的人生也会很幸福。否则，即使做了CFO，年薪一百万，活着又有什么意思？

二、老师不应要求学生为特定行业献身

临近中午，来了一个名牌大学考古系女研究生。我是在北大校园原创歌曲演唱会上见到她的。她学考古，但是进了大学，读了研究生，她不确定自己是否愿意做这个行业……看着年轻美丽的她，我眼前浮现出马王堆一号女尸，脑海里形成一个奇幻的感觉，所以赶紧约她来聊聊！

她的问题是：面对包括考古、教育、英语、出版、管理在内的种种选择，选择什么？

我告诉她很多很多改行成功的例子。告诉她：考古固然伟大，但烤面包的价值也并不低于考古。不要厚此薄彼，也不要厚古薄面，不要把职业分为三六九等。只要是社会需要的东西，都值得我们去做。如果你认定了考古，就继续考，如果你想通了经商，就大胆闯。

她问：某大学考古系有一个女生，本科毕业写出的考古论文，就得到专家大师的高度赞赏，认为她是考古事业的未来领袖、接班人，但她却拒绝了保研，放弃了考古，进入了与考古无关的企业工作。不少老师谴责这个学生，她问我应该如何看待

这个问题?

我说:谴责她的老师,本身值得谴责。老师的最高境界是学生幸福的指路明灯,而不是绑着学生跟随自己做自己认为伟大的事业。就这个改行女生而言,她难道没有选择自己生活方式和工作性质的权利?凭什么读了考古就必须考古?

是的,老师们已经没有权利剥夺这个女生选择的权利,但从情感和道德上来压制这个女生的选择,从而使得我眼前的这个女生不敢放弃考古专业,才是这个故事的本质。

女研究生听了我的话,脸红心跳,因为我讲出了她敢想而不敢说的话。这是一个好女孩。但是她问我:大家都改行,那谁来搞考古事业呢?

我大怒:这不是我管的事情!越是发达国家,个人选择越自由,考古事业也越发达。

中国人才流动从体制上来讲远远不够自由(比如狗日的户口制度),但从个人心灵上来讲,可能更为僵化。在国家已经允许流动的地方,人心往往还不敢流动。不仅考古学生经商成为问题,经商学生想考古,其实也充满障碍。在这种人才流动从体制到心灵都还不够自由的环境里,中华民族的创造活力遭到重大遏制。

考古,如同烤面包,是一项伟大的事业。教育者的责任,是鼓励和引导学生追求自己的幸福,而不应该要求他们为特定行业献身。

三、大学生的新物种起源

下午3点,见到一个经贸大学的学生,大四,在大三那年,成为经贸大学有史以来第一个获得批准在校期间休学创业的学生。现在一年修学期已过,他获得了巨大的人生收获,要来和我分享喜悦。

助手Robin说他很特殊。但我左看右看上看下看,他还是一个很普通的男孩。走到街上,女孩未必会多看他一眼。Robin陪我至少见过了好几百个学生,他说特殊,必有特殊之处。

这个学生特殊在什么地方?他一开口,我立即知道了他是一个新物种。

他的特殊之处,并非他休学创业一年,也不是他已经获得了世界五百强企业将近十个job offer,其中有一个公司,总裁就想直接请他做助理,年薪在第二年就可望达到六位数。

他的特殊之处,在于他非常自信而准确地知道他自己要做什么,不要做什么——他不想做创业的企业家,而做大公司的管理者,并已经通过自己的努力,获得了这些财富五百强公司的认可与录用。

一个大四学生，在临近毕业时如此准确、理性、正确并成功地知道自己三十岁、四十岁、一辈子要做的事情。更重要的，他知道自己要做什么，并且采取了休学这样在中国罕见的革命性行动，去追求和探索自己想要的东西。一年下来，他有了自己创业的经验，有了外企实习的经验，他获得了追求人生梦想所必需的第一桶金——精神、知识与经验的黄金。

知道自己喜欢什么、擅长什么、想做什么、能做什么并为此努力……简单一句话，从价值观到个人综合能力上了解你自己，know yourself，然后根据这个了解去学习，去追求，去奋斗，是人生设计的根本原则。

这个二十一岁的年轻人，成为我今天咨询的欢乐亮点，点燃了我对大学生人生发展的希望之光，是一片“就业难”、“行路难”哀叹声中逆流而起的新物种起源。

我鼓励他把自己的故事写出来，他说自己不想出名。还引用曾国藩的某句话来说追求虚名的人会倒霉。我说：曾国藩时代，有名无名的人，随时都会有杀身之祸。用那个时代的思想，来指导今天的人生，简直是扯淡！他同意我的批判。

一个新物种已经诞生，但他成长的道路，依然充满风雨的考验……

一个失败的咨询案例

元旦期间回到家乡，有亲友谈到孙小光这个孩子，令我郁闷不堪。因为，我觉得他的案例，是我咨询的一个重大失败。

孙小光是我《图穷对话录》里的一篇文章“杭州的比尔·盖茨”的主人公。他是我父母官的儿子，专业是电脑通信，大学期间一直在新东方读英语，毕业时得到了美国专业排名第十和第十一的大学录取，应该很好。

我对他的发展非常关注。认识他是因为他是父母官的儿子，但和他交往时，已经把他当作一个可爱的学生、一个进步神速，其发展令我骄傲的学生了。

临近毕业，获得美国名校录取，孙小光的人生追求却发生了巨大变化。他在一个从美国常春藤名校毕业回国老师的帮助下，在学校创业成功，大学第三、四学年一举挣了三十万人民币，如果按计划做下去，预计毕业后第一年就能挣一百万。他想先完成创业，然后再出国留学。

四年大学生活，小光已经从一个腼腆得像小姑娘的孩子，变成了一个技术精英，创业勇将，雄心勃勃地要在导师指导下，率领一帮大学同学大干一场。

我当然赞同并鼓励他暂时搁置留学，把全部精力用于创业，这种千载难逢的机会，谁说只有美国才有？至于我为他留学付出的那些心血——不就是要他成功吗？成功已经在他手中，我还废什么话！

但是他的父亲一定要他留学。父亲的意志如泰山般不可逾越。

父亲心里想的是：一定要留学，老子让你留就得留。徐老师心里想的是：为什么要留？儿子心里想的是：留为什么？结果儿子被迫留学，现在我已经不和他们联系，所以去向不明。我希望他成功，爸爸骄傲。

虽然孙小光留学回来，也可以成功，也可以挣钱，甚至可以挣更多的钱（我希望如此），为祖国做更大的贡献。但一个创业的机会在手上，而且已经获得了成功，眼见得可以在二十二岁时，就挣到人生第一个百万？提供十几个就业机会，为什么非要放弃不可?！对钱有仇吗？挣到手再把它施舍给我！或者其他更需要的人岂不更好吗？……

孙小光眼看无法说服他父亲，就把最后的希望放在我身上，企图让我来做说服工作。

我本来也信心百倍，徐老师的三寸不烂之舌谁能抵挡？但和孙父见面之后，却折戟沉沙，惨败而归。新东方是我的，孙小光是人家的。我只能回来继续鼓吹我的思想，而眼睁睁看着孙小光走一条他自己也不想走的路……那场景，配上二胡曲“江河水”，可以拍一部悲剧。

我失败了，而且我在家乡还遭到了包括我妹妹在内一些朋友的批评，大意是：人家有人家的追求……你烦什么？

可是，毛主席有毛主席的追求，邓小平有邓小平的追求。我走的是邓小平路线，不走这条路线，就抓不住老鼠、或者会把煮熟的老鼠又放跑了。虽然你后来也许也能抓住老鼠，但你为什么非要把今天的老鼠放弃，追求明年的老鼠？我真不理解这些逻辑。

要知道，猫是手段，老鼠是目的。学历知识是手段，服务、应用、成功、幸福才是目的啊！创业成功，就意味着人生目的之实现，为什么要放弃到手的万里挑一的成功，要追求那些人人都在走的路子呢？

想起俞敏洪。在他创办新东方之初，终于拿到了梦想已久的美国奖学金。但他想了一想：去美国，新东方肯定没了；不去美国，美国暂时不会被伊拉克占领……我自己到底要什么——新东方！于是，俞敏洪的新东方就没有关门。

弃留学，追梦想，中国出了个俞敏洪……（老俞，看到这段给我加工资！）

时至今日，我依然叹息孙小光这孩子失去的一百万、二百万、三千万……美国的比尔·盖茨、迈克·戴尔、斯提芬·乔布斯……这些技术精英，他妈的都是退学的啊……

新年期间在家乡想到那孩子，依然痛惜他失去的中国机会和人生财富。我认为这是我的失败——因为我不能改变他父亲的观念。但是，我会为了我的理想奋斗到底！

我的理想是什么——反对留学无意识，反对学历至上论，反对知识目的论、反对"万般皆下品，唯有读书高"的陈腐价值观，鼓励大家积极捕捉市场机会、商业机会、成功机会、中国机会……

直到就连我的家乡亲友在内的全国人民都理解这一点。

（附言：孙小光现在哪里？我很容易就会得知，但我故意不去知道。因为在我的建议被否决之后，我们的咨询关系已经结束。即使孙小光今天成为了李彦宏第二，但当时放弃的机会，谁能说他错过的不是陈天桥第一呢？

选择决定命运，价值观决定选择。我说的咨询"失败"，指的是我和孙小光与他父亲在价值观上交锋的失败，以及价值观指导的人生选择的失败，而非指孙小光具体的奋斗结局——我当然希望最后走了留学之路的小光获得成功与幸福！）

反对父母专制，提倡个性独立

lorraine 在《一个失败的咨询案例》后发表回帖：

父母官想必对创业机会不甚稀罕。即使孩子留学回来，找个切入点从头创业，人脉资金估计也不是什么困难。父母希望孩子多点知识多点异国阅历也很可以理解。

所以徐老师不必郁闷。命运要自己奋斗，而机缘却因人而异。有能力的人，有斗志的人，只要他是正向的吸取他所经历的，成功是早晚的事情。不会因留学几年就耽误了一辈子的事业。

“即使孙小光今天成为了李彦宏第二，但当时放弃的机会，谁能说他错过的不是陈天桥第一呢?”

说得精彩，只是倒过来说，也未尝不可。何况财富对每个人来说含义都不相同，也许留学回来，他不再后悔，他有了新的逻辑去体会他自己所经历的。我们祝愿他成功，要祝愿他以他的方式成功。那就是内心的喜悦与成就感，金钱、创业都不是唯一的衡量标准。

徐小平回应：

“父母官想必对创业机会不甚稀罕”……

这就是我反对的思维。以及我反对的父母专制。我在《图穷对话录》中的文章“杭州的比尔·盖茨”，主要反对的是父母专制，而不是留学无意识。尽管文章中父母官的专制，就是为了推行他的留学无意识。

这里有两个问题：第一，我不能容忍父母专制。父母专制，古往今来都是导致子女事业和婚姻悲剧的主要原因。第二才是留学无意识。

所以，可爱的博友 Lorraine 在帖子里表达了两个观点：父母专制是可以容忍的。父母陈旧价值观也是可以接受并合理化的。

父母的意见正确，我们可以听取。父母的意见不正确呢？我们可以出于孝敬姑且听之，但在综合听取同学、朋友、徐老师以及你自己心灵的呼声之后，一定要独立做出自己的决定。这样中华民族才有希望，民族复兴才能达成。如果每个儿子都在父母的压力下放弃自己认定的正确追求，中华民族还会沉沦。

创业机会，是多么难得的机会，是稀有资源，凭什么不稀罕？其实人生也就这么一两次创业机会，成就成了，不成呢——在绝望中寻找希望吧，当然可以继续寻找啦！找啊找啊找啊找，又找到一个创业机会——仔细一看，原来就是多年前放弃的类似机会。

早知今日，何必当初！

张春桥说：“宁要社会主义的草，不要资本主义的苗”，父母官想：宁要出国留学花巨款，不要国内创业挣大钱。

这也是我所有文章主旨之一。这个主旨，说实话，说到底就是邓小平理论在教育领域里的运用——“发展是硬道理”——应用是硬道理，为社会服务(及其能力)是硬道理，为市场服务是硬道理，为人生幸福服务是硬道理。

庄子曰：吾生也有涯，而知也无涯，以有涯随无涯，殆矣。

孙小光的人生，至少在那一回合，已经殆矣！——尽管他在留学之后可以继续追求,攀登更高的成功。如同中华民族在历经浩劫之后,依然能够辉煌崛起一样。

But why?

不喜欢,就退学

圣诞节过后,元旦前两天,一个叫丛蜀的新东方老师给我写信。他说虽然自己才 24 岁,但什么都有了:在清华读物理博士、在新东方教书挣钱、学生反映很好,声誉不错。但依然觉得前途渺茫,人生迷惘,时不时有些无名的痛苦,希望能够和我交流交流。

我立即把电话打过去。这类通话,对我是一次非常普通的交流,天天发生。

我问:“既然你什么都有了,你到底有什么问题?”

说了半天我才明白,原来丛蜀不喜欢物理,不想从事自己的物理专业。一想到还有五年时间才能拿到这个物理学博士学位,对这五年寒窗生涯不寒而栗。

他想搞教育。先在新东方教书,育人挣钱,挣钱育人。然后像他的许多同事一样,干上三五年有了足够的资金,再去哈佛耶鲁哥伦比亚读 MBA、MPA、PHD、or 教育管理硕士。

我说:“你真的不想搞物理吗?”

他说:“真的不想。我是被中学保送读大学物理的,但发现自己一直不喜欢它,所以为了找出路,就歪打正着成了新东方老师。我发现我还是喜欢教育。”

我说:“既然这样,那你为什么还要随波逐流地考研?”

他说:“我没考——都是狗日的保研!”

我说:“那你为什么像浮萍接受波浪一样接受保研?”

他说:“Well,说实话有些事情并不都是自己能够做主的,徐老师……”

丛蜀语气中露出了无奈。

我理解他。但我还是说:“Well,选择决定结果,结果就是命运。不要以‘自己不能做主’来开脱自己的责任,因为最终承担选择后果的人就是你自己。

“选择决定命运——俞敏洪选择离开北大创建新东方,王强选择离开美国贝尔实验室回到新东方,包凡一选择离开加拿大通用汽车回到新东方,周成刚选择离开英国BBC广播公司回到新东方……这些都是选择的结果，都是响应时代召唤、激流勇转、接受变化、自主选择的成功……上述几位同事的选择，我保证，都是顶住一切压力自主选择的结果！”

“哦，这些故事我都知道，但集中起来一讲，还挺有启发的。那徐老师你呢？你是怎么回来的？”

“我？我在加拿大的公司其实也挺伟大的，也是世界五百强——加拿大必胜客！尽管我的职务小了一点，送饼员，pizza delivery！虽然那样送下去，也可能送成必胜客总裁（至少弄个店长什么的当当）。但我对比萨饼的期待，似乎不在送给人吃，而在人送来吃。所以俞敏洪一来加拿大，我就决定加入新东方——新东方，语言就是力量！尽管我是世界一流送饼师，擅长开车与找路，但我更擅长更喜欢使用语言和思想啊！

“在送与吃之间，我选择吃。在说与做之间，我选择说。在爱与恨之间，我选择爱。在必胜客与新东方之间，我选择新东方。1996年的新东方，远远不如必胜客那么有名有钱有香有至高至尊，但我选择了我的爱，我选择了我的梦，我选择了我的激情所在，我选择了我的擅长……

“你爱教育，你恨物理，你就应该选择教育。你渴望继续教下去，放弃研究生，你就应该听从你的渴望。所以……”

“所以什么？快说！”丛蜀打断我的话，迫不及待。

“所以退学——立即就退学！今天就退学！明天来找老俞报道，告诉老俞你退学了，未来五年，交给新东方，交给新东方的学生，报酬嘛，你看着给吧……（这里不要明说，但伸出手来，让拇指和中指做急促摩擦状。）多少新东方名师，你的前辈和同事，都是这么成功的啊！”

瞧我的咨询多么细致入微，谆谆善诱。

丛蜀在电话那头再次沉默。我说：“你还在吗？如果你怕不会点钱，到时候我来帮你点。”

丛蜀原来在那边喘气，喘了半天说：“徐老师，你说到我的心上了，我想的就是退学！”

我说：“那你为什么说你‘什么都有了’？其实你什么都没有。研究生对于你实际是一种负担——飞机超载，装载着灾难；人生过负，预示着麻烦。既然你不喜欢物理，你就应该迅速放弃，相当于飞机恢复它的载重平衡，达到最佳飞行状态。赶快退学，TNND！

“物理，是人类智慧的精华，是知识王国的皇冠。物理之中有核能，物理之中有纳米,物理之中有面包,物理之中有大礼——上帝最后一个大礼,不就给了你们系导师、诺贝尔物理奖得主杨振宁博士吗!?物理是一种理想,一种真理。虽然在新东方教书,也是一种理想,也是一种真理。你要做的,无非是选择而已啊……"

从蜀在电话中怯怯地问:"难道我的选择就只有退学一条路吗?"

"当然……你会唱卡拉OK吗?"

"会呀?"

"会唱卡拉OK,就应该知道那首歌:明明白白你的心——教书;渴望一份真感情——老俞;曾经为爱伤透了心——物理;为什么读研的噩梦不能醒——退学!"

音乐停。

我继续说:"退学对其他人也许有坏处,有风险,但退学对你,肯定没有坏处,只有好处。我以人格担保,毕竟你已经是我的同事了啊,我能害你吗?"

咨询做到这个份上,丛蜀还能再要求什么!

我想我的咨询成功了,又策划了一个人逃离学历至上的陷阱,又拔出了一个陷入教育专制泥泞的青年!

耶!过年啦!有礼啦!上帝在2005年底由丛蜀这个男生送给我新年到来的成就感!我感激上帝。

丛蜀又没了声音。半晌没说话。

"喂,喂,你还在吗?"我不知道出了什么事。担心地问。

我听出丛蜀又在喘气,我知道他又有什么大问题要提出来。我的心,准备着迎接挑战!

他说:"唉,徐老师,我还以为你能提出什么新鲜的建议来的呢?退学这条路我想过无数遍,但行不通!我爸爸妈妈绝对不会同意的!"

我知道他会这么说,于是我问:"你多大了?二十四?我以为你是十四岁呢!上帝给你这么大的年龄是让你独立的,而不是让你从属的。退学、退学、退学、退TNND学!……"

丛蜀打断我:"徐老师,你不知道,如果我退学的话,我爸爸妈妈就会绝食、上吊、自杀、纵火……撞击世贸双子楼、爆炸伦敦地下铁、策划袭击巴厘岛、引发亚洲Tsunami……

"什么苏纳米?你爸爸妈妈也是搞物理的吗?"我知道这个词,但明知故问。

"哦,对不起,徐老师,Tsunami就是海啸的意思。"

这次轮到我沉默了。

但是我想起了新东方历史传奇之一。新东方精神的力量就在这里,可以活学活用，急用先学的。

我问："你知道俞老师离开北大时，他母亲也说过'你从北大辞职我就自杀'吗？"

"电视上演过的，谁都知道啊！"

"如果俞老师听了他母亲的话，今天还有新东方吗？"

"徐老师，我知道你的意思！"丛蜀激动万分，醍醐灌顶地说。

"知道就好。而且俞老师母亲至今还幸福地活着，越活越年轻！"

丛蜀结结巴巴地说："徐老师，但是……"

"没有'但是'，只有选择。你的问题解决了。新年快乐。再见！"

再见！

莎扬娜拉！

拜拜！

886！

丛蜀，新东方见！

丛蜀，新中国见！

一个英俊阳光的男孩

昨天夜里修改新版《新东方精神》的序言，写到早晨七点半。

这是这篇稿子最后的截稿期，早晨上班后就要出印刷胶片了，所以真正到了最后时刻。我写文章，只要是约稿，一定会拖到最后走投无路之时。但如果是自己想写的东西——看看我博客文章发表频率就知道。

因为总算把这个折磨我一个多月的事情做完了，所以早晨七点半上床时，心情特别好，几乎是唱着歌睡着的。

但只睡了两个半小时，十点就起床去新东方见学生。醒来的时候，累得想哭。

一个学生见到我紧紧拥抱我。他说他读我的书获得了导致今日成功的思路——这是他说的，不是我说的。

谁要说我"借自己的博客自我表扬"谁就是笨蛋。我的博客不表扬徐小平，难道表扬徐静蕾？

话说这个男生大三时，感到自己所学专业没有前途，就想方设法退了学。退学后，他没有考任何文凭，而是自学手机 symbian 软件编程技术，“一天睡三小时觉”，很快就利用这个技术找到了工作。

工作不到一年的他，月收入一万人民币，几家世界最大的手机公司现在以三千美金的工资来挖他加盟。

他找我的问题是：是接受三千美金的工作，还是投入另外两三个创业机会？

这个男孩，才 23 岁（可能是 22），大学期间读了我的书，于是退学。退学后曾经给我写过信，我也没有给他回信，结果他自己根据自己的感悟，走出了一条令我羡慕的成功之道！

这个男孩的成功经验很简单：既然已经从大学退学，就在市场上寻找需求、机会和前途，而不是再从文凭学历中找。从文凭中找，当然好，但反过来问问：拿到那文凭就一定能找到工作吗？

有人想和我谈理想主义吗？谈之前，先替我的学生把这个月房租付了解决他们人生燃眉之急再说。

或者退一步：我只管想找工作的青年人。不想找工作而想找理想的，就别理我——烦着哪！

其实我自己就是最伟大的理想主义者。我帮助我的读者、学生，率先实现全面小康的伟大理想。其实这个学生，已经是金领阶级了！

他当然也有理想——从就业，到创业、融资、纳斯达克上市，然后在捐了很多希望小学之后，再给我捐一千万美元，让我来搞职业咨询研究，帮助更多的学生获得成功！——捐款的事他并没有提，是我没事偷着想、想到就偷着乐的！

这个学生的退学以及在职业上的成功，给了“大学生就业难”的论调一记耳光——或者，这个耳光打的竟是中国大学教育——因为，既然这个退学的孩子都能获得如此成功，我们的大学教育，还不应该把目标瞄准日益涌现的各种社会需求，为急需人才的经济社会提供有用的人才吗？

这是一个激动人心的故事，我会把和他的录音对话整理出来，发表在新东方网站上“约见徐小平”专栏。他表示愿意和大家分享他成功的经验。

顺便说一句，小伙子相当英俊阳光。

今天还遇到了让我感动得要哭的事情，但是太晚了，明天再说。

今夜，我会想着那个英俊阳光的男孩入梦！

28岁不谈恋爱就是变态

这个星期连续几天和“约见徐小平”的学生见面，加上其他事情，忙死了。所以发表文章不多。但文思如同小河水，这里不流那里淌，真让人着急！

昨天上午见了一个女孩，27岁，从山西来，虽然她说她的家乡所在地并不出煤，但我还是闻到了焦炭的气味。

她的问题是：在一家著名的公司工作，但实际感觉“不那么好”。工资在当地属于中上，但心情还是不好（可见“钱不是一切”）。27岁，还没有谈恋爱。因此要找我咨询。

见面后我还发现一个问题：她的眼睛戴上矫正眼镜之后，还是高度近视。她做过某种大手术。

她的问题很复杂。关系到心态、自我认知、期待、职业态度等等问题。

谈了很久，分析了很久，我决定收官：“假如你谈恋爱了，你是否会快乐幸福一些？”

她说：“当然。”

我就说：“那你先谈恋爱再说。”

27岁不谈恋爱，是一种变态。正常人，17岁就应该谈恋爱，至少是单恋。否则还是人吗？

一年一度，春风来到人间，春风吹拂大地，大地万物复苏，万紫千红，世界变得欣欣向荣，繁花似锦。

一生一度，青春期来到人身，春情弥漫遍体，人性美丽辉煌。上帝和自然母亲，唤醒每个人对爱向往、追求、体验，至少是对爱的暗中渴望和暗中追求，赋予每个人，每个少男少女，一种崭新的生命意义和人生力量！

从此我们就开始了一种人生阶段叫成年，从此我们发现了一种生命奇迹叫爱情。

春风又绿江南岸，青春不度玉门关。虽然春风年年如期而至，但青春，于我们只有一次……

但是，这个山西女孩，27岁了还没有谈过恋爱！居然活着来到了我的办公室。

她能幸福吗！当然要找我！好像我是痛苦人生总根源似的。

虽然我肯定不能给与她爱情的幸福，但至少我可以提醒她，有一种幸福叫爱情。

她说："不是我不想要，而是身边没有合适的。"

这是所有找不到对象的人的共同谎言。世上溜溜的男子，任你溜溜的求啊，世上溜溜的女子，任你溜溜的挑啊……

你挑了吗？没有。

你求了吗？也没有。

上帝创造女人。必有一款适合她的男人！（或者女人）

我还没有见过理论上就是找不到对象的人呢！

实在不合适，就找个不合适的。虽然对你不合适，但对另一半就挺合适。如此一来，婚姻至少有百分之五十的满意度，这也很难得啦！

（这是一种深刻的幽默，而不是我的建议！）

看着眼前这个山西女孩，我思考良久。她从外地来，早晨刚刚下火车，而且还带给我一袋大枣！我必须让她满载而归，才不负她的期待，才不负我的名声，才不负她的大枣——有道是"一颗枣儿一颗心嘛！"

想了半天，于是我说："鉴于你的健康状况禁不起折腾、鉴于你的收入状况已经是中上，鉴于你的个人价值其实已经得到了中上的实现和兑现，我建议你在换工作问题上慎重一些……

"你的核心问题，是不幸福。不幸福的核心问题，是没有爱情，没有爱情的核心问题，是你不积极追求爱情，不积极展示羽毛，不积极发出'嘤其鸣兮，求其友声'……

"你的样子，比实际年龄至少大5岁。"

她申辩到："周围人都说我比实际年龄小5岁，像22岁。"

我说："是吗？但为什么我觉得你比实际年龄大5岁呢？可能那些说你比实际年龄小5岁的人，他们见到的22岁的女孩，都像27岁那样大。这是你们那里的一部分人的审美标准。这不是国际标准，也不是国家标准，更不是幸福标准！幸福标准全体人类女性是一致的。但不同的地方却不一样，不同男人也不一样。

"瞧你浑身上下什么颜色都有，就是没有一点红色、绿色、黄色、亮色、耀眼色、诱惑色。"她的打扮，灰溜溜、脏兮兮（虽然实际上洗得干干净净）、黑漆漆，如同山西煤堆里出来的。

她说:“我们山西出煤嘛,所以你要我咋的?”

我说:“我是江苏人。我们江苏是著名的鱼米之乡,但我也没有全身披挂着鱼鳞来见你。

“我并不要你‘咋的’。是你自己觉得不幸福,想改变自己的生活。假如幸福的一半是爱情(其实说少了),你能不能先把这一半问题解决了,再来带着幸福的眼睛看人生、看工作、看同事、看领导、看父母、看一切……我坚信,你对生活的态度、对工作的态度、对人际关系企业政治的态度会发生变化!

“邓小平改革开放之初,提出‘让一部分人先富起来’,你能不能做一件同样伟大的事情,‘让一部分人先年轻靓丽起来’,从你做起,从现在做起,从脱掉自己身上像祖母留下的衣服开始?

“别别,现在别脱!回家,买了新的衣服再脱!”

……

不多写了。这就是我昨天的一个咨询。这个女孩欢天喜地地走了,因为她知道了她至今不幸福的至少是百分之五十的原因,而且还找到了解决这个问题的根本方法——让自己追求爱、追求美、追求年轻、追求靓丽、追求活力、追求青春,以及追求爱和美必将带来的美和爱,以及美和爱的“副产品”——幸福!

(山西的女孩看过来:本文没有地域歧视,我从来不歧视任何人。请重读文中这两句话:她说:“我们山西出煤嘛,所以你要我咋的?”

我说:“我是江苏人。我们江苏是著名的鱼米之乡,但我也没有全身披挂着鱼鳞来见你。”)

废纸堆走出的HR专家

这简直像一个童话故事:

一个小小的书店小老板,经营失败破产,却因为偶然读了几本书店里卖不出去的书(恰好是徐小平我老人家的书),于是成为了人力资源的专家,找到了自己的职业方向。

这个名为“一个书生”的朋友,在我的博客上留言,我连接看过去,他的博客上有很多他自己写的人力资源职业咨询的文章。

我还没有看这些文章,但我想告诉所有朋友一个真理:

成功很难。开一家店很艰难,关一家店更悲惨。

成功又很容易。即使从废纸堆里翻出的几本书,只要是有心人,也能从中找到通向成功的金桥,银路,通天塔。

据说,事实上就是,毛泽东在长征途中"偶尔"看到一份小报,说刘志丹在延安建立了根据地,于是就立即挥师北上,到了宝塔山下。如果毛主席不看这个小报,或者看了这个小报消息不在意,红军说不定至今还在长征途中呢……毛主席肯定是偶尔看到这份小报的,因为长征途中,他老人家没地儿订报纸。

我咨询过的朋友,有许多人在人生的中途,常常碰到过惊人的机会,但他们就是不闻、不问、不视、不听……结果把发财、做官、成功、成事的机会给了别人。遗恨一辈子。

温州经济为什么成功?你以为机会都集中在温州吗?温州不是一个地域概念,温州是一种经商意识。

硅谷经验为什么重要?你以为金钱都集中在硅谷吗?硅谷并非一个科技概念,硅谷是一种创新文化。

其实就是激流勇转、顺时应势、捕捉急速移动的目标、调整不断变幻的方向,成为生活的弄潮儿,而不是潮水上的漂浮者啊……

这个小小的思绪,能否给我的读者们带来一点启迪呢?

下面是"一个书生"在我博客中的评论。因为他从事职业咨询,所以我愿意连接一下这位同行。虽然我还没有看过他的博客文章,但我想至少他的精神是值得推荐的。

两年前开了一家书店,名曰"象形"——文字的起源,代表文化,一种理想。一个百无聊赖的下午,店里没有一个客人,就随便翻书架上的书,碰巧发现了《骑驴找马》和《图穷对话录》,从此认识了小平(呵呵,以前只知道新东方和敏洪)。两本书给自己感慨很深。

苦撑了 6 个月,书店转手。书当废纸一样转了,转得欲哭无泪。仅留下两本,即《骑》和《图》。至今还留在身边,看了很多次。

现在我进了一家企业做 HR,做培训,从此引入了小平的"职业路线图"概念。帮助很大。

"一个书生"以及所有书生朋友,继续努力!

和凤凰卫视胡一虎一次不愉快的经历

我被老虎撞了一下腰,到现在还腰酸背痛!

年前,凤凰卫视胡一虎主持的"一虎一席谈"节目,请我去做嘉宾。谈一个关于出身贫苦、身世不幸的农村青年,在高考道路上,用作假欺骗的手法复考五六次的故事。

这个节目昨天播出,我没有看,我没有勇气看。因为,我知道这个节目一播出,我的一世英名算是完了!因为我被迫就一个根本不能辩论的问题来进行辩论:为了成功,人可以诈骗、犯法吗?

在节目现场,我非常痛苦,我的痛苦有好几个原因:

1. 这个化名吴悔男生的悲惨命运。他的悲惨,主要来自于他家和邻居发生了打斗,祖母受伤,然后为了申冤而告状上诉,然后为了家族复仇而发誓读书做官,并为了当官而一再退学以考上更好的学校……从而走上了行骗、欺诈的道路。

2. 吴悔的悲惨思想。与邻居发生打斗受伤,怎么办?告状上诉不成功,"正义"不能得到伸张怎么办?家庭贫穷欲改变贫穷,怎么办?读书的目的是什么?可以是"当官掌权",但绝对不可以利用获得的权力去打击报复那些伤害过你的邻居!这个思想,是一种冤冤相报、代代残杀、以权谋私的可怕思想,也许可以"理解",绝对不可容忍。

3. 吴悔的悲惨求学手法。他第一次高考,就获得了三峡大学的录取。但觉得这个学校毕业出来不能做官,所以再考,结果考上了华西医科大学,但由于是"护理系",所以再次退学,以假身份又考上了一所大学,觉得不好又退学,如是往返六次,最后考上了厦门大学。他的退学动机是愚蠢的(哪个大学毕业出来都能做官),他的考试资格是骗来的,他刻假公章做假身份证的行为是违法的。

4. 现场观众的悲惨反应。现场观众和嘉宾,有写过《中国农民报告》的作者陈桂棣老师。陈老师的主要观点是:由于这个孩子的悲惨和不幸,他的做法是值得同情的,可以理解的,许多观众也是这个观点……

做这个节目的全过程，我强颜欢笑，内心痛苦，因为我答应凤凰卫视担任嘉宾，并不知道有这个辩论。他们一开始告诉我，主要就是谈谈吴悔在高考道路上“一条路走到黑”的做法是否合适。但后来不知为何剧组把这个话题变成了“非常道是否可行”？等到我明白这个陷阱时，已经来不及了！

真所谓“人在江湖，身不由己”，事到如今，我已经不能不出席了，否则会毁了这个节目的制作。但我当时就仰天长叹，我算是被骗了！

因为，吴悔的问题是不可辩论的。他是实实在在地犯罪，明明白白地诈骗，确确凿凿地伪造！

如果这样的行为还可以讨论是否“应该”，中国人民还有没有他妈的良知?！中国文明还怎么建设?

但是，一旦辩论起来，主题就发生了混合：吴悔的不幸值得同情——所以，爱屋及乌，吴悔为了改变不幸而做出的一系列愚蠢透顶的违法诈骗行为，就成为也可以“理解”和“同情”的行为了！

这是我所热爱的陈桂棣老师的主要立场，以及部分现场观众的情感取向。对于这个立场和情感，坦率说我感到害怕。

在对弱者的“同情、理解、关怀、帮助”上，我想我是一个当代模范。但我必须表达一个和陈桂棣老师不同的观点：人在改变命运的过程中，不可欺骗、做假、违法。世界上有靠欺骗、做假、违法一时得逞的人，任何个人也可以在自己承担结果的前提下，选择自己的人生道路。但作为媒体、面对公众、拥有话语权的人，我们必须明白无误地告诉人们：欺骗、做假、违法决不是一条可选择的奋斗道路！

对这样的话题也在辩论，我感到惊恐。因为，从现场那些“因为悲惨，可以理解”、“为了成功，可以作假”、“为了复仇，可以违法”的弦外之音甚至是明确宣示中，我听到农民起义的杀声从远古传来，渐渐逼近……

吴悔和他的弟弟，都是学习优秀、热爱父母的好兄弟。他们都一次性考上了大学！如果吴悔第一次上大学就坚持到底，现在早就毕业，找到工作，挣钱养家，颐养父母了！

如果吴悔第一次打算退学前来新东方找到徐小平，我绝对不会让他为了“当官”而退学重考、绝对不会允许他为了重考作假行骗。

我会鼓励他：孩子，改变命运的方法很多、实现梦想的途径很多、报复仇人的手段也很多（如果你们家过得比他们家好，天天炖肉吃，就可以把他们活活香死嘛！），三门峡大学，也可以诞生百万富翁，护理专业，也可以走出卫生局长（这不当官了嘛！），爸爸是裁缝，经常去江苏浙江考察考察，学学那里的花式品种经营手段，干脆自己就开自己的服装厂也不是不可以致富成功。成功了，把那万恶的邻居家后代聘到自己工厂里来，蓄意虐待他们，努力折磨他们，年底不发工资给他们，让他们告状、上访、呼天抢地……谁让你们当初搞我们家呢！——这样虽然很卑鄙，但也比"当官复仇"强一百倍！

我更会警告他：再穷不能透支诚信，再苦不能破坏法律。多少中国贫苦农民，在社会不公的大环境下，走出了一条属于自己的、有尊严的路，你有如此的学习和考试能力，更加可以走在骗子罪犯刻假公章者前面，走在你那个恨不得碎尸万段的邻居前面，走在温州农民、潮州农民、深圳农民前面，走在时代前面……

我甚至会诱惑他：干脆从三门峡大学退学，但决不复读重考，而是干脆做生意去！凭你的聪明才智，学什么都可以，干什么都容易。当千万学龄青年把全部心血扑在学习考试，毕业等于失业的文凭之上时，你已经把所有心血扑在赚钱上，我保证，你只要把你的家族仇，贫穷恨，父母爱，祖母伤（祖母被邻居打伤），当作你打工、经商、赚钱、致富的原始动力，我就不信那成就了千千万万贫苦农民的中国经济蛋糕，就没有你的一份！TNND！

……

一切都晚了！吴悔来到节目现场时，已经是一个诈骗者、伪造者、自毁前途者……虽然他的人生道路还很长，前途也还有希望，但我当时非常恨我自己——因为我没有能够在六年前他第一次打算退学前遇到他！我恨我自己——因为我没有在十年前他们举家上诉告状时劝阻他！我更恨我自己——因为我没有在十五年前他们全家和邻居为点狗屁小事发生流血战争时，站在镰刀锄头的中间大喝一声：邻居好，赛金宝，先进文化我代表！要打打我要杀杀我，邻里之间搞什么搞！?

那天晚上也不是没有让我感动的时刻！在吴悔出场前，剧组请出了一个没有上过中学、又瘦又矮、眼睛斜视、看上去有点像残疾人的男人。他曾经在重庆朝天门码头上做过"棒棒"，也就是纯粹出卖体力的挑夫，但通过自身努力，创办了自己的企业，成为一个拥有 40 多个员工的企业家！而他，并没有得到过我的咨询！

天若有情天亦老，人间正道是沧桑。

在现场，我恨不得狠狠拥抱他！这才是我们命运悲惨者的人间正道，这才是我们中华民族的脊梁呢！

长相英俊、学习优秀、身强力壮的吴悔，本来可以做得比这个朋友更好！

我被老虎撞了一下腰，后悔得要命——恨不得向凤凰卫视的老板刘长乐告他们一状！

但转念一想，毕竟这个节目使我见到了我一直暗恋着的胡一虎，而且吴悔家告状打官司的悲惨结果就近在眼前，于是马上电光火石地打消了这个念头……

一个英语口语老师的烦恼

新东方一个英语口语老师，男性，在新东方教了四五年，弟子好几万，挣钱很不少，居然有烦恼。

他对我说：这个那个的不公平现象不好玩，那个这个的人际关系有点烦。

我是去年夏天在新东方一个集体活动中见到他的，而且是在一家温泉沐浴地，脱光了衣服之后才时事开讲。虽然泡温泉的时候我成功地躲过了他那殷切期待的目光，避免了春光泄露，但穿好衣服走到休息室，他给我递茶点烟，我感动之极，觉得不能不跟他讲点实在的东西了。

我说：你那些东西不用说，我全知道——你出过国吗？

他说没有。他的学生评分一直都很高，属于优秀教师之列，他似乎没有危机感。让学生给老师打分，激励老师们对学生负责，是新东方管理的一个绝招，一直非常有效。

我说：你知道你的核心问题吗？——教口语的而不出国学习，如同做烤鸭的不来全聚德进修，也许你能够成为优秀老师，但你绝对成不了大师——像王强和烤鸭那样。虽然新东方很多老师没有出过国也很成功，但作为口语老师的你，无论如何必须去！

罗永浩没有留过学，但他教的是 GRE，那玩意是“高级技术活”，是人都能教；李笑来也没有出过国，但他教的是托福，那玩意是中级技术活，是猴子都能教——模仿俞敏洪呗；但口语不一样。教英语口语的，一定要出国，否则肯定没有前途。每个来中国教书的洋人或者“华人”，由于汉语障碍，也许不能在新东方教托福、GRE，但他们个个都敢申请来新东方教口语——口语口语，开口就语。而且他们只需稍稍汉化一下自己，就会用“纯正的口语”，从你的课堂拉走最多的美美，吸引最多的葛葛，把你身边的人，竞争得一个不剩。

你之所以能够在新东方爬行一时，那是因为海外还没有怎么来人，你没有竞争。现在，海外来人日益增多，海龟回归大势所趋，华人倒流风起云涌，洋人来华惊涛拍岸。你那因为中国封闭、落后、不吸引外来人才而造成的竞争环境，已经并正在被撼动——别说你个人，其实整个新东方何尝不是这样！

以教英语、讲西方、传文化、播思想为己任的新东方及其老师，如果他们本人就没有中西方生活阅历，如果他们本人就不懂中西方文化，如果他们本人都不精中西方语言，坦率说，作为个人，他们必将被淘汰，时间早晚；作为集团，新东方也会失去魅力光泽，或明或暗……

同事目瞪口呆。他没有想到，反对盲目留学的徐小平，一开口就这么凶猛。

我岂曾反对留学！我只反对无目的留学，盲目留学。但为了获得个人国际竞争力而留学，则是我多年来不懈推进的伟大使命。

于是我说："俞敏洪可以暂时不出国留学，因为他可以雇一大批海龟，包括我老海龟在内来为他服务啊——干得不好打耳光！但你必须尽快走！我可以帮你——计划我来拟，学费你去付。如果你想继续在课堂上作威作福并被学生热爱，你就必须要有一点西方 touch……想象一下，如果你尊口一开，黄河之水天上来，纯正口语李笑来，令人震惊、让人迷惑、美丽、性感、冲动、酷毙了、帅呆了……你的口语教学事业一定会打遍天下无敌手，踏遍青山人不老！

"和同龄人相比，你算是成功的。但你的成功，只是和那些英语口语比你更糟的老师相比而(口)技高一筹——武大郎开店，1 米 5 就是姚明；你的烦恼，恰恰是面对无限英语口语市场你感到已经后续乏力——火箭队比赛，6 连败就算胜利。

"点燃你人生发展火箭的密码，简单两个字就是出国。如果暂时不能留学，哪怕出去进修、短训、访问、考察，在伦敦住个十几天也有用，去纽约泡上一个月很值得，布里斯班剪羊毛、拉斯维加玩一把、新英格兰看哈佛、纽奥尔良听爵士，巴黎、罗马、柏林、莫斯科、蒙特利尔、卡尔加里、埃德蒙顿、多伦多……没钱？我不信，找你太太的爸爸借！你还没有结婚？征婚找个富婆一起走！

"钱少钱多都该走。哪怕参加那种十天十三国游的新时期艰苦长征，或者加入那个三千美金周游世界的经济学旅游，总之，作为新东方的口语老师，在工作四五年之后，我看你必须出去一下了，否则，别说学生瞧不起你，就连作为老板我的徐老师……"

"怎么?"，他紧张地看着我。

"就连作为老板我的徐老师，也会在某个时候提议：今后新东方新招英语口语老师，作为一个基本要求，应该要有国外学习和生活的经历！否则如果你的口语都不纯正，你怎么教学生！"

我们总是和身边的人竞争。比尔·盖茨挣钱再多，没有人嫉妒他；但如果你的同事谁成了亿万富翁,你肯定心如刀绞。贾平凹写书出书再多,你不会攀比他;但如果你的哥们突然写出百万巨著,你肯定精神崩溃。

这个老师,还在和他的同事们竞争,但他没有想到,英语口语的教学,应该竞争的对象是以英语为第一语言的那些人。这样的人也许不多,但并不意味着就可以降低自身竞争标准。他降低,只是因为他迷误。

新东方人才竞争的国际化,已经开始,而且就是从口语部开始。过去新东方不用外来人才也许能够成功,那是因为竞争对象大部分都是国内大学毕业的同一起跑线上的运动员。但现在刘翔已经来了,路易斯已经来了,约翰逊已经来了,我们的老师,将不得不面对国际人才的压力了!而这个压力,其实早就到来,新东方的传奇人物王强、包凡一、钱永强、周成刚、张亚哲、宋昊、杨继以及我老人家……无一不是先后接受了留学教育的人物!

“那老俞呢?!老俞可是没有留过学啊!”

“谁说老俞没有留学?老俞天天在留学。不出国,也能成功,但不迎合环球化潮流,就很难持续发展。老俞如果不是在和留学团队的互动下进行了一系列国际化和现代化的改革和发展(比如股份制改造和国际融资),新东方不会有今天!从这个意义上看,老俞走的是不出国的留学之路。中国的商学院哪里最好:还是中欧、长江这些一头在国外(教师)一头在国内(学生)的国际化院校啊!

中国充满了激动人心的机会。但中国机会,越来越被环球化浪潮冲击拍打,越来越被国际型人才占有……

有歌为证。歌曰:

环球化呀,浪呀么浪打浪啊,太阳那个一出,去呀么去留洋啊!

清晨嗯,上课,粉丝满课堂;晚上啊,回来,惊现新偶像!

这个已经在中国工作了四五年的新东方口语老师,按照我那“可控人生核聚变理论”,已经到了该去留学的时候了!

一个选择了正确职业的姑娘

一个女孩,吉林大学经济系大三年级的高材生,自称读了我很多书,给我写了热情洋溢的读后感，并且还专门来北京见过我。她的志向是做新闻记者。对此我表示坚决支持。我不怕学生想做什么，最怕学生什么都不想做。

十字路口，人来人往，每个人都在奔向他既定的方向。假如一个人走到你面前问：某某地方怎么走？作为过来之人，你会自豪地告诉他怎么走。但假如一个人来到你面前问：请问我应该去哪里？这个问题你怎么回答？

所以这个女孩是幸福而成功的。她知道她自己的人生目的地在哪里。因为她注定会成功而幸福，所以我很快就把她忘了。

和她见面不到一年，我的《邮箱里的灯光》出版，这本书，谈的就是大学生就业的问题。她给我写信说：她是长春第一个买到这本书的人。并说她是如何如何喜欢这本书。信中的她，一如既往地热情、一如既往地兴奋，使作为作者的我，深感知音难逢的欣慰。

几个月之后，这个女孩突然从长春给我打电话，当时我正在机场候机厅里。她说有一个紧迫的问题要问我：她临近毕业，找工作，上海一家人力资源公司给了她一份工作，答应解决户口问题。同时，北京一家杂志社也给了她一份工作，但不能解决户口问题。两份工作工资待遇都差不多，北京上海对于她的吸引力也都差不多，她问徐老师：她该选择哪份工作？

由于机场吵吵嚷嚷，我在手机里听不清楚她的问题。再加上我要匆匆登机，我就没有回答她，让她以后再打。但挂断电话，我对这个女孩提出的问题，有一种隐隐的不高兴，当时我并不知道我为什么不高兴？但确实对她的问题感到非常失望。

为什么？我的工作就是给学生解答问题。这些问题往往是越盲目越可笑对我越有挑战性，为什么我会对这个女孩提出的问题感到失望？

我说不清楚。但就是感到不愿意再和她对话，解答问题。

但她还是急迫地打来电话，一定要我为她选择上海还是北京？人力资源公司还是杂志？我一次次推迟和她讨论这个问题，一次次避免告诉她她到底应该选择什么。

我终于知道我为什么不高兴的原因了，于是，在一次对话中，我说："我觉得你的问题挺愚蠢的——你自称是我最大的粉丝，号称读过我所有的著作，宣称你特别认同我的思想，但从你就工作去向而向我提的问题，我敢说你从来没有读过我的书，从来没有读过我的文章，即使读过，你也从来没有理解我的观点，从来没有接受我的思想。我觉得你很虚伪，给了我虚假的印象……"

我故意把话说得很重，我在和学生对话时，能够精确地运用语气语调传递我的思想，达到最佳咨询效果。这是文字往往难以传递的信息。所以有人见了我的文字，会觉得我凶猛，其实，我最能够把握的就是对话的反应和心态，从而实现我的咨询目的。

女孩听我这么说急了："徐老师，我真的读过你所有的文章，我真的理解你的思想啊！"

"真的吗？那你为什么还拿这么愚蠢的问题来折磨我？户口问题，我说过多少遍啦？不要为了愚蠢的户口，放弃自己的职业志向，而要让自己的职业志向，成为人生选择的第一价值。请问，你的职业志向是什么？"

"做记者啊！"

"谢谢。你的问题解决了。你已经回答了你自己的问题了！再见。拜拜。沙扬娜拉！"说完我就挂断了电话。

……

又过了不到半年，我在北京的国贸中心参加一个国际留学展。在熙熙攘攘的人群中，走来了一个亭亭玉立、青春洋溢、满面北风的女孩(因为她从美丽的北国来)，她越过众多的过客径直向我走来，热情和我拥抱，大声说徐老师徐老师，我好想念你哦……我一时间被这个美丽场景所迷住，不知道自己交了什么桃花运！

我很快认出来，女孩就是吉林大学经济系的那个女生。毫无疑问，她自己在上海户口和北京杂志之间，选择了自己喜爱的事业：新闻媒体工作。从她写在脸上的笑意，溢在眼中的春风，透在身上的自信，我知道，她干得不错！

选择决定命运。什么决定选择呢？人们的价值观。她选择了她的选择，她就选择了成功与幸福。因为她的选择，是基于正确的价值观。而与此同时，多少少男少女，在过时价值观的腐蚀下，陷入了人生走投无路的困境啊！

因此，她就能够在熙熙攘攘的人群中，亭亭玉立、青春洋溢、满面北风地走来，走向成功，走向幸福，走向未来……

又过了不到三个月的时间，这个女孩再次约我见面，说有重要的问题要向我咨询，我心里想，这次大概是失恋了吧，谁让你这么出色呢！没想到，见面她说是自己最近有喜事发生，要请我吃饭，表示对我的感谢。

原来，她在这个杂志社当记者，有一次去采访一个五百强公司的老总，这是一家最著名的跨国媒体公司，采访完毕，这位中国地区的老总说：嗨，你这么优秀，来我这里干吧……于是，她在毕业工作不到半年之后，成为这家世界五百强公司的公关专员，负责国内媒体的宣传工作。

毕业后第一份记者工作，给了她进入五百强企业的通行证，使她在短短的几个月之内，登上了职场最高平台。在那里她能走多远，攀多高，就是一生一世要用自己的聪明才智和敬业精神来证明的事情了。

那是我最后一次与她见面，后来再也没有被她打搅过。我相信她一定在自己喜爱的工作岗位上北风得意(她来自美丽的北国)，过关斩将，成为新时代媒体事业的宠儿，过着幸福快乐的生活。

她也许会在某年某月某一天，突然意识到在跨国媒体工作没有留学经历是不行的，于是再给我打电话问我学英语考托福的事情；她也许会在某年某月某一天，一帆风顺的工作会遇到阻力和挑战，于是再给我打电话问我如何对付企业政治、同事竞争和领导关系；她也许会在某年某月某一天，突然找到了一位白马王子，就跨上他的大洋马头也不回地奔向幸福的远方……

而我，无论她是否会给我电话来和我分享她的困惑和喜悦，我都会佯做恼怒(或强颜欢笑)状地告诉她：看看我的书，所有答案都在那里！

考研：一定要有明确的职业目标

徐　小　平　XUXIAOPING

考研一定要有明确的职业目标

——兼谈"研究生"一词的两重定义

写下这个标题，我自己都感到胃酸，因为这是我在新东方讲了很多年、无数次的主题思想。

熟悉我的读者和学生，看了这个标题肯定也胃酸，因为在我的各种演讲、文章和关于职业问题的专著《邮箱里的灯光（骑驴找马）》中，这个话题，占据了大量的篇幅和重要的位置。

读书要有目的，这个目的，就是要有职业目标。读死书而不考虑就业可能，求学位而不追求就业技能，是中国教育最大最大的弊病之一。随着大专生就业难（然后专升本）、大学生就业难（然后考研）、研究生贬值（然后退学、出国，或者个别人跳楼），以及海归就业难（然后变成海带）——顺便说一句，海归就业的症结不在于留学，而在于不顾职业目标的留学——这个弊病已经到了非改不可、不改足以引起严重个人与社会后果的时候了！

别和我谈教育理论问题，我不是学者，不善于理解抽象的理论。我只善于理解那些来新东方找我咨询的善男善女——他们从小到大虔诚地读完中学读大学，读完大学再读研甚至留学出国读研，教育香火不可谓烧得不旺，幸福真经不可谓诵得不诚，但悲剧是，很多人在拿到他们苦苦追求默默等待的那张狗日的文凭之后却发现自己找不到工作，或者即使找到了工作却远远低于自己当初的期待值，被工作抛弃，被机会抛弃，被社会抛弃。他们，几乎所有人的核心问题，归根结底，就是没有把自己的奋斗与出路结合，把自己的学习与生存挂钩，把自己的成功与就业焊接，把自己的幸福与工资串连。

假如飞机起飞，却不知道飞往何方，这样的飞机，怎能不满载重重危"机"?!

而你人生的航船，在学海中启航，你却不知道你的生命之舟在惊涛骇浪之后停泊何方，你的人生航船，怎能不继续面临凄风苦雨，继续愁对风吹浪打?

教育的目的也许很多很多，但对于绝大多数出身平凡、父母期待迫切的普通学生，人生的出路只有一个：就业！

高考阶段，大家的人生理想、理性和志趣都处在不确定的状态，在就业目标上也许可以、甚至必须稍微缓一缓，不必要那么急切地决定。但临到大学毕业时期，如果你决定考研，你就一定要仔细想清楚你的考研的目的——毕业后出来干什么？

如果你的回答不是那么自信，那么肯定，那么信心百倍，如果你的导师本人也说不清楚，不能拿出过去几年他的研究生就业和出路数据，那你对这个决策，就要非常慎重，三思而行。

三思而行，思什么？

1. 过去几年（三年足矣），你的学科研究生的就业方向和出路是什么？你认为这些学长的出路（综合指标），是值得你为之付出三四年寒窗生涯的前途吗？值得？——你确定吗？（小丫的语言）

2. 这个专业，以及这个专业毕业生所从事的工作，是你喜欢的吗？喜欢？——你确定吗？（小丫的语言）

3. 这个专业的研究生，其学位是从事相关工作需要的必备条件（即“从业资格”）吗？比如当教授一定要有博士学位，做研究、研发应该需要硕士以上，当律师——假如你以非法律本科考法律硕士——就一定需要通过这个法硕给你补上法律教育这一环……中国职场最大的谎言之一，是把硕士当作一种比学士更高的素质，而不是当作一种从业资格。你考的这个硕士学位，是你本人目标职业的从业资格吗？是——你确定吗？（小丫的语言）如果你不确定，千万要再思而行。因为，大量工作岗位尤其是工资更高的外企，他们看中的更是三年的实践工作经验，而不是三年的考研读研“资质”。

我确信吗？毫无疑问。这不是徐小平的发明，这是他妈的教育常识和职场常识啊！（“他妈”，即研究生他妈——研究生他妈，最确定知道儿子女儿读研出来之后应该干什么。）

悲哀啊，这样的常识，却有很多人不知道。祖国的花朵——本科生应该已经是祖国的栋梁了吧——祖国的栋梁在考研无意识大军的队伍里缓缓而呆滞地挪移，不知道前方是他们成功梦想的屠宰场，断魂处，哀愁乡……

三思而行，考研之前，就把上述三思再思一思吧！

1. 读研之后的就业是否有合理保障？

2. 你对读研的专业和就业岗位是否有必要的兴趣与合理激情？

3.该学位是否是你目标职业的“从业资格?”、必要条件?

如果上述三个问题你不能直接了当、干净利索、信心百倍、有理有据地回答,求求你,请再思而行!

我在两年前发表的职业指导专著《邮箱里的灯光(骑驴找马)》里,提出过一个非常有意思,至今仍然有巨大价值的观点:

鉴于中国盲目考研之火愈煽愈烈,我想恶作剧一次,把“研究生”这个害人不浅的外来语清算一下。

Graduate student 在中国统指大学后攻读更高学位的人。而大学后教育,其实分两种类型,一种是以“研究”为导向、以“创新”为目标,比如基础科学和高科技,这样的研究生,毕业后的职业取向是大学、政府或企业的研究机构,其职业头衔是教授、研究者……在这种以研究为导向的大学后教育中,博士学位往往是未来的入门资格。这样的研究生,请让我称之为“学术研究生”。很多在职人员(包括政府官员)纷纷去读一个非实用性的在职硕士博士,既能提升自己从业能力,也能提高自己升职资本,瞧!这就是非常明确的读研理由。

而另外一种,虽然在美国以及世界发达国家的教育体制中已经实现多年,但可惜在中国还没有被人们意识到,这就是职业学院制度,比如医学院、法学院、商学院等等……这种学院的学生,本质上不是“研究生”,而只是一种为了进入所学专业的而接受的职业培训。这样的研究生,请让我称之为“职业研究生”。

我这么分类,只是为了唤醒盲目考研的同学,再次审视一下自己考研的决策是否有明确目的?

把这两种不同性质的研究生分开来命名,一个重大的教育理论问题就可以得到普及澄清,考研目的性也就随之而水落石出、山高月小。

肯定有朋友会说,把“研究生”进行这两种分类,不是一种严谨的做法,因为本科之后的研究生教育中,存在大量夹在“基础”和“应用”,“学术”和“实践”之间的交叉学科和学位。

我完全同意这种批评。为了帮助中国学生走出考研误区,我连保持立论严谨的尊严都不要了……但无论多么严肃的理论,都无法回避一个根本问题:即受教育者人生出路的问题。哪怕你是研究基本粒子这种纯学术问题的研究生,你也要记住,说到最后,十年寒窗,你根本的目的,不就因为你梦想贡献人类、服务社会、反哺父母、传宗接代、养家糊口、享受生活、不断从上帝那里索取一两个美丽的礼物吗?……记住:要获得这一切,你必须拥有职业意识,必须知道你学习的目的,只有这样,你才不会今天博士,明天烈士,寒窗之后,寒酸依旧……

中国和美国教育制度不同。但，这种对于研究生定位上的不同，考研者入学目的不同，其实反映的并不是“文化差异”或“中国特色”，而只是我们教育制度和社会意识的滞后而已啊！千万不要以其他任何理由，来掩盖这个可悲但却能够迅速扭转的落后现实。只要清醒了就好！

想考研？——你确定吗？

你确定你的家庭梦想不会因你一个错误的答案而破灭吗？

10、9、8、7、6、5、4、3、2、1……

(齐声呐喊)救救盲目考研者！

我为芙蓉姐姐设计人生

一

去年芙蓉姐姐的胸脯让天下男人流鼻血不止时，新东方市场部经理葛文伟说要给芙蓉姐姐赠送考研英语听课证，请她来新东方免费听课，帮助她实现考研之梦。新东方对自己的考研英语培训非常自信，相信能够让芙蓉姐姐的考研祭坛花开四度，勇夺花魁。

我听到此事并不特别感兴趣——而是“相当”感兴趣。就问葛文伟：你有芙蓉姐姐的电话吗？请她来新东方和我见面，我来给她做个咨询。看看她到底该不该考研、考什么研、研什么究，以及下一步人生到底应该怎么走。我在新东方因为无耻自信，被人称为芙蓉叔叔，对姐姐有一种芙蓉惜芙蓉的亲情。

但是后来我一直没有行动。当时芙蓉姐姐太热了，我怕不见面已经流鼻血的我，如果见面岂不发生自燃！同时，我还怕我主动提供咨询的事情走漏出去，让大家以为我要和姐姐产生什么风花雪月的往事，对芙蓉姐姐也是一种不公平。所以，我就没有让葛文伟推动此事。

现在芙蓉姐姐已经不是你的芙蓉姐姐，芙蓉叔叔依然是你的芙蓉叔叔。我可以自信而负责地给她做点诊断和咨询了！虽然姐姐此时可能已经不需要我的帮助，但我对芙蓉教主曾经许过的心愿至今未了，今天把它写出来，也算是还愿吧！

芙蓉姐姐的全部问题——假如她有问题的话——就在于她三次考研，也就是说，在于她的考研目标的不正确。芙蓉姐姐根本就不应该考研。

考研考研，考甚鸟研！

为什么芙蓉姐姐不该考研？这要从她的个人定位说起。高考三次才考上陕西工学院的她，并不是一个学术型研究性人才。她就读的学校，是一个应用性院校。在考研路上，她的竞争力很差。这类学校毕业生的职业定位，就是培养入门级的工程技术人员，而不是研究性人才。除非你真的是酷爱自己专业、怀着学术理想，或者有科学证据证明硕士学位是获得前途的唯一手段，否则就应该直接工作，在工作实践中寻找生活、寻找前途、寻找继续深造之路。

合理职业规划的缺失，导致芙蓉姐姐这样单纯的学生作出了错误的人生决定。走上了考研不归路，毁掉了至少三四年美丽青春。三四年！多少人已经走上了高速发展的成功大道了！

如同很多盲目考研的姐妹兄弟一样，芙蓉姐姐考研，基本出于一个愚蠢的信念：获得更高学历，自然有前途。这个出发点，根本就是错的。如果考研没有清晰明了的职业目标和真诚激情的专业追求，以及落实在终身从事的事业之上的“理想主义”，而只是出于“硕士总比学士好”这样一种学历之上的偏见，这个考研，一定有严重问题。

话说回来，芙蓉姐姐梦想获得“更高学历”对她有什么意义呢？无非是一个更好的工作、更好的收入、更好的户口（比如性感的北京户口），好地位、好生活、好日子……

除了这些，还有什么呢？哦，对了，对社会的贡献，对祖国的奉献，对人民——也就是对她爸爸妈妈的物质敬献。

上述这些意义，才是考研的终极目标，而考研本身，硕士博士北大清华本身，只是手段。追求这些美好的人生目标，除了考研，还有其他途径吗？当然有，比如不考研，而直接工作。

芙蓉本来可以在新东方、联想、IBM、可口可乐等等这些地方找到工作的。

芙蓉姐姐，凭着她那笑傲江湖的身材、那玉洁冰清的面容、那令人目瞪口呆的自我表达、那气吞山河如虎的强大自信，以及敢于在公司电梯间里和男同事打架的凶悍气势（那个男人也够恶心的），她几乎具备了现代企业优秀人士所需要的一切成功素质。

我在新东方咨询十年，其耐力大大超过了考研三年的芙蓉。阅遍天下百花仙子，我发现一个惊人的真理和简单的事实：芙蓉姐姐的综合素质，在当代青年中间，属于最优秀的之列。

然而姐姐不成功，为什么？

考研害了她。

三

在漫漫考研路上，芙蓉姐姐历经沧桑，饱受炎凉。跻身在气冲斗牛的北大清华学子中间，而自身却是北大清华的门外娘，芙蓉姐姐高贵而敏感的心灵，怎能不倍受创伤？

有多少红男绿女，在这种巨大压力下，直接精神崩溃，从此心情沮丧，一蹶不振，借酒浇愁，长歌当哭——归去来兮，考研荒芜胡不归？

在万千考研大军中，雄赳赳、气昂昂、胸挺挺、腰曲曲，走来了不屈不挠、不依不饶、不折不弯、不打不识、不贴不红的芙蓉姐姐。

她的存在与出名，如同压在石头缝间扭曲成长的黄山松，立在海浪前千疮百孔的礁石岩，惊艳壮美其实只是失真变态，愤世骇俗原来却是心怀悲凉。芙蓉姐姐所有夸张与超常的表现手段，都是一种企图面对失败命运的绝望抵抗与奋力拼争。

我本人对芙蓉姐姐充满敬意！我厌恶那些厌恶她的人。但她的出现，确实不是一个正常现象——姐姐的不正常，是社会人才压抑的结果，是公众教育愚昧的折射，是弥漫整个中国普通大众间那种过时而顽固的教育观念毒害的苦果——芙蓉姐姐这样玉洁冰清、丰乳肥臀的青春好女，她的奋斗航道、人生大路，难道只有考研这一条路？难道考研真的值得性感妖艳的她，把三年青春和爱欲，血祭在那冰冷的读书考研青灯之下？

所以，当各色人等从芙蓉姐姐九曲十八弯的身材中找到了自己的价值曲线和情感起伏时，我看到了她的悲哀。

我看到，史恒侠——芙蓉姐姐原名——是一个被社会毁过两次的人：第一次，她所受到的陈旧落后教育经历和教育观念以及这种经历和观念必然导致的盲目考研行为；第二次，她为了发泄压抑精神苦闷青春展示真我风采之后，社会一部分势力对她采取的鄙视、嘲弄、侮辱和不屑心态。

而我，只恨自己在芙蓉姐姐毕业决定出路时，没有邀请她来新东方和叔叔见面咨询咨询，只要她见到我，我肯定反对她考研！因为，姐姐可以在市场上找到辉煌的人生机遇，只要姐想！

考研能够提升人生地位，考研能够改善人生处境。但条条大路通罗马，条条出路能成功。基于我对芙蓉姐姐的职业定位，在三年考研和工作三年之间，我会强烈鼓励芙蓉姐姐直接工作，不考它奶奶的研。

（顺便声明：我只反对为了学位而考研，但不反对有学术目的、职业目的、功利或理想目的的考研！如同我反对盲目留学，但却大规模鼓吹有目的留学一样。）

芙蓉姐姐，你在哪里？

叔叔在新东方等你！

四

比起花三年时间考研，如果花三年时间工作，其实芙蓉姐姐肯定早就找到了事业的归宿，早就找到了事业的方向，（很可能）早就找到了一个爱她、她爱的男人，早就找到了自己考研之梦所寄托的那种幸福生活了！

谓予不信，我有证明，我有新东方无数杰出年轻同事的成功与辉煌作证。

新东方是当代青年奋斗的聚合点。在这里，学生们的成功故事层出不穷，但老师们自身的成功道路，也反映了这个伟大时代的特征。新东方一代年轻名师中，有一种非常非常震撼人心的成功现象，这个现象，到现在依然被当代中国青年严重低估：

新东方很多著名老师，绝大多数，一开始都是为了出国、考研而来新东方上课，上着上着，发现了一个真理：与其在新东方上课花钱，还不如在新东方教课赚钱来得爽呢。假如通过努力能够成为新东方老师，为什么不？

这么一反思，于是新东方“三剑客”钱永强、宋昊、杨继以及数不清的年轻一代天骄名师就诞生了。从此，他们的个人命运发生了根本的变化，彻底的变化，翻天覆地的变化！中国英语教学的命运，也随着他们命运的变化而变化，随着他们职业的腾飞而腾飞！

人只为金钱而奋斗吗？——谁这么说了？

作为新东方成功教师代表的钱永强、宋昊、杨继这三个在25岁左右就成为百万富翁的青年教师，当他们在事业上达到第一高峰之后，分别激流勇转，带着自己挣到的大钱，像芙蓉姐姐追求的那样，继续追求他们研究生教育——钱永强最先去了耶鲁大学读MBA，宋昊后去了牛津大学读MBA，学德语出身的杨继接着从德国哥德堡大学捧着法学博士的帽子回国继续发展……

钱永强、杨继在新东方教书挣钱扬名天下时，都不是研究生。宋昊是，但后来他愤怒地放弃了那个对他毫无意义的研究生学籍，全心全意奔小康，日思夜想奔中产，分分秒秒赚大钱去了。

钱、宋、杨的故事，在新东方如果不能数以千计，肯定可以数以百计。北京有无数新东方这样给年轻人提供巨大机会的新型企业，这些年轻人在新东方以及其他地方成功的经历具有里程碑式的意义：

1. 中国机会，给与中国青年比美国更好的发展机会。不留学，不考研，也能成功。

2. 但作为上述论点的一个悖论，中国青年事实是又面临另外一个独特挑战——不出国固然可以拥有机会，要捕捉更多中国机会，又需要青年人的国际化，需要环球化。而国际化环球化最直接而迅速的方式，就是出国留学。留学深造，是当代青年一个不可回避的大问题。

3. 但教育是一种终身规划，着急不得、草率不得、将就不得。出国留学固然好，没有金钱怎么办？没有金钱，挣啊——来新东方、或中国任何代表先进生产力的地方工作挣钱啊！挣了钱再出国，如同新东方那些青年偶像所做的那样。

4. 如果不理解我上面的话，看看改变了中国留学运动方向和青年奋斗意识的《图穷对话录》。（作者正好是我，对不起。）

芙蓉姐姐读到这里肯定要说：我也知道挣钱的重要性，考研未必是最佳选择，但毕业找不到好工作，挣不到这么多钱，不考研怎么办？我考研就是为了找到好工作，找到好工作就是为了更多挣钱。你的观点不新鲜，哼！（姐姐哼了一声，然后摆出一个S造型说。）

且听芙蓉叔叔的！

五

在人生成功的分水岭间，在命运沉浮的转折点上，问题就出在这里：中国机会的特点，在于各种体制并存，各种报酬混乱，各种机会纷争。芙蓉姐姐这样的年轻人要做的，只是睁大眼睛寻找你的机会，争取你的报酬，赢得你的竞争。

黑夜给了大家黑色的眼睛，有人用它来谴责黑暗，有的用它来寻找光明，也有人用它来寻找美金。

美金，虽然本身不是光明，但有的时候却意味着光明。谓予不信，请看看由美国人资助的“光明计划”——为中国老人免费治疗白内障，否则就会因为无力支付现金而继续生活在黑暗世界里……

对了，它有时候还意味着欢笑。谓予不信，请看看由美国华人赞助的“微笑计划”——为中国孩子免费治疗兔唇，否则就会因为无钱支付而继续生活在不笑也露齿的丑陋世界里……

黑夜给了芙蓉黑色的眼睛，她却用它来寻找考研。芙蓉失去了寻找人生价值的眼光，她的身材发育良好，她的面容长得不错，但她的思维，价值观，人生观，却没有跟随她的青春一起成长，还停留在她身体发育前的十几年前——甚至更早。这个价值观，即崇拜学历而漠视市场机会的价值观，还在继续毁害当代青年，夺走他们的钱财，谋杀他们的幸福。芙蓉姐姐多舛的命运，就是这个陈旧观念的牺牲品。

假如芙蓉姐姐毕业时因为找不到工作决定考研时，或者第一次考研失败之后、第二次考研失败之后、第三次考研失败之后……任何时候，包括现在，假如见到我，我就会告诉她：

1. 彻底放弃狗日的考研，因为考研不属于她。错误的决策，应该知错即改，而不要坚持到底。你说我已经考了三年了，放弃岂不可惜？我说沙上造塔，推倒是最佳方案。

2. 化考研为力量——追求素质的力量：与其耗干青春考研，不如花点时间把英语口语学好，把表达沟通能力和人际关系能力继续提炼改良，学会找工作，深刻理解敬业精神……

3. 最重要的，走出学历本位、知识本位的千古情结。知识学位都很重要，但中国机会有个特点，大量报酬优良的企业最看重的还是人的素质、办事和执行能力，而不是一纸学历。学历高的如果能力不强，进了企业还是会被淘汰被贬值。素质高的即使学历不硬，只要进得企业金子就会闪光……

我知道芙蓉姐姐又会问：那我也得有进门的机会啊。

对于这个问题，看看和芙蓉姐姐齐名的罗永浩就知道一个简单的真理，也是伟大的成功智慧：选准方向，方法就是技术细节，就会自然水落石出，水到渠成。但如果你的方向不对，越往南走，你就离北门越远。你就离成功越远。芙蓉姐姐三年考硕，实在是一个南辕北辙方向性错误。

在商言商，在新东方岂能不谈新东方。让我们假想一下，芙蓉姐姐在第一次考研失败后，决定放弃考研，想来新东方教课，教什么？就教考研英语培训啊！

怎么敲开新东方的大门？芙蓉姐姐至少可以在考研英语班上，和授课老师攀谈（假如那个老师是个女的，就找隔壁教室那个男的！），新东方老师们对于学生尤其是芙蓉姐姐这样学生的提问，肯定会激情澎湃地回答。经过一段时间备课，再请授课老师介绍给他的部门经理。部门经理，也就是多教过两三年的优秀教师，就会被芙蓉姐姐讲课的魅力和其他的魅力所征服，经过试讲、失败、再试讲、再失败直到成功的短暂过程，很快，芙蓉就成为新东方极具个性和特色的优秀女教师了！

姐姐会跳、会唱、会扭、会吵架——这等于是讲课能力;会写、会拍(照片)、会贴、会宣传自己、会让人出血——这简直就是励志教育……这些,都是新东方老师的特征啊!为了取悦学生,在去年8月新东方举行的消夏晚会上,我老人家甚至不要脸到半裸登台,跳了一个夏威夷草裙舞!把许多人恶心得只会大笑!

有芙蓉叔叔在此,芙蓉姐姐百无禁忌,畅行无阻,出入皆宜!

但是,海纳百川、鼓励个性发展的新东方,有一个会脱的徐小平不够、有一个会侃的老罗不够、有一个会跳的梅雪不够、有一个会练的李笑来不够、有一个认为盒饭里的"苍蝇也是肉"并壮烈就食的铁岭不够、有一个硬说英语和电脑是一回事从而说服美国教授授予他硕士资格的王强还不够、有一个自爆"大学四年不谈恋爱、身心全面变态"的俞敏洪依然不够……不拘一格降人才,万马齐鸣闹东方的新东方还缺什么?我们还缺一个芙蓉姐姐!

芙蓉姐姐!芙蓉姐姐!!芙蓉姐姐!!!……

我们要一个在工作岗位上找到了自我、恢复了自信、获得了自尊、赢得了自立、取得了自强的新青年史恒侠——芙蓉姐姐原名。

涉江采芙蓉,兰泽多芳草,采之欲遗谁?所思在远道……

芙蓉姐姐,我想你!

六

芙蓉姐姐,回来吧,找回你人生的北——这个北,就是市场经济时代的中国机会,就是中国机会时代的市场机会,就是新东方、新西方、新北方、新南方等这些代表先进生产力的新兴企业里对人才发出的强烈需求、为人才提供的无限机会。

不想读研吗?错了!我从来不反对人们读研——但芙蓉姐姐需等工作几年,等你明确知道自己一生将从事的行业后,再对症下药、有的放矢、精确打击地去读,你可以去的地方,包括但不限于美国、英国、加拿大、澳大利亚、长江、中欧、北大在职,甚至全职博士也不是不可以……有多少溜溜的学位等你拿,有多少溜溜的同学等你挑啊!

耶!芙蓉姐姐,给我打电话!在我博客里留下你的悄悄话,我给你打电话,喝下午茶,甚至,吃夜宵也不是不可以啊……谁多心,谁就心术不正!我们要谈人生大事呢!

还有多少在考研路上胡乱挣扎的芙蓉妹妹、芙蓉婶婶、芙蓉奶奶啊?如果有,别瞎考它奶奶研的啦!

芙蓉妹妹的来信

这是一个署名“找不着北”的博友来帖。可以说她就是一个考研意义上的芙蓉教徒，发在这里，供大家讨论，也希望大家帮助这个妹妹出主意，也许我还会邀请她来新东方举行一次公开咨询，喝一次没有茶的下午茶。

谢过“找不着北”。

其实关注小平大叔的这块地盘儿好久了，留下自己的字儿还是第一次，不是以前不想说，而是不知道说什么，怎么说，不过读了这篇儿，俺觉得一定得说说了，咋觉得句句都说俺心里去了呢？

呵呵，各位博友别误会，本人不是芙蓉姐姐，俺可没有芙蓉姐姐“那笑傲江湖的身材、那玉洁冰清的面容、那令人目瞪口呆的自我表达、那气吞山河如虎的强大自信，以及敢于在公司电梯间里和男同事打架的凶悍气势”（直接引用，大叔莫怪:)），按小平大叔的说法，可能没具备“现代企业优秀人士所需要的一切成功素质”（读到这句话俺恨不得找块儿豆腐撞死！），不过俺却有一点比芙蓉姐姐厉害，那就是以小姐姐一岁的年纪却考了四次没目标的研，而且次次考不上！！！

小平大叔说，芙蓉姐姐的全部问题——假如她有问题的话——就在于她三次考研，也就是说，在于她的考研目标的不正确。芙蓉姐姐根本就不应该考研。

“找不着北”说，“找不着北”的部分问题——俺是一定有问题——就在于俺四次考研，也就是说，在于俺的考研目标的不明确。“找不着北”暂时就不应该考研。

考研考研，考甚鸟研！找不着北，夜夜无眠！

为什么“找不着北”暂时不应该考研，因为“找不着北”考了好几年到今天也没真正搞清楚为啥要考研！“找不着北”一直都是有点转向，方向感不强，但甭管东北西北起码和北粘边，而且还常常自以为离北很近，可是就这么走呀走呀，走了这么远了，突然发现，北没了！找不着了！

“找不着北”从小就是个向往校园的孩子（不过工作了八年，“找不着北”慢慢才知道其实处处是校园)，如果一路中学大学走下去，“找不着北”可能是个能在校园里积极锻炼自己让自己得到发展的孩子(当然也可能不是，不过俺觉得不是的可能性不大)，但是初中毕业后出于很多原因(家庭经济状况、个人没有主意等等)却选择了中专之后又上了大专，而且都是不喜欢的师范专业，毕了业分配进中学当老师，一干就是八年！工作时好好干，固然要挣钱，但更重要的是要对得起学生的期盼！而怎么走出去呢，俺想到了考研，于是先自学本科，后考研，压着自己学学学！本科到手了，工作别人都认可，挣的钱能糊口，可就一直都没有个男朋友！开始考研吧，考了一回，虽然失败了，但信心更足了，没什么呀，不过如此，可再考第二回时，学习的状态没有了，俺知道是必须得有个男朋友了，可是俺想，压着吧，考出去都会有的，再一年又一年，就这样一直到了今天。不是老俞说“大学四年不谈恋爱，身心全面变态”吗？“找不着北”可是毕业八年没谈恋爱，身心变态大变态呀！(一直觉得自己属于正常人之列，跟变态不沾边儿的，可是现在的的确确体会到了，咋这么晚才明白这个理儿呢？给俺根儿面条儿让俺吊死吧！)

想不到当年那个满怀“理想”朝气蓬勃只知好好学习天天向上的小女孩儿，现在做了闭门索居小姑独处偏将活泼散尽故做古板的老姑娘！前途黯淡呀！北呀！你在哪儿呀！

工作就像是鸡肋，银子刚够填饱胃！脑子里面进了水，不敢恋爱能爱谁！心态不佳最可悲，干点什么都不对！不知人生要规划，考来考去找不着北！

考研考研，考甚鸟研！找不着北，夜夜无眠！

等俺想好了考第五次研时，一定去新东方学英语！就是不知道是不是在今年。

借小平大叔的话头儿，发“找不着北”的感慨！见谅见谅！恭祝小平大叔和各位博友狗年吉祥！也盼着“找不着北”借小平大叔的亮儿能快点找到方向！

找不着北，夜夜无眠！天快亮了，俺睡去了！就此别过！

一则考研指导的故事

2001 年的一天，新东方一位青年教师向我咨询他的学习规划问题。他毕业于一个边远省份的师范大专英语专业，来到北京努力奋斗，成为了新东方新概念英语部一个不错的教师。

在他和我的谈话中，我发现他不断引用培根的一些名言。当他说第一句时，我心头一亮，觉得这个小伙子真优秀；当他说第二句时，我耳朵一热，感觉这个青年还可以；但当他在我们的对话中第三、第四、第 N 次引用同一个培根语录时，我就开始对他烦起来，并知道了他的核心问题！

他的核心问题，是虽然侥幸在新东方做了一个老师，但他的英语和文化基础并不足以长期支撑他在这个领域发展下去。新东方老师们，虽然英语功底之外的功夫用得很多，比如自信、幽默、激情、身体语言……但归根结底，作为老师，最终赢得学生热爱的，还是货真价实的英语能力和英语文化的学识。从这个角度看，他的教育显然不够，留学或考研，能够弥补这个不足。

但他把进修深造的迫切需要，错误地定位在学位之上，以为自己只要出国读个 MBA，就可以解决他的心理和职业发展问题。其实，他需要的是真正定心读书思考的机会，考研，是一个不错的选择。

我告诉他，他不应该读 MBA，因为这个学位对于他认定的教育职业并没有什么直接的帮助。既然他喜欢教学并且打算把这个工作当作事业来终生追求，他就应该顺水摸鱼，从实际出发，干脆到北大或什么大学的英语系读个英美语言文学的研究生！

别人考研是为了拿个学历，而你的这个考研计划则将直接丰富你的讲课、直接提高你的收入，直接推动你在新东方教学岗位上不断升官发财（在新东方做到管理者的收入会很高），为了这个具体可行的职业目标而考研，那无论多么辛苦、多么艰难，哪怕花个三五年的时间来努力读书，黄金屋和颜如玉都会被你读得次第敞开的……

他激动万分地接受了我的建议，说："徐老师，您真伟大，正如培根说过的……"

我打断他："下次见我，不要总是引用培根，给我一些莎士比亚吧！"

……这就是我的考研咨询。我只想借这个故事提醒眼下正在为考研备战的朋友们，一定要把考研和你既有的经验能力以及将来打算从事的职业结合起来，这样的考研，才是理性的考研，才是能够确保人生收获的考研。

考研无意识是一种青春恐怖主义

徐小平按语：

下面是一篇博友“大专考研”的评论，我看了以后不寒而栗……

这简直是一篇青春人体炸弹的宣言。一篇充满了“学历无意识”的痛苦自白。虽然我在过去十年为这样的朋友做过成千上万次咨询，深深知道他们的问题，但今天读到这位朋友的文字，依然感到恐怖。

问题是，人体炸弹假如有某种恐怖目的，你还不能说他们炸了白炸。但青春人体炸弹就不一样了，它炸毁的，是一个人的青春，一个人的幸福，一个人和一个家庭的欢乐、财富、成功和希望。结果是虚无。

人最宝贵的是生命。生命于我们只有一次。人的一生应该如何度过呢？

对于这个永恒的问题，每个人都有自己的答案。但至少有一点所有人都会同意：人的一生，应该把有限的时间和精力用在正确的奋斗目标和方向上，而不是放在某种“看上去很美”但实际上却很恐怖的追求上。

如何设置奋斗目标？如何选择奋斗方向？如何规划奋斗过程？这些问题构成了我对中国学生咨询的核心问题。希望这位朋友仔细读一读，再对自己的人生进行一些反思。我愿意做你的朋友，而且，假如你的观点是对的，我愿意把你的观点采纳在我的文章和书中——但我坚信它只能成为我无情批评的对象！

走出考研无意识的青春恐怖主义误区吧，亲爱的朋友（以及朋友们），求求你了！

我呼吁我的博友们对这个帖子发表自己的观点。考研无意识、留学无意识、或者学历无意识这些问题，我早就讲过很多了。但我希望各位博友能够给这位朋友一些支持或反对的意见，帮助他梳理自己的观点，活跃我们的讨论。

我的关于考研的文章，在本书里有两篇，我竭诚推荐大家参考，一篇是《考研一定要有明确的职业意识》，一篇是《我为芙蓉姐姐设计人生》。

你们的深深爱着这位把盲目当智慧、把苦役当幸福、
把自残当自强的“考研无意识”的受害者的徐小平

“大专考研”在《考研要有明确的职业目标》后发表回帖：

徐先生，我对你的看法不敢苟同。

你忘记了最重要的一点：

考研的过程对考上研究生的人来说是一笔宝贵的财富。

我只谈我自己的感受。

我是个大专毕业生，我在小地方谋生，我向往去大城市奋斗。

可我连奋斗的资格都没有。我是个大专生，没人会要我。

我觉得考研对我来说是最好的捷径——考上后，只要找到工作就能留在大城市，研究生的文凭比大专生找工作要容易的多。

结果我考了三年，吃尽了苦头，饱尝了失败。我26岁去考的，等我考上毕业，我已经30岁了，好不容易在大城市找了份工作，诚如你所说我周围的同事都比我小5到6岁，我同年龄的大部分是经理级，或资深工程师。

我很多时候感觉很尴尬，也很无奈。因为职场对我来说没什么前途了，以我这个年龄永远不可能当什么经理了。

我目前只能打工挣钱，和我同龄的都比我资历深，比我小的都比我年轻。我哪有机会呢？

可我依然不后悔考研，依然充满勇气和胆量去奋斗。

您知道为什么吗？

因为我考过研究生，而且考过三年，就像我前面说过的那样，曾经饱尝过失败的痛苦，饱尝过竭尽全力的努力后依然失败的痛苦。这是对人毅力的最好的锻炼。

考研告诉我，如果你想做一件事情，就要全力以赴，集中所有的精力，毅力唯有毅力是你成功的保证和力量的源泉。

毅力，就是三年考研送给我的财富，这个财富我受益终身。

我不相信什么事情我做不了，我不相信什么东西我学不会。

因为我有毅力！智力可以天生，唯有毅力必须后天培养。

感谢考研，感谢她带给我苦难。

徐小平又及：上面文字发表后，博友们发表了一百多个帖子，观点各不相同，这正是我需要的。

“大专考研”朋友也发了一个帖子，他的观点，依然是错误的，值得我批评——他提出我不该用“批判”一词，我表示接受，已经把上面的“批判”改为了“批评”。

在一百多个评论中，下面的评论使我动容。我把它发表在这里，算是继续让大家讨论推动。我高度认可这个帖子的观点。

“无法沉默”在《考研无意识是一种青春恐怖主义》后发表回帖：

我是一名博士后研究人员，现实中太多的不公平，让我习惯于选择沉默，默默地去努力，自我开解，自我解嘲，但今天无法沉默。

我的师弟师妹们都是博士或者硕士，我的老板是教授研究员，我想我可以告诉你们中国的研究生人群的真实生存状况，他们中间百分之九十是考研无意识的牺牲品，这决不是危言耸听。所以对于信任我的师弟师妹们，迷茫的师弟师妹们对于是否继续读更高一级的学位的问题，我都是持否定态度，力劝他们投入到火热的生活中去，去工作，在工作中磨砺自己，在生活中成长自己。当然对于真正适合做科研也喜欢做科研的师弟师妹们，我会鼓励他们到可以专心搞科研的地方去。

昨天去理发，洗发小弟是个十五、六岁的小朋友，小学毕业至今已经闯荡江湖好几年，用他自己的话他这是理发助理的职位，他小学毕业，可以在北京立足，他选择了美发这个行业，先洗头，然后理发，然后美发，然后形象设计，人生的道路是那么积极奋发，脚踏实地。

小学毕业照样可以在大城市生活，可以获得幸福，为什么许多人会觉得学历重要到无法想象的地步。

怎么才可以唤醒这么多迷途的青年学子？

孔布和孔菊，两个不该考研的研究生

2月19日在新东方举行“女性人生设计与幸福”博友见面会，来了三十个朋友。其中女性朋友大概20位，男性朋友10位，是我紧急征调来的，怕女士太多了性别倾斜，人家说我重女轻男，这年月！——虽然我的咨询常常是这样，也是无法抵赖的事实。

既然我在博客上掀起了研究生考研目的的争论，现在我就从那天光临现场的两个女博友的考研故事谈起。

一位女士，名叫孔布，三十岁，性格明朗，说话洪亮，形象皎好，但明显底气不足，不自信的样子。孔布大学中文系毕业后，在北京做了中学语文老师。做了三年，心有所动，就跳槽到了一家教育网站做文字编辑。

网站编辑，是一门新兴的职业，只要你上网，眼睛看到的东西，全是网站编辑的功劳。在这个职业里做得最精彩的风流人物，要数几大门户网站，以及各类专业网站的那些英雄人物。他们都是这项新兴职业里的第一代弄潮儿，在不同程度上，共同为互联网这样伟大的事业贡献了自己力量。他们的成就与贡献有目共睹。他们具体收入和利益无人知道。但毫无疑问，肯定是可比人群里最令人艳羡的。贡献与付出，新旧媒体的人可能基本相同，但收获与所得，肯定大不一样，不成正比。体制不同，决定了人的命运不同。

当时坐在我身边的，就有新浪校园编辑唐晓芸小姐。晓芸从北师大心理学系本科毕业，来到新浪做起了教育编辑。在我的两次博友见面会上都积极主动，虽然坐在那里不动声色，但每次都出手不凡，把她负责的内容编辑得有声有色。

而眼前这个30岁孔布女士，从中学老师转到教育网站做编辑，也算进入了对于文字编辑工作者们一个充满最激动人心机会的前沿。说什么西部淘金南部淘沙，网站编辑这个职业就是一座新金山。在这里，无论传统还是现代的价值追求，无论中国还是西方的人生梦想，都能够得到实现。主要她认真努力执著敬业地干下去……她就会获得她的人生所需要的一切！

然而，不幸发生了。不幸发生在孔布工作三年之后决定考研。而且，她考研的决定正确得极其荒谬——为了做好网站编辑工作，她决定考S师大编辑研究生！

听到这里，我眼睛发黑、头冒金星、心如磐石沉到了水底、手如筛子发生了振颤。我知道，这个看上去非常明朗可爱可敬可亲的孔布，她的职业生涯算是完蛋了！

真的，我都不要听她是否考上了S师大这个倒霉的“编辑硕士”研究生项目，我只要听到她想考，我就知道她完蛋了！——所谓完蛋，就是就在这个她做出考研决定的瞬间，已经注定了她得不到她想要的东西，已经注定了她要在做出这个伟大奋斗决定的三五年之后，把人生困惑拿来折磨我。

在准备了一两年之后，孔布“幸运地”并没有考上S师大的“编辑研究生”，但更不幸的事情降临在她的头上——她被阴差阳错地弄到另外一所也挺不错的师范大学中文系去读文学研究生。三年之后，在离开她的编辑工作三四年之遥，她拿到了硕士学位，已经30岁的她，却不知道自己职业生涯往何处而“立”的她，产生了巨大的人生困惑：我是谁？我能做什么？哪里是我的职业归宿？哪里是我发挥人生才干的最佳平台？什么是能够满足我期待值的工作？

她是谁？中学语文老师吗？不是。她已经七八年不干这一行。网站编辑吗？不是，当年的同事部下现在已经可以管她。大学中文老师吗？不行。还得再读三年博士，而且大学教师并不是孔布中意的职业。一切的一切固然可以从头来起，只要把自己的研究生经历隐瞒起来就好了——但好端端的网站编辑职业生涯，为什么要为了一个研究生头衔而放弃？

考研无意识害了她！

编辑啊编辑，居然有个编辑研究生？中国社会的考研狂热，真是登峰造极了！

我一般写文章都是中庸平和的。这是在中国做人的秘诀。但是今天我不得不攻击S师大了：你们的这个研究生项目，害了孔布同学。你们是考研青春恐怖主义的发源地。

君不见，天下有几个伟大光荣正确的“编辑”拥有“编辑硕士”学位啊！编辑编辑，你不编不辑，成何编辑？编辑的成才道路是“从事”编辑，而不是“研究”编辑。三年硕士与三年编辑实践，哪条道路对于这位女士的“编辑”职业有好处呢？傻子都知道，还是“编辑”啊！

继续做三年网站编辑，对于她的职业生涯，肯定比读三年研究生更有帮助！她曾经工作三年的这个网站，如果业务进展好，她会被不断加薪、提升，最后达到同龄可比人群无法匹敌的水平，成为新经济时代的一个佼佼者。假如她的公司业务不好，她也得以借此积累足够的编辑资历，加入新浪这类新型媒体——不出两年，她就会在这个领域再次崭露头角，成为网络编辑中坚力量，获得人生所需要的一切的一切……

但她考研了，她就完了。她之所以“完”，是因为她花了三四年，读了一个研。砍头不要紧，主义唯不真。她是为了“学历”而不是为了“能力”考的研，她是为了“知识”而不是“资质”考的研，为了“浮华”而不是“实质”去考的研，她是为了他人而不是自己考的研，她是为了“学业”而不是就业、职业和事业考的研！她是考研无意识的一个经典虽然还不是最糟糕的青春恐怖主义肉弹——对不起了孔布小姐，我喜欢你，但我恨你不成功。

孔布听了我的分析，对我左看右看上看下看，说：徐老师，我还是可以找到我喜欢的事情做的，我的问题并没有那么严重。

没有吗？想想她本来应该得到什么，看看现在她却要和几百万小弟弟小妹妹一起去找工作，把自己放在八年前的那个起点上，而且绝大多数情况下还必须掩盖起自己是硕士研究生这样一个事实，她的问题不严重吗？

三十岁上，有人春风得意马蹄疾，一年挣钱十年花。有人高空滚滚寒流急，读书万卷无生涯。有人高官富商大学者，有人破产落魄穷学生。命运不同，选择不同。但选择不同，命运不同。孔布假如坚持在网站编辑大职位上干下去，她的情况，肯定比今天好！

我已经打落眼泪往肚里吞了……

就在这个关键时刻，说时迟，那时快，她的对面站起来一个25岁左右的女孩，这个女孩，我喜欢死她了！因为她的出现，简直像是我精心安排来证明我观点的一次戏剧性出场！

她对着孔布和我们大家说："什么都甭说了大姐，我就是S师大编辑系的研究生，也就是你当年没有考上的那个专业的研究生！我的问题和姐姐你一样严重，虽然我比你小一些——我也觉得这个研究生读得毫无意义，不知道自己下一步职业道路该往哪里走，所以才来到这里，徐老师你说怎么办？"

这个女孩叫孔菊，本科读的是理科。因为真是"喜欢编辑"，所以读了这个编辑研究生。读了之后才知道，与其读这个研究生，不如本科毕业就工作，到今天肯定已经是某个新旧媒体的资深编辑了。

我问孔菊：你们的导师难道不管你们的就业和出路？他们S师大教书育人，总会告诉你毕业后的出路吧？

孔菊说："导师也并不知道我们的出路在哪里？还说我们的出路就是读博士，或出国留学……"

我几乎当场立即晕厥过去！幸亏眼睛从余光里看到自信温柔坐在我身边做记录的新浪校园栏目编辑唐晓芸，才看到考研哀鸿中的一丝光亮，才没有倒下！

可是，那首古老的歌谣，还真的在我耳边响起：学士、硕士、博士、烈士……原来S师大的导师们，真的在干这种毁人不倦的肮脏勾当！

救命！

这就是我那天遇到的两位可爱然而郁闷的女博友故事。在场三十人都可以为我作证我说的是真的。她们都很美丽。但考研无意识，使得她们的青春显得残缺不全。

读书是学习，使用也是学习，而且是更重要的学习——而对于编辑职业，这个信息社会越来越重要、价值越来越高、报酬越来越丰的编辑职业而言，则是更更更重要的学习！

我不反对考研，我只反对盲目考研，我只反对那些不需考研就可以获得人生成功的考研。我之所以高声疾呼反对考研无意识，就是因为有太多孔布、孔菊这样的青春男女，就这样堵塞在一条其实不需考研就能通过工作实践获得辉煌前程的羊肠小道上，反而失去了人生机会。孔布、孔菊遇到了我，从此知道自己人生问题出在哪里，但还有多少孔布、孔菊在那里苦苦挣扎做着考研无用功，实践着考研恐怖主义呢?

求求你们了!

条条大路通罗马，条条大路通前程，成功的路有千万条，考研毫无疑问也是一条，但在上路之前，问一问自己:这是通往你人生罗马的最佳捷径吗? 这是徐小平我老人家对你的唯一请求……

考研无意识的青春恐怖主义，已经引爆了这孔布、孔菊两个青春血肉之梦。虽然他们的人生还可以从头来起，一样可以获得幸福成功——我那天已经指出她们应该如何做了，无非是脚踏实地从头来起，忘记失去的岁月而已——但好端端的青春岁月却拿来制作盲目考研这个青春恐怖主义炸弹，你说值不值?

考研的同学啊，我爱你们! 但要多读读我的文章、多听听我的呼吁啊!

考研吉祥三宝

徐老师，您能帮帮我吗?

我是一名大三的学生，在准备考研的时候竟然得了抑郁症。

主要原因是我在2005年目睹了太多不幸的人——有朋友，有亲人，也有素不相识的人……自己的忧郁症越来越让人闹心了，我想尽量从这些事情的阴影中走出来，可是却始终未能如愿。

我尽量暗示自己不要去想这些事情，或者想象这些事情与我无关，可都失败了……这些抑郁的事情，再加上考研带来的无形的压力使得忧郁症已经困扰我一个多月了——脑子里总是反复想一些不好的事情，一些外界的轻微刺激(比如报纸和电视)都会使我浮想连翩……比如我一旦看见电视上说有外国人得了禽流感去世了，脑子里马上就会想到自己也得了禽流感……现在我都有些不愿意看电视，听广播和看报纸了，因为他们总是要报道那些不幸的人……

得了忧郁症的我根本无法摆脱这些外界带来的心理上的阴影……坐进爸爸的车里，第一件事就是关掉车上的收音机，不论收音机里播放的是什么……回到家马上躲进自己的房间，关上房门打开电脑里的 MP3 狂听不止，因为这可以使我听不清电视里那些不幸的人所遭遇的不幸……

不过，即使是坐在电脑前，我还是能通过网络知道其他人遭遇的不幸……这也会让我陷入非常难受的抑郁当中……这些抑郁使得专心致志地看书变得非常非常困难，有时候正在做数学题，刚遇到一点卡壳，忽然脑子里就会反射出许多让人讨厌的事情……从最开始只是闹心，发展到现在浑身都感到不自在，似乎忧郁症越来越严重了……有什么好办法吗？昨天看报纸知道周华健五年前也得了忧郁症，不知他是如何治好的……

现在我只是知道，当自己坐在乌烟瘴气的网吧里，和朋友一起痛痛快快地玩 NBA2005 的时候，可恶的忧郁症才暂时不会来打搅我……或许我应该去蒙古的大草原旅游，在那一望无际的草原上，欣赏奔腾的骏马和远方的雪山，在牧羊人马头琴的伴奏下高歌一曲……可是作为准备考研的我来说，无论是疯狂地放肆地玩游戏，还是去蒙古草原，都是可望而不可及的事情……

徐老师，我知道您是留学咨询专家，我这些无聊的问题似乎应该去请教心理医生……可是作为您和新东方忠实的粉丝，我对新东方和您都有着无限的崇敬之情……或许您的一席话，比那些心理医生更能带给我心灵的洗礼……

无论身在他乡工作繁忙的您能否有时间来解答我的困惑，我都会说一声：谢谢您，徐老师！

徐小平回应：

抑郁症问题，是一个医学问题，不是思想问题。我虽然对此问题非常关注，也能够给你一些短暂的振奋，但我决定不自作聪明、越俎代庖，以免真正的抑郁症专家们看了，感到郁闷，引发他们的抑郁症！

不过，从你的来信，我觉得你的问题不大，而且可以立即解决，因为你已经知道自己是抑郁症，并且你自己已经给自己开出了治疗方案了——你真了不起！

“……现在我只是知道，当自己坐在乌烟瘴气的网吧里，和朋友一起痛痛快快地玩 NBA2005 的时候，可恶的忧郁症才暂时不会来打搅我……或许我应该去蒙古的大草原旅游，在那一望无际的草原上，欣赏奔腾的骏马和远方的雪山，在牧羊人马头琴的伴奏下高歌一曲……”

如果我是你，你知道我会怎么做吗？我会去那乌烟瘴气的网吧里——越乌烟瘴气越好！——和朋友们一起痛痛快快地玩 NBA2005 游戏，一边玩，一边想姚明。并问自己一个问题：四连败、五连败、六连败、七连败、八连败的姚明，为什么不得抑郁症？

耶！然后接着打!!!

如果我是你，我马上就启程“去蒙古的大草原旅游，在那一望无际的草原上，欣赏奔腾的骏马和远方的雪山，在牧羊人马头琴的伴奏下高歌一曲!!!”高歌一曲，曲在何方？请唱我给你编的“考研吉祥三宝”！

歌曰：

爸爸
哎！
本科毕业就非得考研吗？
对啦！
不考研难道就没有出路吗？
哪有啊！
许多硕士生也相当郁闷啊！
接着读博嘛！
学士硕士博士就是吉祥的一家！

妈妈
哎！
病中的儿子何时能够回家？
等考研成了！
考不上难道你就不爱我吗？
去火葬场吧！
李嘉诚也就是小学毕业啊
少跟我废话！
硕士博士烈士就是吉祥的一家！

宝贝
啊？
爸爸像太阳照着妈妈！
那妈妈呢？
妈妈像绿叶托着红花！

那我呢?

你是考研无意识的苦瓜!

噢!明白啦!

考研盲从抑郁症就是吉祥如意的一家!

考研盲从抑郁症就是吉祥如意的一家!

(唱完了谢幕,谢谢大家……)

你的病基本就好啦!

还没有好吗?这么想:如果为了考试而失去了人生健康和欢乐,这样的考试,即使无法放弃,至少也是可以推迟的!明年再考嘛!芙蓉姐姐硕士考了三次,敏洪叔叔大学试了三回呢!

千万不要强迫自己,否则就是悲剧。求求你们吉祥如意的一家了!

谨将此曲献给这位同学,以及所有为了盲目考学失去了人生激情、身心健康和青春欢乐的天下学子。

徐小平再次回应:

上述博文发表不到十小时,给我写信的 qzc 同学就给我回复了下面这个帖子,我高兴极了,发表在这里请大家一起为 qzc 同学和 xxp 同学庆贺!庆贺一首歌拯救了一个抑郁症患者,庆祝一封信放飞了一个下沉的灵魂!

什么叫成就感——看看下面的信就知道!

徐老师,看了您的回信,我的抑郁症马上就好了 80%,真的没想到我崇拜的徐老师能在百忙给我回信,而且回得这么快!看了徐老师的回信,自己笑出声了——是啊,姚明现在都不抑郁,我为什么要抑郁呢?

那首《考研吉祥三宝》写的真不错,明天我就打算唱着《考研吉祥三宝》到网吧痛痛快快玩一天,一直玩到自己不抑郁为止!忘记所有的不愉快,忘记考研,忘记所有的一切……

当我明天从乌烟瘴气的网吧走出来的时候,我就会变成另外一个我——一个快快乐乐生活,痛痛快快考研的大三学生!(我怀疑如果考研没有明确的职业目标的话,是否能够痛快得起来——徐小平按。)

谢谢您,徐老师!

“芋头黄瓜”的跟帖:为什么一定要考研呢?!

想明白是关键。

老徐给小伙子的建议,只是告诉他不郁闷的一些小方法,但是小伙子显然没有理解老徐的用意所在：考研还是不考研，想明白了再说!!

徐小平再次回应：

“芋头黄瓜”显然更加理解我的意思，请这位博友参阅我的几篇关于考研问题的文章。下面是一个名为“想死”的博友来贴：

徐老师，我有一件非常痛心的事情想求教您。

我现在在北京，(硕士毕业后)签约六年，工作后发现工资低根本不可能买房子。

工作后才发现我最需要的是赡养父母。

请问，我现在应该付出这样的代价：交一年一万的违约金，再重新回家找工作吗？还是忍耐几年，再准备回家和父母团聚。

我怕，怕自己后悔做错决定，就像当初做错了读研的决定一样。

有时候想想，自己读研害了自己，真想死真想死。想死，是我工作之余想的最多的一件事情。

留学：三重境界

徐 小 平 XUXIAOPING

留学的三重境界

留学有三个目的，也就是三重境界，这三个目的分别是：就业竞争力，行业领导力，社会领袖力。我曾经在《图穷对话录》之“不留学一代女”一文中提出过这个观点，现在把它重新阐述如下：

一、就业竞争力

获得就业竞争力，这是留学的最低目标。高中毕业出国留学，只要上的是正规大学，一般而言，都能够获得在国内、国外选择就业的竞争能力，即环球化就业竞争力。不留学的人，也许能够在国内找到工作，但很难在国外获得就业竞争力——即使在国内，如果没有相当好的外语能力和现代意识和素质（留学所追求的能力），也难以找到理想的工作，因为国内大部分高薪工作、有发展前景的工作，都需要外语及各种现代人必备的素质。

大学毕业出国读研，也能够提升自己在国内就业市场上的就业竞争力。在出国读研和在国内读研之间，我一般都是鼓励人们出国读研，原因很简单：出国读研有助于你获得环球就业竞争力。这是一个了不起的能力，能够受用一辈子的能力。

许多同学本科毕业时没有足够的金钱和语言能力出国留学，于是匆匆考研，把未来三年交给很可能是非常落后的国内研究生教育，对于这种情况，我一般都非常谨慎，因为：如果能够在国外读研，基本就不要在国内读研，因为国外读研对于一个人的研究能力、创新能力、开拓能力、科学精神，甚至是团队技能，都会有非常大的提升作用。我不是说这些能力在国内学不到，但如果出国，到那些先进发达国家去留学，将来回国在竞争同一岗位时，就能够轻易击败那些同等背景但在国内拿到硕士的朋友。这是一个不争的事实，这也是一个严峻的事实。

对于那些毕业时并没有金钱和语言能力的朋友，如果要考研深造，我的指导方针是：在不影响专业学习的前提下，干脆先工作（对于研究性专业，只要做研究性工作就不算脱离专业），积累经验、补习英语（当然来新东方！）、积累资金、积累人脉关系，等个两三年、三四年再出国完成国际化也是一个非常好的选择。

十年树木，百年树人。小时候我不理解这句话。现在懂了：人生奋斗，是一个终生过程、百年大计。那些企图在22岁仅仅为了“接上”研究生学历而不顾硕士之后做什么的人，其实是鼠目寸光的人。因为，当你在国内读研、工作，到30岁时，你和那些出过国的朋友在就业竞争力上的差距就开始显现。要补上这个差距，你必须重新进行环球化洗礼，不幸，你可能就永远无法赶上那些早先设计正确，在25岁前后完成环球化教育的人们！

反过来，获取中国机会的主要条件之一，是充分的中国经验，重视“经验”到了偏执的外企，在你竞争就业机会时，往往会看你是否有充分的“中国经验”。这个“经验”的重要性，不出国是难以理解的——瞧，这种重视经验、重视实证的能力，也是你要在国外学习的东西。

读者朋友可以参考我的《图穷对话录》里的“可控人生核聚变”一文，理解我说的经验这个概念，以及工作几年再留学的好处。

工作几年再留学，主要指应用性专业，而这个领域，中国需要太多太多的人才。至于技术性、研究性和学术性专业，则不一定适合——因为对于技术性和研究性、学术性专业，研究本身就是经验。从学校到学校，基本一辈子都是学校。

对于改行的朋友，则利用几年工作经验，弥补专业不足的情况，再出国读你喜欢的专业，就是更好的选择。

二、行业领导力

获得行业领导力。行业领导力，指的是在世界范围的同行业范围，能够自由选择工作并担任高级职务的资格和能力。

许多人获得工作机会，也许因为种种机缘巧合，不少人工资高待遇好，也许因为这个公司恰恰对员工好。但一旦发生同事竞争，领导变态，公司倒闭，其职业生涯马上就遭遇寒冬，因为他们没有走出本公司，在行业内来去自如、竞争获胜的能力。这个能力，不仅对于留学意义重大，其实对于不出国的朋友，也很重要。

举新东方老师为例：在新东方教书的老师，到其他任何同类学校，都能够找到工作。这就是就业竞争力。但新东方也有校长、经理、主管、名师……这些人，才是本行业的领导者。

不久前我发表的“一个英语口语老师的烦恼”，讲的就是这个问题：这个老师在新东方工作了四五年，获得了就业竞争力，他走到哪里，都可以以这个资历获得口语教师的工作。但由于他恰好从事英语口语教育，在环球化面前，首先感到了来自国外的双语老外的竞争威胁，以及回国留学生的竞争威胁。所以，我鼓励他尽快出国，以获得行业领导力。

“春江水暖鸭先知”，这个老师的烦恼很有典型意思：他之所以没有打算在国内考研，恰恰是因为“英语口语”当然是最应该出国留学的专业！但难道其他专业就不是这样了吗？

所以，在某个行业工作了一段时间，一般而言总得三五年，而感到竞争乏力、升职困难的朋友，其实最佳提升自己途径，就是基于自己的经验，出国留学，从而获得行业领导力。比如那个我咨询过的口语老师：如果他破釜沉舟，出国发奋一两年，让自己的英语水平和教学艺术大幅度提高，他必然是未来新东方的主人！这就是通过留学获得行业领导力的具体运用。

三、社会领袖力

什么叫什么社会领袖力？社会领袖力是一种务虚的能力，能够看到他人看不到的方向，能够提出别人提不出的方案，能够引领他人不能引领的潮流，就是社会各层面的领袖人物。在环球化的今天，领袖人物最重要的素质之一，必须站在全球高度，把握世界潮流，正确引导社会，成为社会领袖。

我亲自咨询过几个例子，他们都是明明白白为了实现人生最高价值而留学的案例。

一个朋友，大学毕业后自己创业，亿万富翁，国内博士，但深感自己在和国际尖端人才进行国际竞争时底气不足，现在正在我和包凡一老师帮助下，申请美国哈佛、耶鲁这样的大学，意图深造一年两年，回国实现伟大理想。

还有一个朋友，在国家大型银行做到高级主管，但也深感在银行改革和改制的过程中，自己的能力有限，即使能够再升一级，自己也感到无力应付挑战——要知道，中国五大国有银行全部上市，意味着什么？意味着今后一切游戏规则和竞争指标，都是在国际规则下的游戏和竞争！这个银行也环球化的时代已经到来，已经进入了我们的密码箱和床头柜，但为什么我们的人才没有意识到这个时代的迫近？这个威胁的到来？

再有一个朋友，在一个大城市政府做外办主任，已经是正局级干部，每天迎来送往的，全是关系重大的国际贵宾，但痛感自己缺少出国经历带来的工作障碍，于是，在单位的同意下，去美国攻读了一个 MPA，回来工作，带着全新的国际视野，领导城市在对外开放的工作中，迅速取得了成绩。

最后，我认识的一个家伙，在一家著名私立学校做到最高层，同时发表不少影响很大的著作，但总是感觉到自己后劲不足，感到自己离世界先进教育观念太远，总想继续出国深造、进修、读书、考察……但总是没有时间，但越没有时间，他就离世界最新教育信息、发展潮流、教育思想越远，他就越有危机感，2005 年他利用几周时间去了美国、英国，考察当地留学生情况，参加一些国际教育会议，回来的感觉是：行万里路，就是读万卷书，许多观念意识，在这短短的行程中，也得到了更新充实！这个家伙就是我老人家。我深刻地知道，要保持我在教育咨询领域的先进性和领先性，我就必须不断出国保鲜，否则，我也会成为时代的弃儿！

上述这几个例子，都是在这环球化时代，已经在中国做到最高层的朋友们，为了获得与世界竞争的能力、超越自身极限而留学的例子，他们出国追求的，既不是就业竞争力，也不是行业领导力，因为他们已经具备了这种能力，他们追求的，就是引领时代发展的能力，就是开启未来的领袖能力。

国外著名学校，在招生时，无一不强调一个核心主题：你是否具有作为一个 leader 即领导者的素质或潜能。领导者未必指国家领导人或企业领导人，但一定是能够在自己从事的领域内，带来新思想、新观念、新创意、新实践、新方案、"新新新"的人。正是从理论到实践的不断更新不断创新，不断推陈出新（即所谓改革开放），才有了中华民族的今天。

中国社会，需要更多这样的人，从各个领域各个行业各个方面，推动中国社会，与世界接轨，与发达结缘，与繁荣接吻，与先进结伴。环球化潮流，浩浩荡荡。顺之者昌，逆之者亡。向西方学习者必将崛起，拒绝学习先进的人可能衰退。

写到这里，不禁想到一个重大命题：环球化对于发达国家，可能有某种现实的损害，因为他们的制造业正在严重衰退，无数人成为很难再找到好工作的下岗职工。

而环球化对于中国这样的发展中国家，好处是各个方面的。有人说环球化正好强化了中国作为世界工厂这种低端地位，而不是世界研发中心这种高端身份——担心这个问题人，更应该出国留学啦！因为高端研发，人家只留在他们国家啊！你不去他那里，如何能够发展自己?!

四、留学的核心追求

留学生改变了中国。从科学技术，到思想文化，近代中国基本都是在血与火中学习着西方,引进着西方。改革开放,大家一定要意识到,没有向西方学习,就没有改革开放——如果没有世界先进文明发达社会的参考,你改向哪里,放在何方?

出国学习,无论是读中学、本科还是硕士博士,就业竞争力是你追求的最低目标,是一个肯定能够实现的目标,而最高目标,是成为将来中国社会的各行各业、各个方面的领袖人物、尖端人物。为中国社会从科学技术到思想文化的全面进步,贡献你的力量。

留学最重要的追求,女士们、先生们、同学们,不仅仅是学习西方的科学知识技能(当然,如果你去国外社区学院学修车,修车技术当然就是你的主要学习目标),而是他们的以语言为核心的文化价值观。

不管你学什么专业,不管你在哪个学校,文化价值观,是所有留学生在专业学习之外,一定要努力学习和掌握的东西。

中国的康梁变法为什么失败?日本的明治维新为什么成功?两个国家不同的文化价值,在这个历史的转折点上决定了那两次运动的成败,也就决定了近代中国和日本一个是狼一个是羊的无情命运。TMD!我们似乎很少深究为什么中日这么接近的国家,会在面临近代化转折时的历史时刻,一个选择了接受革新,一个选择了拒绝改良,一个选择了强盛,一个选择了贫弱……其实,归根结蒂,可能就是不同的文化价值观吧。这个价值观异同在哪里,我这里不多说。但我想说,中华民族在康梁变法失败之后,从此陷入了长达百年的黑暗绝境……

通过留学,完成“人的更新”,促进中华“文明的更新”,才是留学生的终极使命!

为了历史的悲剧不再重演,同学们,为了改造我们的文化、改造我们的文明、改造我们的国民素质,也就是为了中华民族的伟大复兴,冲啊,向西方学习!

早晨起来发现自己在容闳故里

我和容闳?这个题目是一个大而无当的题目。

不过,今天(05 年 11 月 24 日)早晨醒来,发现自己醒在美丽的珠海,立即想到了容闳。

珠海市政府举办中国第二届中国留学人员回国创业与发展论坛,我来参加,所以到了珠海。

当地的朋友带我去拱北海关参观，夜色中，拱北海关那边就是一群群高楼大厦，朋友说这就是东方二珠澳门。

我是今年夏天才知道澳门和珠海是如此接壤的。和深圳——香港不一样的是(过了关要将近一个小时才能到达市中心)，澳门和珠海事实上就是一个城市，是一个零距离接触的两个城市。

想到这样一个城市被分开了那么多年……

想到容闳，在中国土地上推动留学，协助改变了中国的命运，睡在这样的先驱的故土，我的感受，无法用语言形容……

容闳是中国最早的留学生，是第一个拿到西方高等学历的留学生，他发起并执行的幼童留美计划，为中国培养了第一代掌握西方文明的留学生。这些留学生，为中国近代发展，做出了重大贡献。容闳本人，也成为传播西方文明薪火的普罗米修斯，尽管他一生教育强国的梦想屡遭坎坷。

珠海市政府有意以容闳提倡“西学东渐”思想为渊源，把珠海打造成中国的“留学之城”。这是一个非常有想象力的倡议。

谁说一个人不能改变历史？容闳做到了。

而包括“留学之城”这样有创意的想法，其实也就是一个两个有想法的朋友提出来的。这个倡议，在帮助珠海吸引留学生回归，来该城定居创业的问题上，肯定可以起到重大作用。

做好自己的事情，就是在参与历史啊！

不要说自己是小人物。我们都是小人物。

陪同我的洪秀平先生，90年代从美国留学归来，在珠海创办平和英语学校，成为全国十大著名英语学校之一，和新东方并列。他其实就是当代容闳。容闳在他这个年龄，尚未进入教育事业，更未培养出他那么多学生。

还有和我一起做电视访谈的珠海留美幼童研究会副秘书长杨义先生。一个普普通通的人，据说他的研究工作还是义务性质的。但说起容闳以及幼童留美历史来，如数家珍，滔滔不绝，使得我这个做留学工作的人感到豪情万丈，觉得前有来者，今有我们，把历史激励今人的价值，发挥到了极致。这样的人，也是当代容闳。

每一位从事中西教育交流的人们，促进中国向西方学习，促进中国现代化的中国人，都是与容闳的精神血脉相通的继承者。无论位高位低，无论名大名小，无论身长身短，无论当官不当。

俞敏洪同学在1993年被北大开除，拎着浆糊桶，流落在海淀街头刷托福培训广告,寒风凌厉,孤苦伶仃,我怎么想,怎么都觉得那时的他更像容闳。

对了,还有一个容闳,珠海市委宣传部长黄晓冬。他本人是一个年轻干部,从政前是一个知识分子,拥有硕士学位,他与人合作,写下了几十万字的《容闳传》,把容闳这份精神财富,从历史深处挖掘了出来。这样的人,也是当代容闳。

而容闳,如果你知道他的生平的话,就会知道,他是中国最早的留学生,是第一个完成西方高等教育学历的知识分子。但他同时也是一个历经坎坷,百折不挠,临死都想着为祖国做点事情的伟大爱国知识分子。

容闳的一生,象征着接受过西方教育的中国知识分子的伟大精神。

我爱珏珏、及向留英硕士道歉……

前言:向"留英硕士"表示最谦卑的道歉!

我的这篇文章,"我爱珏珏……",发表在我的博客上。但没想到,新浪教育把它放到了教育新闻的头版,并加了一个并非我原意的标题——留学领域最恶心的现象:一年制留学,海龟变海带……

为此,我向各位留英硕士表示道歉!请求大家原谅。留学是不能用时间来衡量的,我当然不会那么愚蠢。我本人在加拿大读的硕士学位,因为我弱智和不用功,前后拖延了三四年时间才最终拿到,我能说我的硕士学位质量最高吗?

所以,这个标题,完全不是我的原意!我代表新浪(假如可以的话)向所有留英硕士道歉!

我的原意是什么?我的原意,只是抨击了某些英国大学"针对大专、入学不难的英国硕士"项目,只是批评了那些为了摆脱"大专自卑"急于出国、盲目留学的朋友们。留学豆腐渣工程,哪里都有。美国也有"克莱敦大学",但从来没有人因为揭露了克莱敦大学,而被认为否定了整体美国留学生的!

我希望我的文章,能够激发那些"急于通过英国一年硕士项目摆脱'大专'帽子的青年朋友们,从这个一年的学位中,学到更多更好的西方文化和留学经验,获得更多更真的人生自信和自我价值!"

对于留英硕士,我当然没有全部否认,如同我从来不全部肯定或否定任何"海龟”或“土鳖”、“哈佛博士”一样。我只是否认了那种急于求成，饥不择食，学位至上，盲目留学朋友们的盲动。任何奋斗领域都有成功者，失败者，事半功倍者，或事倍功废者。提醒大家如何在留学和教育奋斗中获得最多，则是我所有文章的中心主题，是我一生追求的事业目标。

本文最后，我提出的留学观点，可以说是新东方的留学理论，是值得大家深思的留学哲学，也是一般性教育哲学：

“留学，获得学位其实是最低目标，而最高境界，则是要获得（除学位所包含的专业能力之外的）语言能力、文化熏陶、个性发展、思想更新……这些东西，是留学的灵魂，而学位，只是留学的外套，类似于几百块钱就可以买到、几十块钱就可以租到的硕士袍。”

下面是这篇已经引起争议的文章原文。

谢谢各位，特别向留英硕士群体表示谦卑的道歉和感激！

我爱“珏珏”，我也爱“工人农民知识分子”

我在新浪博客上发表了我“对一个大专生的设计”文章，这是我多年前的一个案例，居然引起了一些反响。

此时此刻，我还能想到那个二十四五岁、没有自信、缺乏自尊、失去自我的女孩的形象。我心痛。

这篇文章，记载了我给她的留学规划，只要她照我说的做，她今天一定是京城迷人的金领。

留学运动里最最糟糕的举动，就是为了摆脱“大专自卑”急于出国，结果倒是能够暂时躲避一年的社会压力，但花光了钱，耗费了心血，一年留学能学到什么呢？

这就是前几年英国留学浪潮中出现的鱼龙混杂、鱼目混珠的现象之一。我不是想打击一大片留英硕士。但海龟变海带，留英硕士肯定占了一个超比例的巨大数额。

这是中英两国对于硕士的理解不一样所造成的一种学位价值偏差，或者说，实际上是中国留学生自己，利用了这个国际教育领域里的学位不等值现象，做出的一个自己骗自己的集体自骗行为。

这个不等值就是：中国人实在太看重硕士学位。以至于出现了今日的考研狂热，搞得我老人家怎么呼吁，也只能够拯救一两个不该考研的朋友，但对于整体趋势也无济于事，并不能挽狂澜于既倒。

而英国人，根本就不在乎你是硕士还是硕鼠。英国，以及整个西方发达社会，对于人才价值的考核，是一个以“技能”、“资质”、“经验”和“获得证明的业绩”(proven track of success)为中心的体系。仅仅有一个硕士，而且是一年不到拿到手的硕士，远远不能达到自己所期待的转型与提升。对于我文章中咨询的那种大专学历的朋友，更加具有危险性和欺骗性。

从这个意义上，那种针对大专、入学不难的英国硕士，本质上是一种教育欺骗，如果说得狠一点，简直是一种精神鸦片，是英国人及其中国留学中介在教育领域里发起的一场鸦片战争！

（对不起，说得夸张了一点。但对于那些耗费一生积蓄拿到英国硕士学位但却不能得到相应人生发展的人，这不是火烧圆明园是什么？唯一不同的，这次被欺骗者，很多是自愿上钩的——但话说回来，当年抽鸦片的人，又有几个是被刀架在脖子上抽上了瘾的呢？）

我这篇文章，就是针对这个现象提出的一个纠正。其目的，是想让这些急于通过英国一年硕士项目摆脱“大专”帽子的青年朋友们，从这个一年的学位中，学到更多更好的西方文化和留学经验，获得更多更真的人生自信和自我价值！

留学，获得学位其实是最低目标，而最高境界，则是要获得（除学位所包含的专业能力之外的）语言能力、文化熏陶、个性发展、思想更新……这些东西，是留学的灵魂，而学位，只是留学的外套，类似于几百块钱就可以买到、几十块钱就可以租到的硕士袍。

人人可穿硕士袍，袍里乾坤知多少！

好了，不说我那陈词滥调的留学理论了，现在回到这篇文章的主题上来：

我看见我的博客上有一个叫“珏珏”的博友，在对我的文章表达认可的同时，也对另外一个叫“工人农民知识分子”的博友批评我的文字，表达了反批评。

真开心有“珏珏”这样名字美丽的朋友为我说话啊！我开心死了！珏珏、珏珏我爱你！就像老鼠爱大米！——根据你思维清晰的样子，我估计你是一个女孩，不过即使你是男孩我也爱你！——这样爱你！

但我发现我也爱这个叫“工人农民知识分子”的博友，这个博友的批评，非常没有水平。但他的批评，引发了珏珏这样我经典读者的反馈，简直也让我开心死啦！“工人农民知识分子”，我也爱你！——根据你逻辑混乱的情况，我估计你是一个男生，不过即使你是女生我也同样爱你！——这样爱你！

对于支持我的珏珏，我邀请你给我写信，我要和你对话，今后请你专门往我的博客灌水，打击那些敢不理解我的文章就发言的人（Ooops，别让“工农知”知道了!)。

对于批评我的“工人农民知识分子”,我也邀请你给我写信,我要和你讨论什么叫“理性”,看看我们两人谁“理性”——真的,如果中国多了一个理性的公民,少了一个不理性的“工人农民知识分子”,我们的祖国,就会更加强大,更加可爱……

网络几乎是不能碰的,那么多“工人农民知识分子”,怎么办呢?

但网络几乎是必须碰的,正因为“工人农民知识分子”都能获得和余华、潘石屹、张海迪、徐小平(今日新浪博客人气榜前四名)、珏珏一样的话语权,中国社会,能不进步吗!

大家现在理解为什么我既爱珏珏,也爱“工人农民知识分子”了吧!

美国留学的春天已经到来

美国留学在911之后经历了几年的寒冬,在2005年已经进入了新的黄金时期。随着美国签证政策的回归理性,美国留学将在未来几年达到一个新的历史新高。用一句比较俗气的煽情语言来说,美国留学的春天已经到来!

美国留学这个话题,我试图写了好几次,但总是中途放弃——因为,我要说的东西太多太多,一篇文章,无法承载我想对留学同学的种种忠告。但是,我决定这次一口气写完,尽量只集中谈一个观点:即美国签证放宽之后,美国留学将迎来一个持续好几年的高潮。有留学意向的朋友,在必须继续保持理性留学的同时,要意识到美国留学的大门,已经向大家敞开!

2005年9月,美国国务卿赖斯向全球美国领事处发出了一封信,对各地签证官提出了一系列具体指示。这封信的基本精神,是杜绝随意拒签现象,从宽处理学生签证申请。

从去年年底以来,我就这封信预示的美国留学机会向社会发出过好几次呼吁,提请大家注意。我在新东方留学中心搞过一次记者吹风会,在一家门户网站做过一次现场发布会,以及最近我接受《中国青年报》教育版主编堵力小姐的采访,都在向大家传递一个信息:美国留学的春天已经到来。

要知道,即使我这样的专家,在媒体上发表这类观点也是有重大压力的,这个压力就是我对留学生的责任以及中国留学运动的责任——万一人们听了我的话，改变原先留学计划从其他国家转向美国，我能对他们的这个决定负责吗?

经过慎重思考，我知道我必须这样做。因为，对于美国签证政策放松这样一件关系到上万学子留学前途和中国留学运动方向的大问题，我必须把我的看法告诉所有人，以使相关学生与家庭及时从中获益。

简单说:如果你想留学，无论你是最有钱的，还是最没有钱的，无论你是最学术型的，还是最不学无术的，无论你是想绿卡的，还是最不想绿卡的，无论你是搞文理工，还是搞商法政，除了特定的个人与专业理由外(比如亲人在加拿大、导师在爱尔兰、某种专业在某国某校最佳……)，只要你想留学，美国都应该是你留学的首选和最佳去处。美国高等教育全球最发达。

但过去美国的签证政策是如此严酷，把留学前途压在美国签证上，是一个风险极高的赌博。但现在，美国终于放松了它过于残酷的签证政策。美国签证风险，已经降低到了和澳大利亚、加拿大、英国等西方发达国家等同的水平。在这个情况下，除非你有特殊的个人和专业理由，我都会建议你认真考虑美国。

换言之，如果美国签证的风险降低到了和英联邦国家同等的水平，那么，在选择留学国家时，如果你没有特别的个人和专业理由，留学就应该去美国。为了规避签证风险而选择美国之外的国家，在未来几年将成为一个不必要的措施。根据赖斯给美国全球领事处关于签证的指令，美国学生签证的风险可以说已经降低到和其他西方发达国家相当的水平。

这就是美国留学的春天已经到来的标志。美国有三四千所大学，必有一款适合你。只要你符合特定大学的最低录取标准，获得录取不是难事。难就难在签证上。但如果签证不是问题，那么，美国留学和其他国家相比，就不再具有特殊风险。一旦美国签证的特殊风险不再存在，那么，美国留学的种种优势和亮点，就会立即展示万丈光芒。

当然，美国签证再开放，也还会拒签一些申请者，如同其他国家也会拒签一些申请者。但由于中国经济的发展导致中国申请者情况的改善，以及美国签证终于回归到“把学生当学生”而不是当其他角色对待——比如间谍、恐怖分子、非法移民、非法打工者……等，美国签证将变得即使不更加容易，但也不会比其他西方国家的签证更难。

这就是美国留学的春天。美国签证官员近日在新浪告诉大家:2001 年中国学生得到了历史上最高的签证数目，而 2005 年已经出现了学生签证发放的历史第二高。我相信，2006 年的中国学生得到的美国签证将超过 2001 年，2007 年将超过

2006年……以后年年都超过前一年，直到但愿不会发生的什么大意外再次发生——换言之，如果不发生什么特殊和特别重大的天灾人祸的话，美国签证对中国学生将会持续开放，直到美国对中国学生采取免签入境政策为止。

免签？这个在1990年代我就YY过但当时完全是作为呓语对待的这个梦想，在2006年的春天，已经是一个可以梦见的梦想。

1998年春天，我的第一本著作出版，就叫《美国签证哲学》，这是一本指导学生在跨文化交流沟通中如何以弱势文化击败强势文化、战胜严酷的美国签证面试的专著。俞敏洪为这本书写的序言中，就表达了上述观点：祝贺本书出版，但希望本书尽快过时——因为美国对中国的免签总会到来！

现在，虽然免签的日子还没有到来，但至少中国学生去签证，已经不再需要那样战战兢兢、如履薄冰、如临深渊、如临大敌了……《美国签证哲学》已经提前过时，想起来，这是多么令人欣慰而自豪的事情啊！

为了中华民族的伟大复兴，以及中国公民的赴美免签，学子们好好学习啊！

（特别提示：本文只谈了签证开放带来的美国留学机会问题，主要针对所有正在考虑留学的读者，提醒大家关注美国签证政策变化带来的美国留学机会。关于留学的其他一般性问题，请读者参阅我写的新东方留学理论著作《图穷对话录》、我和俞敏洪合著的《新东方留学人生对话录》。前者是留学人生设计的案例，后者是留学战略战术的具体指导。另外，新东方留学中心同时也提供免费留学咨询。）

我和李佳明的“开心词典”

一、留学深造

2005年7月，中央电视台《开心词典》和《绝对挑战》的主持人李佳明给我打电话，说有事要找我。

我和佳明在银屏上下有过一些交往。尤其是2004年春节，他为拍我小儿子回国学中文的春节特别节目，来过我家里好几次，使我们结下了一段友情。我和他的顶头上司、《开心词典》制作人郑蔚是多年的老朋友，所以见面更有一种“自己人”的亲切感。

佳明见面给我带来后来成为一则不大不小新闻的消息：他想离开自己在央视正日益上升的主持人位置，去美国留学深造！

我知道佳明一直在学英语，但没想到他学习的决心这么强，竟然要从万众瞩目的央视水银灯下退隐。我想起了一旦他离开就会失去一个得力干将的郑蔚，以及失去一个绝佳拍档的王小丫，我就用小丫的语气严肃地问他：

“你确定吗？”

佳明说他决心已定，只是有些具体问题要请我帮助。看到佳明在我反复诘问下依然毫不动摇，我决定鼓励他走他的路，并给他提供我能够给的支持！郑蔚和小丫怎么想，我就不管了！

要知道，李佳明的决定对于他个人和中央电视台，都不是一件小事情。他辞职对央视造成什么损失我不在乎，我最在乎的是对他个人主持人生涯的风险——佳明在银屏上熬到今天这个成就，是无数主持人最大的梦想。在这个位置上继续熬下去，肯定能够得到更多。他的势头正在上升之中。万一留学之后回来还不如今天，那么今天的放弃岂非成为人生事业的滑铁卢，成为李佳明的终生遗憾。

李佳明留学回来会更加不成功吗？不可能！只要他把英语真正学好、学到能够“比较”顺利而体面地进行对话，同时在所学项目上达到及格水平，已经有了丰富电视经验的李佳明，肯定会比今天更加自信、更加丰富，也就会更加耀眼！

我想佳明最想从我这里得到的东西，就是这个对于留学的宏观把握和战略分析。是的，我在后来又和佳明见过好几次面，反复探索的，主要就是这些话题：去哪里、学什么、怎么学、学习后的目的性……

这里就是人生设计一个最主要的理论：个人特点（你的所长）、学习内容，以及学习目的（学习后的职业目标），犹如射击上的“三点一线”，只要你把这三点想清楚，尤其是把“靶标”即学习目的瞄准好，你就能成为自己人生射击场上的许海峰，摘下自己的人生金牌。

每次和佳明见面，都很认真地谈他最关注的事情。结果，居然没有顾及到我自己最关心的一件事：我一直想和王小丫认识，佳明在此，正好把她的电话要过来。小丫后来先被媒体谣传和陈章良约会，再在网上传说和俞敏洪幽见，就是没我什么事！我觉得问题都出在我没及时找佳明要电话——如果我要了小丫的电话并及时打给她，她哪里有时间和兴趣去见陈俞两位老土！

要个电话号码这么简单的事，居然没有办成，令我至今遗憾不已！

……

2006年2月22日，佳明那令无数少女师奶激动的声音再次响起在我的电话中，佳明告诉我：他已经拿到了美国签证，即将赴美国哥伦比亚大学留学，先读语言，再读专业。

一个未来的主持人，就这样开始了重生！

二、更新换代

有人说是我策划了佳明的留学计划。郑蔚就打电话到我家里，狠狠地兴师问罪，要我赔她一个李佳明！

郑蔚是我最尊敬和热爱的朋友之一，看她着急我于心不忍，就说："佳明我赔不了，但我可以把我赔给你，从此和小丫朝夕相处！"

郑蔚说"呸！你不要蔑视全国人民的审美能力！就你这样还想顶替佳明，配得上小丫？"

说实话，颠覆别人的前途和梦想，是我的职业和最大爱好。我见人就问的口头禅之一就是：

"你有什么人生问题？"

如果人家说有，我立即就来劲，和他或她聊个天昏地黑。如果对方说没有，活得好好的，我就失望，顿失滔滔聊兴。人家活得好好的，要我有什么用？

这是我的职业病。

但唯独李佳明人生设计的荣誉我不能掠美。因为那完全是他自己的主动追求。我甚至还给他泼过冷水，而且泼过好几次呢！我反复问他：是否再干上一两年，两三年，等到事业达到顶峰之后再急流勇退？毫无疑问，佳明的知名度和收视率还会继续增长，为什么不等一等呢？而且，留学是要花很多钱的，而在国内，则可以挣很多钱啊！

但是佳明等不及了，他坚定地表示他必须赶快走。他的目的，不是今年多挣一笔、明年再挣一笔，然后像小崔老赵倪萍文青王刚周涛那样，因为种种原因痛别央视演播室——佳明热爱电视，热爱做主持人，想在这个位置上再干四十年！

为了这个更广阔的职业空间和更长远的事业前景，他就一定要加强底蕴，丰富学识，了解世界，占有未来！他就必须像他自己追求的那样，迅速实现自身的更新，赶在电视主持人更新换代之前，成为新一代主持人的翘楚！

什么是更新换代？其实就是淘汰啊！任何人任何事业，如果没有这种急流勇进、居安思危的危机感和对自己的挑战性，实际上离破产和下台也就不远了。

停滞已经来了，动荡还会远吗？

沉默已经来了，喧嚣还会远吗？

佳明已经来了，小丫还会远吗？

……

佳明的决心和规划是如此地感动我，我还真的流下了几滴鳄鱼的眼泪。

我激动地告诉他，他那再做四十年主持人的豪言壮语，是我从中国主持人那里听到的最伟大梦想。我知道许多主持人，和中国媒体一样浮躁混乱，目光短浅，知识浅薄，精力透支。这个结果，是观众得不到真正的娱乐和信息，主持人得不到真正的成就感和价值实现。打开电视，遍地垃圾，在垃圾堆中到处飞舞追逐的，就是那些主持人。

欲知中国电视和主持人现状如何？有诗为证，诗曰：严肃节目太搞笑，搞笑节目太严肃。小崔苦闷睡不实，李湘结婚嫁钻石。朱军不哭也有泪，杨澜欠债更捐款。万众信赖赵忠祥，流年不利犯饶颖。

这首诗不押韵，但山不在高，有庙则灵，诗不在韵，传神就行。

在这一片乱七八糟的主持人走投无路的混乱中，走来了佳明这样有志向、有野心、有远见的青年人，我怎能不喜欢？

我告诉他，美国的主持人之王拉里·金，今年就72岁！最有钱的女主持Oprah，今年也已经50多岁，节目越来越红火。美国大牌主持人，不管男女——小丫听着了——都是越老越魅力，越老越光彩。

可以说，美国就没有靠青春吃饭的主持人！他们靠什么吃饭？他们靠智慧！

中国电视正在发生急剧变化，至少正在酝酿聚集着急剧变化的能量。在这大变化的年代，个人与机构保持长久不败的唯一方法，就是向发达国家的媒体实践学习，向世界先进媒体文化学习，不断挑战自己的极限，突破自身，如同佳明不惜舍弃既有的一切所追求的那样。

事实上，佳明小丫主持的“开心词典”，就是来自美国的“谁想成为百万富翁”。中国电视很多很多热门节目，都是直截了当从美国、英国以及其他地方“学习”来的模式。

但是，向西方学习，仅仅学习人家的节目模式是根本不够的，真正能够拯救中国电视的，是在内容和灵魂上，进行细微、持久和彻底的改变……

……从美国回来，说着一口流利英语，理解电视王国美国大众媒体形式与内容的佳明，一定会成为万众瞩目、常青不衰的新一代优秀主持人。

三、急流勇退

我和佳明握手告别，突然我问：你走后，“开心词典”怎么办？小丫怎么办？

佳明以为我关心“开心词典”，安慰我说：不要紧，台里已经策划在世界范围内为小丫招聘搭档了，肯定会来一个比我好的！

我笑笑，其实我关心的不是王小丫的节目，而是王小丫本人，以及她的职业发展——佳明想做主持人做到70岁，成为银屏常青树，难道小丫就没有想过再干三十年，做一株电视常春藤？

王小丫也许不来找我，但我知道赵小丫、钱小丫、孙小丫、周佳明、吴佳明、郑佳明都会来找我——或者竟不找我，而直接就去了哥伦比亚大学深造……

因为，中国主持人更新换代的时代正在迅速到来，如同中国的汽车、中国的道路、中国的医疗制度、中国的教育体制、中国人的素质、中国的文化都在迅速更新换代一样……李佳明捷足先登，先走一步，只是中国主持人迎接未来绝对挑战的又一个战略挺进！

……

为李佳明去哥伦比亚打前站

昨天写文章讲述了李佳明要去哥伦比亚大学读书的消息，今天我就要出发，开始两周的美国高校考察之旅。第一站就是我家佳明要去的哥伦比亚大学。

我会持续发回一些报道，请大家和我一起经历这次教育风暴。

在纽约的哥大访问两三天，然后去普林斯顿、耶鲁、哈佛、布朗、MIT，以及其他一些沿路的学校。

哥伦比亚大学有我几个亲爱的同事，新东方前任CFO、董事会秘书张妮，新东方著名的张小楠，一个在那里读教育学博士，一个在那里读MPA，她俩都是在新东方工作四五年之后才走的。她俩在新东方，都曾经担任过老俞的秘书，但看上去她们的前途，要比俞敏洪和我的辉煌多啦！所以要好好和她们套套近乎……

所以我已经订好票，要请她们去百老汇看《歌剧魅影》，在哥大读书不看《歌剧魅影》，看什么！

然后从波士顿飞洛杉矶，把加州的一系列大学都看个够。其中有洛杉矶的UCLA、南加州大学，旧金山的斯坦福、伯克利大学，以及沿途的几所“加州大学”。

仅仅写下这些名字，就让我激动啦。一个从事教育工作的人，去这些地方考察，其实就是朝拜啊！回来又可以写许多文章了！

在我心目之中，北大清华、哈佛耶鲁，都是一回事，是中国人寻求繁荣富强之道的地方。

人们都说科学无国界——但很少有人说教育无国界。

教育有国界吗？

本质上，教育也无国界——否则怎么解释鲁迅、钱学森、钱三强、李四光、宋庆龄、邓小平……等这些伟大留学生的人生轨迹？无论如何，在思想和学识的形成上，留学对这些影响或决定了中国命运的先辈们至关重要，甚至是决定性的。所以，说留学是中华民族成长和强大的长征中缺了就到不了终点的重要旅程，显然是没有毛病的。

说什么“他山之石、可以攻玉”，其实这些都是“傻×”的说法——对不起，我只是借用罗永浩老罗的语录，不是我的原创。西方发达国家的教育、科技、管理，以及绝大多数东西，都是人类文明几千年积累的瑰宝，都是珍贵的宝玉——是真宝玉，不是贾宝玉。

什么他山之石啊！应该说：他山之玉。

他山之玉，可以佩戴。我要上山去采玉！

问题是：采玉，也不是赤脚荷锄就能把玉采回来的。采玉是一种复杂的技艺，向文明社会学习，向先进教育学习，也是一种复杂的过程。

我们可以不学习么？我们不可以不学习。向西方文明——先进文化学习的过程，一分一秒也不可以停顿。

因为，从鸦片战争以来，今日中国的一切，一切的一切，都是情愿或不情愿、被迫或自愿地以西方文明来作为坐标，重新定义的。

比如：我们的文明是否腐朽衰落？鸦片战争之前没有这个问题。中国天下独大，臣民都是皇帝刀俎下随意割杀的鱼肉。英国使臣来到中国，还逼着人家下跪——在我们华夏君臣军民眼里，当时已经征服了全世界的大英帝国，只是一个不开化的“蛮夷之邦”，被视为“野蛮人”——谁野蛮？

假如“野蛮”的定义是一个政府、一个国家、一种文明不能保护自己的妇孺儿童甚至自身身家性命的话，毫无疑问，当时的中华民族更野蛮。

长城被列强攻陷、圆明园被八国烧毁、甲午战争败给日本(台湾就是那次割让给“倭寇”的——倭寇,倭寇,你比人家高,但你有人家强吗!)、巴黎和约中国被西方出卖、日本鬼子侵略中国、二次大战结束确立战后秩序、朝鲜战争成为美国死敌、大跃进“赶超英美”、文革打倒“帝修反”、改革开放把“被赶走的人请回来”、加入 WTO、占国民生产总值一半左右的进出口……“大片”、“小车”、飞机、可乐、圣诞节、情人节,去年纽约宣布中国春节为法定假日……

我们的生活,就这样在与世界情愿与不情愿、被迫与自愿的互动中,犬牙交错地蹒跚前进。

蹒跚前进,进向哪里?……向着发达国家,向着西方文明,向着欧美啊……难道向着北朝鲜?

我拿什么来献给你,我的祖国?

拿教育。这是我的人生激情和关注焦点。哪怕我就做个脚夫走卒,教育小贩!

教育是文明之本。在教育领域里,大踏步地学人家,比人家,赶人家,最终才能赶上和超越人家,跻身强盛国家之列,跻身世界先进文明之列。

那些还做着 19、20 世纪亡国噩梦的朋友们啊,跟我一起,去朝拜一下作为世界文明堡垒的美国,看看那些导致它们繁荣强大的高等教育殿堂吧!并仔细倾听,那些使得这些教育殿堂成为世界文明制高点的那种美国自由精神吧!

他山之玉,可以佩戴……

在美国海关的感慨

人人想去美国走一走,但有两道鬼门关最令人不舒服:第一是申请签证面对签证官,以及非常糟糕的拒签,第二就是入关时美国海关官员傲慢以及常有的恶劣态度。赵燕事件,已经把美国海关的恶劣形象,远播天下。

即使我这样曾经以对付美国签证官为生的人士,想到要面对签证官和进入美国海关,也从来没有产生过性冲动……

但今天的经历,却颇为愉快。

我是从温哥华进入美国的。因为这两国直接接壤,美国海关就设在温哥华国际机场，去美国的入境检查，就在温哥华完成。

在海关边检处，我看到每个窗口，以及很多墙壁上都贴着一个告示，显示着美国海关可以要向世界营造的一种崭新形象：

告示的大标题是：WE ARE THE FACE OF THE NATION.

We pledge to cordially greet and welcome you to the United States.

We pledge to treat you with courtesy, dignity, and respect.

We pledge to explain the CBP process to you.

We pledge to have a supervisor listen to your comments.

We pledge to accept and respond to your comments in written, verbal, or electronic form.

We pledge to provide reasonable assistance due to delay or disability.

翻译：

我们是美国的国家形象

我们承诺诚挚地问候并欢迎您来到美国。

我们承诺对待您以礼貌、敬重和尊严。

我们承诺向您解释美国海关的相关程序。

我们承诺向您提供一位主管听取您的意见。

我们承诺接受并反馈你的意见，以书面、口头或电子方式。

我们承诺向您提供必要的协助，假如有延误或残疾的情况。

Pledge 实际上是宣誓的意思，犹如斯大林同志在列宁墓前宣誓的那种概念。就是决心、保证、承诺一定做到的意思。当然，pledge 表达的是一种主观愿望，是表示自己一定想做到，是否能做到，能否“guarantee”确保，则是另外一回事。

不管怎么说，海关关口写的这些承诺，句句使人感到亲切温暖，虽然面对那些一个个看上去都像是散打运动员似的海关关员，你很难把“亲切温暖”和他们挂钩。但在排队等候边检的时侯，进入美国的那种凡是中国人都有过的压抑感，顿时消失了不少。

中国在变化，美国也在变化！中国在改革，美国也在改革！从 2004 年以来，美国在签证服务和海关服务这两项最受 911 影响的涉外事务上，明显地走出了 911 之后的闭关锁国和“先进挨打”的状态。

看到这个告示，我想起崔永元写过一篇在海关遭遇刁难的故事，马上就联想到他的同事李佳明！佳明这个天天电视上为全国人民搞笑的可爱男孩，即将赴美深造的他，在边检时很可能感受到一个和崔永元不同的美国！

我为无数即将来美国的我的同胞们庆幸——这里有许多我最爱的同学和朋友——可以享受到 improved service 改进过的服务了。那种把每个人当作恐怖分子来怀疑、当作非法移民来对待的丑陋的美国面孔和美国心态，即使还深藏在很多美国人心中，但至少不敢直接写在脸上——毕竟美国公务员的执法守法水准，又是世界一流的。

说到美国公务员，这些海关检查员说到底是些接受教育不那么多的准蓝领人士。他们的地位和工资，我估计比警察低，工作内容的重复性和无聊性，却又比警察糟糕。他们其实没有什么权力，也就是一个安检的权力，但这点权力用在凌辱和虐待想入境的外国人身上，简直绰绰有余。不仅是赵燕、崔永元，无数去过美国的人，对入关都有愤怒而沉痛的回忆。不对这些人进行严加管束和控制，美国形象在其自家大门口遭到的损害，犹如江河日下，实在是不可阻挡的。

美国海关的 pledge 是针对全球公民的。而中国公民，由于我们日益增长的国际地位和日益改善的国际形象，在边检处遭遇到的“特殊待遇”也会日益减少——美国这狗日的，自由、民主和势利，就是它的立国之本。

说到美国的势利——外交政策一切以“美国利益”为重——插一句题外话，我居然想到了台湾海峡。因为，在日益强大的中国面前，美国已经不会为了台湾的“民主”和中国打起来，虽然台湾的民主即使有子弹问题但也确实是一种历史的进步。

我这不是在给自己壮胆，我这是在告诉你一个真实的美国呢！——一想到中国和美国相当肯定不必为陈水扁这注定没有出路的绝望的“台湾之子”打起来，心情又好了一点！

看来心情真的是不错，因为我居然想到了下面这个更加遥远的故事，告诉大家一个完整的美国：

1988 年我在美国华盛顿“春卷先生”餐馆打工时，遇到一位女士。她有美国绿卡，对美国很了解。有一次开车从加拿大入境时，被一个美国海关官员粗暴对待(并无人身攻击)，她一怒之下就投诉这位官员，结果赢了，那位官员被海关开除公职！

在对他的处分即将公布时，这位官员打电话给这位女士，请求她收回投诉，他说了一句我至今都心碎的话：我有一个八十岁的老母要供养呢！

这位来自台湾、了解美国、懂得如何利用美国的国家机器保护自身权利与尊严的中国女士非常酷地说了一句：Sorry，it’s too late!

“抱歉，一切都太晚了！”

我希望每个美国海关官员八十岁的老母亲都能颐养天年，更希望每个中国的儿子女儿在入境美国时，他们在家的母亲能感受到子女被人礼貌对待的尊严！

开放的美国大学校园，开放的美国大学文化

3月10日中午，在朋友的建议下，参加了哥伦比亚大学一个校园之旅 campus tour。这种校园之旅，美国大学几乎都有，专门为来年准备申请该大学的高中生和他们的家长设计。

哥伦比亚这个旅行，全长两个小时，先是招生办的一位负责人在一个小剧场讲了将近一个小时关于哥伦比亚大学以及入学事宜，然后是由哥大自己的学生导游带访问者在哥大校园里转悠，讲述哥大的历史和现状。

校园之旅下午两点开始。在哥大那座最壮观的主楼里面，有一个专门接待访问者的办公室，任何人都可以进去拿取各种资料，登记参加这个校园旅行，不需要任何手续，不需要任何证件，不需要任何特定资格，只要你愿意，你就可以参加。

两个小时下来，我本人也深深地爱上了哥大，甚至爱上了那个担任学生导游的来自美国之外、长相令人很不好意思，但却无比自信、大方、热情、性感的哥大三年级学生！

类似的校园之旅，是美国大学开放精神的一大表征。我去年夏天就在哈佛大学参加了一次这样的活动。在哥大以及哈佛的校园之旅参观者队伍中，我看到全世界各地什么样的人都有，完全免费。令我这个来自中国搞教育的人都不禁怀疑：美国大学这样做，到底为什么？

为什么？可以说不为什么，或者说什么都为。这是美国大学的特点、传统和文化——为了竞争好学生，为了竞争好形象，为了竞争好口碑，为了……为了向社会、社区提供有价值的服务，为了尽自己作为社区成员的一种责任……

大学虽然有私立公立，有大有小，有好有坏，但大学作为知识传播中心、创新源泉和文化堡垒，是全社会、全民族甚至全世界的共同财富。天下受过教育的文明人，见到学校尤其是名校，谁不想进去瞻仰、感受、见识、触摸一下？美国大学的这种惯例或制度，实在是大学对社会尽责的体现，根本不需要问为什么。

但这么简单和惯例的举动，为什么到了中国就这么难？

"中国大学有这样的活动吗?"

我在哥伦比亚礼堂听着那位黑人女士侃侃而谈的时候,心里就想到了中国的大学。中国的大学难道不应该把向全社会开放变成一种普遍的制度吗?在名校崇拜泛滥成灾的中国,以及名校如凤毛麟角的中国,名校对全社会所有公民,承担着一种神圣的责任——开放你的校园,让那些仰慕你、渴望你、崇拜你的人,有机会见到"我们自己的"名校,见到我们心中的圣殿。而不该把大门捂得像保险箱一样,把民众看得像偷鸡贼一样,把名校当成禁脔一样,把自己对社会承担的责任,扼杀在自己的小农心态的酱缸里。

美国所有大学的校园之旅的导游,都是由学生担任。这样的活动,给学生带来了一个锻炼自己口才和表达、贡献和展示的机会,反过来对于学校培养人才,也是一种非常精彩的渠道。

瞧,这么利国利民利校利生的事情,很多中国大学包括著名和不著名的大学就是不做。到底为什么呢?可能没有原因,就是没有想到,也可能想到了,但因为种种怎么想都不能开放……

可以想象,美国大学的开放心态,显然开放的不仅是校园。而中国某些大学的封闭心态,显然关上的也不仅仅是一扇校门。校门的开与关,反映了非常深刻的不同文化。在我看来,仅仅就开放校园这件事情而论,中国大学校园的这种文化比起美国来,肯定是落后文化!

可以想象,在校园敞开心灵开放的美国大学里接受教育的学生,其心态一定也是开放自由奔放富有想象力和创造力的。在校园封闭心灵封闭的中国大学里接受教育的学生,其心态显然也会封闭拘谨保守缺乏挑战性贫于创造力……

大学校园开放,只是一个形式,而且只是大学治理非常细微的一个形式。中国大学也许有自己独特的优势,但总体上与世界先进大学治理,肯定相距很远——难怪中国人口占比率并不高的数百万大学生却那么难找工作、那么心情郁闷、那么前途渺茫呢!

(补白:有几个网友来信说,他们的大学有这种开放日,我对自己的主观和独断表示抱歉,并把中国大学改成"中国某些大学",毕竟有些代表性大学公开拒绝向公众开放是全国新闻。)

受伤的自由女神

昨天还在波士顿，现在已在洛杉矶。在波士顿时间短促，很多朋友都没有去看，就连哈佛也没有去参拜，虽然就住在哈佛边上。今天要去参观南加州大学和UCLA加州大学洛杉矶分校。

昨天在波士顿机场，看到机场外面有可以托运行李的电子登机服务，非常方便快捷，但每件行李要付两美元，而且告示牌上特别指出“小费不包括在内”，gratuity not included，意思是要你自觉付小费。一个家庭假如有四五件行李，加上小费，十几美元就出去了，这是很多人不愿意做的。登机本来就是免费的。

我去年春夏在波士顿机场来去两次，每次都排了个把小时的队，差点误机，所以现在看到有这个快速check in，毫不犹豫就放弃了排队。一分多钟就完成了行李托运，拿到登机牌，付给那位声音洪亮的非裔大哥几美元，心情愉悦地直接走向机场安检，看见柜台处长长的队伍，好像从去年起一直排到今天还没有排完……

说到安检，这次好像也不如去年那么严格，当时我感觉似乎要把衣服里每一根纤维都拆下来捋一遍。

不过几天前在纽约自由女神像参观时，经历了两次安检。尤其是在登上自由女神体内时，经历了我见过最严格的安检：每个游客都要解下手表，腰带（腰带！），脱鞋，然后依次走进一个GE制造的安检框，机器先警告你一下，然后啪啪打出一些空气，让你的衣服拂动起来，估计是要嗅嗅你身上是否有危险物，然后才放你走。

登上自由女神，想起了Woody Allen的一句著名的笑话：The last time I was inside a women, was when I visited the Statue of Liberty。我十多年前在Entertainment Weekly《娱乐周刊》上第一次看到这句话，笑得死去活来，因为这句话把Woody Allen的经典形象——作为知识分子和艺术家的卓别林形象（而不是流浪汉），表达得淋漓尽致——但这次来到自由女神体内，却很难再笑起来。

自由女神俯瞰曼哈顿，她目睹了世贸大厦的倒塌，现在天天面对Ground Zero世贸大厦遗址，其痛苦可想而知。作为美国的象征，她不能再次受伤。

来到纽约，才能真实感受911给美国造成的创伤。

美国留学 PK 英澳加留学

徐小平说明:

本文是新东方留学中心留学专家陈起永老师写的,已经发表不少时间,但这是我见过阐述世界留学大势的一篇好文章,而且,鉴于这些时间美国留学热开始持续升温,世界教育大门,进一步为中国学子敞开,所以,把它推荐在这里,请大家阅读。

最近教育部长周济表示,将进一步鼓励中国青年留学。其实,邓小平发动改革开放,就是从派遣留学生开始的,因此有人说:是开放带动改革走,是派遣留学生,启动了中国的改革开放。留学运动在整个改革开放二十多年中,从来没有终止过,国家一直采取着鼓励政策,从而为中国现代化事业创造了大量精英人才。

但是,奇怪的是,经常有人,包括媒体和学生,来责难新东方为中国留学事业做的贡献,因为他们有一句听上去肯定没错的话:人才流失……

持这些观点的人,政治上反动,思想上滞后,精神上封闭,经济上贫穷,是中国社会愚昧落后的因和果。改革开放二十几年来还有人看不到留学对于国家民族的巨大意义,真是愚蠢啊!

别的我就不用说了。

下面是一篇非常柔和的技术指导文章,告诉你几个主要留学国家的一些技术问题。提纲挈领,非常有参考价值。

徐小平

2006 年 3 月 22 日写于美国留学考察途中

美国留学 PK 英澳加留学

作者:新东方留学中心陈起永(2006-2-22)

(作者简介:新东方留学中心美加留学部主任,现攻读美国西北大学博士学位。2005 年加入新东方,成为奖学金及北美名校申请专家级顾问,曾帮助无数学子成功申请美加奖学金及名校录取。)

05年9月份，美国现任国务卿赖斯女士向各海外使馆发出备忘录专门强调学生签证的问题，这对于任何一个想申请美国学校的人来讲都是一个利好消息。仅就目前新东方留美业务的状况来讲，应届申请者比以往增加了100%，而非应届者的咨询量则比去年增长了三倍。

下面我们从费用、录取难易程度、家长和学生的留学倾向、签证难易程度四个方面来PK一下美国与英国、澳洲、加拿大三国之间的优势与劣势：

1)英国和美国PK：

i. 费用：相当(平手)

ii. 录取难易：相当(平手)

iii. 家长和学生的留学倾向(美国胜)

iv. 签证难易(现阶段：美国胜)

小结：英国两平两负。留学英国人数会有下降趋势。

变化因素：英国调整签证政策(Very Likely)，美国收紧签证政策(not likely within)。

2)澳洲和美国PK：

i. 费用：(澳洲胜)

ii. 录取难易：相当(平手)

iii. 家长和学生的留学倾向(美国胜)

iv. 签证难易(澳洲略微胜出，胜在电子签证)

小结：澳洲一平一负两胜。澳洲本应胜出，但澳洲学校少，故留学澳洲人数不会明显增加，甚至会略微下降。

3)加拿大和美国PK：

i. 费用：(加拿大胜)

ii. 录取难易：相当(平手)

iii. 家长和学生的留学倾向(美国胜)

iv. 签证难易(现阶段美国胜)

小结：加拿大一胜两负一平。由于地理位置太靠近美国，而且学校没有美国多，很多学生只是把申请加拿大作为美国申请的Backup，所以输给美国是必然的事情。留学加拿大人数会有下降趋势。

由此不难看出，美国在与英国、澳洲、加拿大争夺中国留学生的PK中全面胜出。如果其他国家不采取进一步措施来吸引中国留学生，那么中国留学生在接下来的时间内会逐渐转向美国。

最后,我们简单地谈谈签证的拒签理由。以前美国学生签证最主要的拒签理由是移民倾向,但在赖斯备忘录出台以后,被这一理由拒签的学生人数会显著下降。现阶段最主要的拒签理由会是资金方面的原因。学生签证的申请人应该注意:是否有充足的资金,是否可以合理解释这些资金来源,这笔教育投资在西方人眼里是否合理。虽然美国签证会变得相对容易,但申请人必须按照最难的情况去准备签证申请。虽然有赖斯备忘录,但签证官有100%的权力来决定该不该给某个学生发放签证。比如归国计划,Strong Tie 这类因素。因此,申请者仍然要谨慎并及早准备自己的材料。

敬一丹的美食与美言

前几天和北大艺术系彭吉象教授及俞虹教授吃饭,俞虹教授的好朋友敬一丹出席。我见到了天天在电视上见的敬一丹真身。

我左看右看上看下看,耶,敬一丹!!!

吃的东西很美味,餐馆环境很优雅,窗外一株桃花点亮窗里窗外的春色。宾客都是我尊敬的朋友:彭、俞两位教授是我北大没有共过事的同事——我87年离开北大艺教时,他俩还没有来;敬一丹是我第一次见面的老友——我天天在家里看她,她从没来我家看我!我们边吃边聊,度过一个食物与思想双丰收的春晚(春天的晚上)。

席间有一个孩子即将去英国留学,不等我发表高见,敬一丹就讲起她曾经对一个要去英国留学的年轻人说过的一句话,并把这句话送给眼前这位男孩。这句话令我对敬一丹大为敬佩并叹为知己。

敬一丹说的是:"孩子,要记住你是去'英国'学习,而不是去英国'学习'!"

为了充分表达敬一丹当时的语调和语意,让我把字体加大:

"孩子,要记住你是去学习,而不是去英国!"

不愧是著名主持人,敬一丹在日常生活中也充分运用播音语言艺术。

同一句话,强调"英国"或强调"学习",重点完全不同,寓意完全不同,结果则会完全不同。

敬一丹的话引起我强烈共鸣，因为这就是我老人家多年来反复强调的一个留学观点。

留学学什么？仅仅学教科书上的知识是没有必要出国的！除了少数“高精尖”的科技之外，绝大部分科学知识，应该都能在国内“学到”。去英国留学，除了去英国“学习”之外，更重要的，是要学习“英国”。

不错，留学当然要学知识，要学技术，要拿学位，但留学最要学的，是要把发达国家以语言为基本载体的文化价值观念思维学回来，这样才能改造中国，才能发挥作为留学人员的独特价值。

我在阐述新东方留学理论的《图穷对话录》中写过一个故事：由于同行相轻的毛病，我的一个搞生物学的朋友，对名声远播的陈章良教授大有微词。我对这个专家朋友说：陈章良回国，带来了把科技转化为生产力、把研究成果变成应用产品、把实验室工作和商业创造结合起来的明确追求，仅就这一点，陈教授对中国社会的贡献，已经等同于历史上所有最伟大的留学大师。因为观念的落后超过技术的落后，正是导致中国社会贫穷落后的根本原因！

你不觉得 80 年代以来国家强调“科技就是生产力、知识分子也是工人阶级”这种 1+1=2 的观点可笑吗？但在 80 年代，提出这样的观点，可能是要杀头的。

嗟呼！

这种观念，就是文化；这种价值观，就是促进，或遏制一个社会发展方向的精神力量。

留学，要学空气动力学——这是钱学森的伟大贡献，要学地质力学，这是李四光教授的杰出遗产、要学钱三强、要学邓稼先……

但留学，还要学鲁迅，还要学邓小平……这两位留学先辈，在国外都没有拿到学位，甚至连专升本都没有搞一个（这一点就不要学了），但他们把在西方列强国家学习、生活、观察和思考的人生收获带回中国，成为了改造中华民族惊天动地、排山倒海的力量。

还有陈章良。在推动把科学技术转化为生产力这一点上，他老先生的留学经历，则是既学到了世界先进的科学技术，也学到了导致发达国家之所以强大发达的文化思想精华。从这个角度，我非常尊敬他。

我在《图穷对话录》还写过一个故事，讲一个以比尔·盖茨为榜样、很可能在高科技领域创业成功的大学毕业生，在他父亲逼迫下，痛苦放弃很可能成功的事业，被迫出国留学的故事。这个故事最后一段文字是：

“难怪中国诞生不了比尔·盖茨——在每一个潜在的比尔·盖茨的背后，都有一个这样的父亲，用他们自己过时而腐朽的价值观，在破灭着未来天才的诞生，在消灭着中国的亿万富翁。精神不独立的中国社会，个性不解放的中国青年，思想不自由的中华民族，哪里有可能出得了比尔·盖茨啊！”

留学学什么？精神独立，个性解放，思想自由，挑战权威……以及富含这些现代文明基本原则的西方文化！

……

让我借敬一丹这句话，把它转赠给所有正在留学或准备留学的朋友，不管你去什么国家，不管你在什么国家——包括中国，这句话都适用：

“孩子，要记住你是去**英国**学习，而不是去英国**学习！**”

加州洛杉矶大学的向日葵女孩

加州洛杉矶大学，UCLA，是美国最著名的大学之一。校园极其美丽，坐落在好莱坞的旁边，其电影学院世界著名。

在这里招生办举行的学校介绍会上，见到一个亚洲女孩，她讲着地道的英语，性格非常活跃开朗，形象——因为性格和气质的原因，她的形象也就显得非常迷人。她主动和我攀谈起来。

如果她不是主动说自己今天刚刚从东京抵达洛杉矶，我从她的语言和气质上，真以为她是加州华裔，也就是所谓的 ABC。这类阳光明媚的亚裔青年，在加州到处可以见到。亚裔，Asians，在美国是一个广泛的概念，但至少从我个人理解，它意味着东亚各国的人士，因为这些国家的人走出来，外观上基本看不出太大的差异。

女孩极其可爱。但由于中日关系不怎么样，我就没有冲着她去琢磨徐志摩式的幻想，吟诵“最是那一低头的温柔，像一朵水莲花不胜凉风的娇羞”。况且这个女孩不像莲花，而像葵花，阳光灿烂，落落大方。加上她那一口如此流利的英语，更没有一丝让徐志摩胆战心惊的“沙扬娜拉”韵味。

但正是她这纯正的英语，给我敲了一声响亮的警钟！哇，这个从东京来的女孩，英语怎么这么流利?！难道日本高中生都有这个水平吗？我听说日本人英语水平不怎么样，但从这个女孩来看，这个印象是错误的！如果日本高中生英语都这么流利……中国和日本未来在国际竞争中相遇，那太可怕啦！

作为中国最大的英语培训机构的老师的我，这一瞬间就感到相当不安，也觉得不可信，但这个女孩说她今天刚刚来自东京，显然我是明明白白没有听错的。

于是我赶紧问：你在日本上的学校是普通高中还是国际高中，为什么你的英语这么地道？难道日本中学生的英语都这么好吗？我急于要问个明白！

那个女孩听了我的问话，自豪地一笑，说："哦，no，no，日本中学生英语很烂的。我的英语是在美国学的——我是在美国读的高中，已经来这里整整三年了！三年前我来美国时，英语也非常糟糕，什么也不会说……我刚才说我刚从东京来，因为我回去看父母了。"

女孩为了强调自己英语进步的神速，很强调日本中学生英语水平的一般。从她的强调中，我那高高悬起的心又放了下来，容易受伤的心灵，躲过了一劫！原来她那纯真的英语不是在日本学的，是在美国学的！原来日本中学生的英语水平，并不是这个女孩的程度，"也都很烂的"，既然"也都很烂的"，那我就放心了……

我那狭窄的爱国主义心肠，在这一瞬间得到了一丝满足。我知道这是不对的。自己的事情做不好，却也希望人家也坏，这是典型的乡下人心理，但我依然无法克制。我当时就决定要把这个从担忧日本学生英语太好到高兴他们并不那么好的心理活动写下来向大家展示。揭示一下我也有的小农心态。

但现在写到这里，却又感到有些沉重：人人都在说印度优势，印度优势之一，是它的英语。英语啊英语，世界最大的经济体是英语国家，世界最著名的学府集中在英语世界，最丰富的文学，最迷人的电影……中国的转型和发展，中国的开放与繁荣，哪里都离不开英语。英语成了国家竞争力的标志之一，英语是决定芝麻开门能开多宽多大多久的密电码……

二战之后日本经济起飞、韩国经济起飞、中国台湾经济起飞、新加坡经济起飞……都与美国有直接关系。撇开政治问题不谈，包括英语能力在内的人的素质，也是一个决定性因素——美国和你再好，你也得有大量懂得英语、能够善于利用美国资源的人才啊！

学英语也许并非人人都要学，但如果北京的出租司机个个都能讲英文，这对北京的国际形象和整体环境，显然有极大的好处。北京市政府几年前发起的"市民学英语"的运动，显然是一个极有战略眼光的举措，对于改善奥运环境，有巨大的战略意义。我本人，也曾经为这个活动出过不少力呢！

人人都在说环球化。其实环球化不是目的。环球化的目的，是为了利用这个世界提供的机会，迅速而坚实地实现中华民族的伟大复兴。而会说英语、理解世界的人，毫无疑问是这个伟大复兴中的排头兵。

所以，这个日本女孩说“日本中学生英语很烂”的说法，只是暂时解除了我心中的压力，但并没有给我带来太多的安慰，因为我立即感觉到，中华民族的未来在年轻一代，而年轻一代要想在这个世界上代表中华民族竞争成功，就必须理解世界，学习世界，最终成为世界级的玩家(player)。这是一个伟大的使命，也是一个需要千万青年为之拼命努力的人生目标！

我想和这个女孩说“沙扬娜拉”，但发觉这个念头很愚蠢，因为眼前的她分明就是一个美国女孩。看着她的背影，我承认我还是流露了一点幻想的：如果这个来自日本在美国长成的女孩是中国女孩，说不定我们又多了一个“国之瑰宝”宋庆龄也未可知呢！

教育：弥补中国与世界的差距

徐　小　平　XUXIAOPING

中国的差距与青年的使命

早晨起来，阳光明媚，心情很好。

上网读到国资委研究中心宏观战略部部长赵晓博士的一篇文章，“中国与日本的差距——难以置信的事实”。（鼓励大家阅读）

读完后悔不迭。因为，从文章中看到一些中日经济实力对比的数字，立即使我感到心情灰暗。因为这些数字实在令我震惊。虽然这些东西我其实早就知道，但集中一看，依然让我惊讶不安。更因为有些与教育有关，所以，集录如下，供各位博友心情不好之用：

日本国土是中国的二十五分之一，人口是中国的十分之一，人均产值却是 3 万美元，是中国 1,000 美元的 30 倍(2004 年)。按世界银行于 1995 年的新计算法，中国的人均财富仅名列世界第 162 位，为世界人均水平的 1/13。

创造每 1 美元产值消耗的能源，中国为日本的 12 倍。2003 年中国贡献世界经济总量不到 4%，而能源和材料的消耗却占全球总量的三分之一。

日本文盲率为 0；中国为 10%，1.3 亿，超过日本人口总和。日本 1905 年适龄儿童小学就学率就达 96%；而中国 1997 年则仅为 65%。日本的教育经费近 10 年一直保持在国家总预算的约 8－9%，而中国则徘徊于 2%。我国的教育经费，只相当于日本的 1925 年，在当今世界 151 个国家中，名列第 149，落后于许多非洲穷国。

日本的森林覆盖率高达 67%(世界平均为 22%)，且已禁止作商业性采伐，木材全靠进口；中国森林覆盖率为 12%，且仍大肆采伐供出口，如日本的一次性筷子全来自中国。在全球 10 个污染最严重的城市中，中国占 4 个，日本为 0。

约两百年前即 1800 年，中国 GDP 是世界第一，占当时全球总量的 33%，1900 年降为 6.2%，1955 年降为 4.7%，1997 年降为 3.5%。在 1913 年，中国经济总量是日本的 3 倍，而到 1995 年日本则为中国的 8.5 倍(这是 1995 数字，但 2005 肯定不会差这么多吧，好像是缩短成了两三倍之差，虽然依然惊人，但进步神速，令我乐观！——徐小平按)

……

中国的强大是我的梦想。在这些令人震惊的数字面前，你必须承认，中国离真正的强大，还有很多很多的路要走。

这就使我想起邓小平在八十年代初对全党全军全国人民提出“中国被开除球籍”这个警告的历史意义。当时没有这样的警告，党内、军内、国内不知多少人，可能还沉浸在“到处莺歌燕舞，更有潺潺流水”那种愚蠢的夜郎自大状态。幸亏，邓小平的改革开放思想，改变了这一切，改变了历史，也改变了中华民族在世界上的地位，改变了中国人的历史命运！

二十五年后，中国被开除球籍的威胁似乎已经过去，我们都在为中国的经济奇迹庆贺而自豪。但在和日本这样的对比面前，我们是否还应该拿出邓小平要求我们的那种励精图治的精神，那种改革开放的胸怀，那种大进大出的战略，认认真真瞄准世界先进水平，继续来个二十五年的新世纪的改革开放？

事实上，未来二十五年是决定中华民族命运的时刻。千年强国之梦，百年自由之想，世代繁荣之求，万载稳定之望，都决定在未来二十五年中国的走向上。

上帝保佑中国——但和美国总统就职典礼上千篇一律“上帝保佑美国”的祈祷所不一样是：我希望中国青年成为改革开放的积极参与者和激情推动者，成为最积极向世界先进发达国家学习，借鉴他们之所以发达的经验、智慧、文化、制度……的中坚力量！

投入这个洪流并为中国的发展作出贡献的人（贡献无论大小），必将是未来中国的领袖，世界的精英，历史的功臣，民族的脊梁……

谦虚，而不自卑；自尊，而不狂妄；自豪，而不排外；自强，而更理解和平崛起、共同繁荣的重要性；透彻地了解世界，同时透彻地理解自己……比如清晰了解上面这些数字，以及更多更多值得我们勇敢直面的事实和数据，并为改变这些数字对比努力学习、努力工作、努力思考……

上帝只救自助者。从这个意义上，中国人是自己的上帝。有邓小平改革开放思想哺育出来的新一代中国人，我知道，我们既然能够胜利走过过去的二十五年，我们必将迎来未来胜利的二十五年（未来五年、十年、十五年、二十年、二十五年……）。

对了，面对这些惊人的数字，骂人——骂政府、骂腐败、骂日本、骂天下该骂之人是最容易的宣泄的办法，但于事无补。而真正能够“补”的——女娲补天的“补”——则是把骂的力量用在学习、用在工作、用在建设上，用在向世界先进国家学习上。弥补这些惊人差异的唯一办法，其实还是邓小平那改变了中国命运的四字魔咒：改革开放！

改革开放，从我做起，从你做起，从现在做起，从手头做起！你的每一次思想的运转、脚步的移动和双手的劳作,都与中国的进步相关!

那就是中华民族的伟大复兴!

当代中国的托克维尔

“1831年,一位年仅25岁的法国青年托克维尔访问了美国,在美国呆了9个多月,收集了大量的资料。回到法国后,他写作了《论美国的民主》这样一本经典著作。该书在80年代后半期被翻译成中文,在中文世界产生了巨大的影响……”(毛寿龙,制度分析与公共政策网站wiapp.org)

托克维尔的历史贡献我就不说了——因为我说不清楚。我早就知道托克维尔,知道这个法国青年自美国回法之后出版的这本介绍美国民主的著作,在世界公认的“民主、自由”故乡的法兰西,引起了巨大的轰动,对世界民主的发展,产生了深远的影响。

法国启蒙思想家的思想和哲学,是美国宪法、美国独立宣言,以及美国建国国父们的主要思想基础和精神依据之一。但在美国建国短短几十年后的1830年代(美国建国于1776年),法国人却能以如此谦虚和虔诚的胸怀,反过来向美国学习民主,丰富了法国民主,影响了世界文明。

虽然我至今没有读过此书,但我只要知道这样一件事情就够了:法国人也需要向美国人学习民主。而向法国人介绍美国民主的,是这个叫作托克维尔的旅美法国青年。

没吃过猪肉,还没见过猪毛?好像这是一些土人自夸时说的一句粗话。但我可以把它优雅地运用在我身上:猪肉(原著)固然可吃,猪毛(简介)一样是宝。今天,我从这个知识中获得的思想宝贝是,法国有托克维尔,中国有托克维尔吗?

耶!这是我本文的主旨:中国也有托克维尔,中国的托克维尔,其实已经诞生了不止一个。

谁是中国的托克维尔?欲回答这个问题,我首先要定义什么是托克维尔——托克维尔是一种象征。他象征着:无论多么伟大的国家和民族,都有需要向其他国家和民族学习的极大必要性。或者更加精确地说:无论一个民族自身拥有一种多么伟大的传统(比如民主传统之于法兰西),它依然可以在这个传统上从其他民族学到能够丰富更新这个传统的精华。

从这个意义上,中国已经有了我们自己伟大的托克维尔。

2004下半年,美国总统竞选如火如荼之时,我在万圣书园看见了薛涌写的《直话直说的政治》这本书,买的时候万圣老板刘苏里正好在旁边,我说我喜欢读薛涌的文章,苏里说:一定要仔细读认真读天天读……回家,我把这本书摆在床头,读得我如痴如醉——惊叹托克维尔来到我的床上!

了解世界,了解美国,了解美国,了解世界,是中国知识分子的历史责任!是中华民族伟大复兴之路上一道重要的门槛!无论美国对中国的和平崛起是"围堵"还是"接纳","遏制"还是"鼓励",我们都必须了解美国的民主,美国的自由,美国的教育制度,美国的社会保障体系——这是一个美国人天天叫嚷要改革的体制——的优点和缺陷,以为我们做好我们自己的事情,提供各种各样的经验、智慧、借鉴、教训和蓝本。

在当代中国人中间,我怎么也算一个比较了解美国的人。中国改革开放才二十五年,我老人家1987年出国,在北美断断续续生活了也算有十好几年。但我读薛涌的文章,依然如痴如醉,依然拍案叫绝,依然自愧不如(虽然就对美国的了解而言,我根本不存在和薛涌比较这一说),依然热血薛涌……

因为,我看到了中国的托克维尔,我看到了现代的普罗米修斯(至少是他老人家的后裔),我看到了凿壁偷光者,我看到了掏心引火者……

我并不认识薛涌,虽然我想认识他。但每天早晨我最大的喜悦之一,除了给我的博友们写文章外,最重要的期待就是打开各种报纸,阅读薛涌发自美国的那些文思薛涌的文章。迄今为止,每次阅读,都给我这个美国文化小贩、西方思想摊主、现代意识推销员、青年发展咨询家、中华崛起建设者、民族复兴梦想家,带来精神的快感、心灵的喜悦和思想的早餐——美式早餐!

薛涌并不认识我,虽然我已经是他最忠诚的朋友。因为,我是他美国写作的最大受惠者之一。让中国人知道世界,和让世界知道中国一样,是环球化留给中国人的重大挑战。如果国与国之间只有商品的贸易,而没有文化的交流,西班牙焚烧中国温州鞋商的事件,就会不断发生;如果民族与民族之间只有经济的往来,而没有精神的沟通的话,各个民族自说自话、猜忌和不信任就会螺旋式上升……如果我们生活在这样一个大家都没有安全感的世界,经济再发达,又有什么意义呢?

薛涌!薛涌!薛涌!薛涌!多写一点啊!我真担心你哪天突然心情不好,失去了目前这个黄河之水天上来、薛涌澎湃的写作势头!

（心情有了问题给我写信，我给你免费咨询！xuxiaoping@staff.neworiental.org，因为你是民族财富啊！）

中国的托克维尔不止一个，中国的托克维尔还有林达。写出《历史深处的忧虑》、《总统是靠不住的》这些杰出著作的林达，也是我同样推崇的中国的托克维尔。

林达写作比薛涌早。林达出版的著作比薛涌多。早期主要以成部头著作与读者见面的林达，目前在报纸上写作的机会也开始多起来。人们说林达对中国青年的影响等于一座大学，我深以为然。

"大学者，非大楼也，大师之谓也。"清华大学原校长梅贻琦先生的这句名言，王强在新东方经常引用，以激励当时还没有大楼的新东方老师们——我几乎以为就是王强的语录了！正好可以完美地赠给林达，以表达我对林达、薛涌等这些以介绍西方思想文化为使命的伟大同代人崇高的敬意！

女士们，先生们，boys and girls，说什么先哲先贤，说什么宗师宗祖，说什么托克维尔——其实，活在我们同代的薛涌、林达这些人，岂非正是当代的普罗米修斯？如果谁认为这些思想文化的传播者对中华民族的贡献，低于给我们带来了火箭导弹的钱学森、低于给我们带来了核弹理论的钱三强、低于给我们带来了石油地址的李四光、低于给我们带来了第一条铁路的詹天佑……他就是没有看见五四运动火烧赵家楼的那团思想烈火，没有听到给我们送来马列主义的那声灵魂炮响，不知道陈独秀李大钊胡适鲁迅这些现代中国的精神奠基人对于我们今日文明的重大意义（毛泽东、邓小平、周恩来都是受他们影响的五四青年！），不理解顾准巴金等这些新中国思想前锋对于中国人走出文革和专制阴影、看到自身劣根和恶性从而摆脱过去走向未来时，所起到的移山填海般伟大作用……

托克维尔，使我想起了薛涌、林达……虽然我的眼中依然充满泪水，但在我的心里已经充满希望！

"我是他妈的大专生"

一

红军是一个28岁的重庆女孩，已婚。大专毕业后在机械设备领域里做销售，已经成为一个成熟的专业人士。她一年收入十万左右，手头拥有十万人民币存款。

老板要给她股份，怕她跳槽去其他公司，这证明红军在自己行业中已经赢得行业竞争力——行业竞争力，是我发明的一个概念，即你的工作能力已经强到能够在整个行业里自由选择老板，而不必委屈在一个老板那里听任剥削。

但红军对自己的生活不满意，她觉得有些东西不够劲，她要找我。红军从05年10月13日给我写信，写了很多，11月25号，我在新东方大楼见到了她。

二

这是红军写给我的第一封信：

徐老师，你好！

从《图穷对话录》开始，我一直在找您！用各种途径没能联系上你。有时觉得自己像一个孤独的斗士，都快绝望了。——然而我不能绝望。

刚好我16日要到北京，20日离开，对不起现在在办公室不能详细写，我是一个一定要实现梦想，一定需要您亲自指点我人生的28岁的女孩。我会随后把我所有的快乐和痛苦，希望和绝望介绍给你。

希望我能有幸这次在北京见到你。Please！

如果不行，我不会用“立即出国”来“威胁”你，我会继续给你写信，一天一封，直到亲自见到你！

相信我，我绝对值得你一见！当然，你更值得我的期待！

等待您的红军

三

紧接着红军给我发来了十五封信，封封都在催促我和她见面。其中有一封，写了四五千字，详细地说明了她的生平和问题。她的问题很普遍，我还有更需要帮助的学生要见面。但大概是到了第十封的时候，我精神崩溃了，就赶快约她来见面。

我和她见面，是在她第一次给我写信的一个多月之后。见面我们谈得非常好，红军的悟性非常强，一点就通。我的观点，虽然出乎她的意外，但她都能迅速理解。我知道我的咨询改变了她的想法。当时就感到成就非凡。

下面是她回家几天之后给我写来的信。

四

这是红军昨天（12月3日）给我的第十八封信：

徐老师：

我已经回到重庆，现在坐在办公室里，以全新的面貌开始工作了！

我纳闷，我只给你简单介绍了几句，您怎么就字字见血，如此精准，如此深刻？也难怪，不然，您就不是徐小平，不然，就没有这么多人疯狂地去找你了！

徐老师，我觉得我应该对您说："我就是他妈的一个大专生，而且还是一个干得不错的大专生！"是吗?:)

我会听你的话，保持优雅温柔美丽，以10倍的野心和努力投入，成为行业内的一个优秀人才！早日成为中产阶级，也为国家的GDP贡献一己之力，人民就这样富裕起来，国家就这样富强起来了，对吗？

通过您，我找到了我的identity，我要在这个行业削尖脑袋扎下去，我干不好我不会去见您!!!

谢谢亲爱的徐小平老师，

祝你身体安康，一切顺利！

红军

五

红军的问题是什么？

红军的问题是，她大专毕业后，一直为自己大专学历而郁闷，一直想脱产、离开工作去读一个更高一点的学历。大专学历，成为她心头人生腐蚀剂，幸福腐蚀剂，甚至婚姻腐蚀剂。她不喜欢自己的学历，不喜欢自己的地位，不喜欢自己之所以是自己的那个自己——那个在我眼中已经足够美好、非常成功、美满幸福的自己！

在学历至上、大专自卑的社会价值观面前，尽管红军已经通过自己的努力成为了职场上一个优秀的高级职员，一个年薪十万人民币的初级富婆，一个和谐社会最经典的和谐女性，她却一点也不喜欢自己的生活，不喜欢自己的成功，不喜欢自己的自己。她想成为一个不是自己的自己、不属于自己的自己、一个别人眼中的自己，而不是自己心中的自己。

大专，本来就是一种自我完善的学历，它不是本科的半成品，也不是学士的预科班，大专就是大专，大专是一种以技能为导向的高级实用学位。

然而，大专歧视在中国普遍存在。所谓专升本现象和政策，就是对于大专群体的一种政策歧视。什么叫专升本？既然大专本身就是一种自我完善的学位，为什么还要设计政策来给它升级？初中应该升高中，本科未必升硕士。大专不必升大本，因为大专不是大本的残次品。

大专有大专的功用，大专为大专而专。如同摩托车有摩托车的功用，模托车不是任何交通工具的半成品。摩托车升级，可以升为哈雷，并不升级到卡车。大专升级，最主要通道应该升级为高级技术人员、高级专业人员，而不是升级到其他学位。

红军在自己领域工作七年，已经是一个非常成功的高级专业人员。如果她把所有精力投入这个领域，必然会成为这个领域里的更加成功人士。人生需要的一切：金钱、地位、安全感、承认、荣誉、社会价值、贡献……都能得到。而如果她放弃自己的专业工作，像她想象的那样去考研、读英语、出国……她七年积累的人生根基，很可能会毁于一旦，她的前途，就会充满不测风云。

人生设计最重要的依据，就是根据你已经拥有的教育背景、工作经历、家庭状况、经济能力、社会关系等等因素，来进行教育和职业的规划。

当然，任何人，包括红军，可以在人生任何阶段展开想象的翅膀，重新设计自己的人生。但教育和职业是有一定规律的。生命特定阶段，有生命特定任务，违反这个规律，往往可想而不可行。

红军在28岁时想改行学其他专业，也许是可以的。但她的理由是什么呢？她为什么要放弃一个自己已经拥有了七年成功经验的行业，去介入其他领域？她在想改行的那个领域有什么特别的竞争力吗？没有。红军想改行的唯一理由，就是自己想摆脱压在头上的大专帽子，出国读一个硕士学位，走出大专的阴影。

大专，大专，他妈的大专——大专生红军已经是一个杰出的职业人士，无数大学生、硕士生、博士生、留学生、海带生对于她的工作会羡慕得流口水，但她却因为讨厌自己的学历而讨厌自己的工作，因为讨厌自己的学历、工作而讨厌自己的生活，因为讨厌自己学历、工作、生活而讨厌她自己——最后，红军失去了人生定位、失去了自我，失去了一个人若想幸福和谐地活着，必须拥有的Identity。

什么是Identity，就是人生定位——我是谁？我的幸福坐标是什么？我的成功指标是什么？我的人生目标是什么？

大专生的人生定位，最主要的目标应该是成功就业，就业成功，从赢得就业竞争力——能够自由找到工作，到赢得行业竞争力——能够自由跳槽工作（甚至自己创业），从而赢得幸福人生。

也许有少数大专朋友可以专升本，考研、读博士、做研究——华罗庚没有上过大学还做数学家呢……但要问自己一个重大问题：升本之后你做什么？那么多本科生找不到工作，你费尽心机获得一个升本学位，是不是自投罗网？

学习，是为了为社会服务。中专、大专是这样，硕士、博士也是这样。学历本身不能为社会服务。为社会服务，是拥有知识和技能的人。红军就是这样一个人，一个收入十万人民币、存款十万人民币、明年可望挣得更多的拥有行业知识和技能、已经成为高级中产阶级的美丽女人。

当红军这样的大专朋友，把自己所有的精力都投入到为自己就业成功、职业发展、收入增加、生活快乐而奋斗的长征中，整个中国社会，就会出现空前的和谐。全面小康的美景，就会迅速到来。中华民族的复兴之梦，是由一个个民族成员的成功而实现的，而在大专生红军身上，已经提前实现！

红军的信，给我带来巨大欢乐。尤其其中一句话，在我看来可谓石破天惊："徐老师，我想对你说，我就是他妈的一个大专生，而且是一个干得不错的大专生！"哈来路亚——在职业场上已经奋斗成功的红军，说出这句话，可谓嘲讽和挑战了整个社会和教育领域里那种愚蠢的专升本现象，那种腐朽落后的学位至上论。

你还在专升本吗？问一问这个问题：为什么？是为了你自己，还是为了你深爱或憎恨的那些人？那么多本科生都找不到工作，你来凑什么热闹！

红军的案例是一个经典。她告诉我们，对于大专朋友们，如果你以学历（专升本、留学、读硕士）为中心，人生之路可能会越走越窄，而如果你以就业为中心、以挣钱为中心、为了就业而读书、为了挣钱而学习，成功之路很可能就在你脚下——就红军而言，如果她放弃自己七年成功经验去鹦鹉学舌读一个硕士学位（她想出国读她毫无经验和技能的"室内设计"），可能就是一种成功自杀。

大专问题，是折磨中国青年最大的问题之一。红军的故事，希望能够给读者一个启迪。我匆匆写出来，缺乏严谨的修饰，但鼓励大家讨论，并理解我的意思。

大专歧视是一种阑尾炎

Blueyes 发表回帖：

回过头来，我又仔细地看了一遍，有些话还是想说出来。

我是个专升本的学生。

在我准备升本考试之前，已经看过了徐老师的《图穷对话录》、《黄金是怎样炼成的》、《骑驴找马》，我也了解到徐老师对专升本现象的看法，当时我也犹豫过是考还是不考，但是我分析了自己当时的具体情况，觉得考上本科以后对自己的人生会有很大的益处。于是通过自己的努力，我最终考上了，成了一名全国重点大学的学生，和许多各省的高考前三名成为了同学。我以为他们还很优秀，但是事实并不非如此，经过我的努力我在学校里自认为还是优秀的，对有些问题的看法比他们要深刻，以此我找到了自信，认为专科生出身的我是很优秀的。这点和您的观点是相同的，我想说专升本的好与不好是不能一概而论的，只要自己有不断的更高的追求，找到人生的方向才是最重要的。

徐老师，考上了本科我有幸在学校的一次讲座中见到了您，那天您发着高烧，刚刚打完点滴，披着大棉袄，站在台上，用您那特有的嘶哑的声音给我们讲您重复了无数遍的真理，我在下面听得津津有味，因为我明白您的良苦用心，我相信您也一定看见我了：)。我深深地体会到了您的敬业。您觉得我的升本是不是值得呢？呵呵……

正因为我在学校里找到了自信，于是我又面临着是考研还是不考的问题，我用您的理论又分析了自己的情况以后，决定了不考研。今天我知道我的决定是正确。

我要谢谢徐老师，是您给我的学业和人生指明了大方向（可不是给您戴高帽子）。我现在都可以用您的理论给我身边的高考前三名答疑解惑了，您说厉害不厉害。

不知不觉写了这么多，只是想表达对徐老师的谢意，也要说考与不考是要充分考虑自己的实际情况的，不要盲目，要对自己的每一个决定负责任。

我的希望能够与大家交流，当然还有徐老师：)

徐小平回复：

你的专升本也许是成功的。我祝贺你。

作为中国最大教育机构的创始人之一，我从来没有反对过留学、反对考研、反对专升本，我只反对盲目的学位至上论。（大家都不读书了，新东方怎么办？）

读书的目的是为社会所用。如果不能为社会所用，为什么要读？或者如果不读已经能够为社会所用，为什么不用？

驱动青年专升本的主要问题有几个：

1.“万般皆下品，惟有读书高”的阑尾炎现象。说它是阑尾炎，因为这个观念已经落后于现代社会的现状。比尔·盖茨也是大专。李嘉诚没有上过什么学。尽管在一个理想社会中，人人都应该接受高等教育。但现实是：即使在教育最发达、教育机会最普及、最平等的美国，其高中生的大学入学率虽然达到了百分之百，即每个高中毕业生都可以上大学，包括社区大学即大专，但美国总人口中拥有高等教育学位的人,依然只有百分之三十几。并非所有人都能上大学,并非所有人都想上大学、也并非所有人都有必要上大学。

2.上述学历阑尾炎现象导致的大专歧视。大专歧视,这是中国社会价值观里面种种恶心现象之中最恶心的现象之一。中国这个依然非常贫穷的社会,其实穷就穷在观念上。谁不想先富起来?但如果不是邓小平说了一句:让一部分人先富起来,全党全军全国人民,都可能把那个先富起来的人,千刀万剐整死——这就是观念决定贫富强弱的一个最大例子。在可见的未来,能够直接升大学的青年人,只能占同龄人口总数的百分之二三十,其余上千万青年人怎么办?等待着接受歧视吗——他妈的这种观念太恶心了!教育者有责任把学位崇拜,变成成功崇拜,就业崇拜,市场崇拜,金钱崇拜——是骡子是马,拉到职场上遛遛,这才是一个健康的社会应该有的价值观、人才观、成功观啊!

3.中国的大专,与社会需求也有严重脱节现象。课程设置落后,不实用,导致学生前途无望——既然大专找不到工作,那么就读一个也找不到工作的本科吧!

那些正在专升本、已经专升本,或者希望专升本的朋友们,我爱你们,鼓励你们的学习和奋斗精神,但我以全部智慧(假如有的话)和爱(很多很多),要求你们思考几个问题:

1.这个专业毕业后的就业前景如何?

2.以往这个专业毕业后的学生就业前景如何?行业分布如何?

3.如果不升本,我是否可以获得同样的就业机会?

4.升本所需要的人力物力财力心力(心力非常重要啊)和青春力(时间成本),如果花在就业场上,是否能够获得更高的成功?

5.脱产升本与兼职升本,是否可以协调起来?边工作,边学习,读书是学习,使用也是学习嘛(毛主席说的)。

大量专升本的同学,企图通过专升本找到自信心,这个自信心,是虚妄的自信心,因为它不是建立在“自信”的基础上,而是建立在“他信”的基础上。不要随波逐流,不要人云亦云,而要知道自己要什么?自己要什么——要学以致用的能力,要为社会服务的技能,要就业竞争力,要就业之后积累的行业竞争力,要挣钱的机会和能力,要养活自己、养活爸爸妈妈岳父岳母(或公公婆婆)的光荣与梦想!

还要考研吗?上述观点,适用于此一问题,并本书中的另外一篇文章:考研一定要有明确的职业目标。

我爱你们,我的大专生朋友们!

一夜情与大学治理

一

S大学引起我的注意，是因为今年有媒体报道，该校出台了一道政策，有“一夜情”的学生一律开除不赦。

这个消息让我入迷，使我深思，改善了我的生活，丰富了我的思想。

我尊重法律和规定，哪怕这个法律是恶法或邪规。对付恶法或邪规的方法，最佳途径就是立法，或废规，实在不行，惹不起躲得起，你最好不要做犯法或犯规的牺牲者。

当然，中国改革开放以来，那么多愚蠢落后的规定、法律都在改革开放的思想光芒的照耀下，和先行者们身体力行有时甚至是以生命作代价的推动下次第瓦解，中国才有了今天。但依然，在中国这个越来越从比较不文明变得比较更文明的社会里，反对不合理规章制度最好的方法，最好还是走程序化与“合法化”道路。

所以，既然S大学制定了这个规定，我就祝福他们能够认真执行这个规定。我也就不会在这里发表任何意见，废话啰嗦，误导青年。

但问题是，这样一个政策，S大学这些领导们，这些承担着教育我们下一代的教育者们，却犯了一个浅显的错误：无法执行——如果他们硬要执行这个规定而自己不触犯更高层次国法的话，S大学就会变成世界上最大的爱情监听站、做爱稽查局、房事调查所——为了维护S大学校规的尊严，我宁可他们这样做，也不愿我们的青年学生以身试法，被这个“法”办了——当然，这样一来，S大学就不是大学，而成为上述的三者。

二

为什么这个由教育者们制定的法律无法执行？——因为你无法给一夜情定罪。

什么是一夜情？一夜情就是只发生了一次的性行为（还有其他解释吗？）。由于一般是在夜里发生，所以叫一夜情，虽然只发生一次的性行为，据说在中午也可以进行。

一个男孩和一个女孩见面了，他们被双方所吸引，决定偷食一次禁果！男孩说：在太阳坠落之后，让我们坠落在欢乐谷……女孩说，在太阳升起之后，让我们蒸发在霞光里……醒来之后，两人相视怪不好意思的。他们亲亲嘴，拉拉手，说不见，再不见！

他们做的事，有各种不正当的理由和很正当的理由，有各种不道德的因素和很道德的因素，有一些人知道了会为之喜欢跳跃却又有一些人知道了会为之绝望跳楼……这些完全是你的主观因素，也是他们的行动自由——此类性行为虽然有很多人不喜欢，但不知为什么法律却没有禁止。所以，既然法律同志不去抓，而道德先生也管不完，所以这件事既然发生了就让它发生吧，谁也没有权利反对或提倡——我错了，谁都有权利去提倡或反对！这就是社会主义自由、民主、人权的核心价值。

于是，他和她，在太阳升起之后醒来，亲亲嘴，拉拉手，说不见，再不见！……

三

不巧的是，这一对男孩女孩是S大学的学生，更不巧的是，就在他们互道永别之后，正准备出门，却被S大学性爱稽查局根据本单位爱情监听站提供的情报抓住了！

他们被认定搞了一夜情，于是根据校规，他们即将被开除！

认定搞一夜情的理由，是两人被从房间里捉住，分开审查，却不知道对方的姓名！

这个世界太堕落了！这个社会太腐败了！现在的青年人太自由了！负责捕捉的稽查局局长，长得人高马大，学生见了就恐惧，他心里愤愤地想："开除，开除，开除！"

女孩吓得浑身颤抖，她没想到这个给自己带来终生难忘感受的"第一次"，却是以近乎犯罪的方式被抖搂出来……

男孩也吓得浑身颤抖，中国的男孩子啊，见到权威和权力，基本都颤抖。

因为，即使我老人家，也会本能地颤抖！

"开除，开除，开除！"

校长、书记、团委副书记（书记不在家，不知道他的态度）和性爱稽查局的局长局员们，一个个意气风发，性致昂扬，向着这一对颤抖不遵守校规的学生、向着不道德的一夜情发出他们最后的吼声！！

"开除，开除，开除！"

杀声震天，只是因为这两个已经到了法定结婚年龄的男孩女孩做了一次他们想做的爱！

四

突然间，那个颤抖的男孩停止了抖动。看着那比他更加可怜的女孩、那个美丽温柔羞涩给了他终生难忘一夜激情的女孩，他忽然感到了一丝男性的责任，一抹自尊的光芒。面对在校园里代替国家机器对学生进行专政的学校执法（性爱稽查局）、立法（校务——也许应该加上性务——委员会）大军，他忽然感到了前所未有的胆量，他咳嗽了一声，把大家吓了一跳，他清清嗓子，用非常微弱的声音说："校长，我有话说！"

"开除、开除、开除！"

开除他和她的杀声依然震耳欲聋，校长差点没有听到他的请求。

"校长，书记……我，我……"男生虚弱得几乎说不下去，但他知道，这是他人生最最关键的转折点，如果不能扭转，就会被眼前这些人毁了一生："我，我和她不是一夜情……"

"嗯？不是一夜情，为什么你们连对方的名字都不知道？"校长严厉地问，同时询问地看看局长，局长庄严地地点点头，表示证据确凿。

"我们不是一夜情，虽然这只是我们的第一夜——我们（他把目光投向对面那个依然在恐惧中的女孩，眼露鼓励的神色）……我们已经约好了明天晚上再约会！——所以，我们不是一夜情，我们是二夜情！如果明天晚上我们见面见得开心，我们可能会后天晚上再见！后后天再见！后后后天再见！……再见、再见、再见……万一见到天老地荒、海枯石烂时，我们说不定还会结婚呢！"

"开除、开除、开……"

振臂高呼开除的众人突然愣住了！声音凝固在半空，好像屋檐下倒挂的冰凌。每个人都被这个男孩的逻辑推理震得哑口无言。

"开除……"本来以为捉奸成功马上可以提职的稽查局长，有气无力地喊了这么一句，嘴再也无法闭拢。他的激情和灵魂，还停留在那发生过一夜情的床上，怎么也平静不下来。

"……"

S大学出现了空前的沉寂。一部冠冕堂皇的道德史诗，突然变成了无法讲完的滑稽故事，校领导们面面相觑，眼睛里冒着金星。他们在想：一个好端端的规定，为什么这么轻易地就被这个学生破解了？这是怎么回事？为什么他们在写一夜情条款时，竟忘记对一夜情罪行定性？

怎么办？如何下台阶？

空气中凝固着紧张，树叶里沙沙着嘲讽。天上星，亮晶晶，校长书记冒金星。

“你有证据证明你们明天会再搞吗？”团委副书记刚刚毕业不久，需要用政绩来证明自己可以得到提拔，他急中生智地爆发出这么一句石破天惊的问句，帮校长书记解围。

那个一直被眼泪淹没了的女孩，这时也恢复了镇定，恢复了女性尊严。恢复了尊严的女孩子，是令人敬畏的——她对着锐气已挫的众人发一声喊，像超女一样大吼道（虽然当时超女孩还没有诞生）：“证据证据，证你个头啊！我想搞就搞。搞的意图在我心里，搞的工具在我身上。想看看吗？你想得美！这就是证据！你他妈的要什么证据！（徐老师按语：现在的女孩子，说话怎么也这么猛！）

女生言正辞严，不知羞耻地说着，眼睛冲着那早已不颤抖的男生胡乱送着春波。然后转向一干学校领导说：“我对他——你叫什么来着？——就是一见钟情；他对我——我的姓名手机等这些无聊的人走了再给你——也是一见倾城，再见倾国。我们搞的，是古往今来最经典的爱情啊——虽然猴急了一点。但猴急，你可以杀鸡——给个警告什么的，也不必杀猴——开除学籍啊！

“爱情，形式可以多种多样，性行为，谁说一定要等到结婚才上床！否则，被视为文学经典的《西厢记》早就应该被宣布为十恶不赦的淫书了也……校长书记稽查局长啊，你们胆子真大！”

看看校长书记局长失去了锐气，女孩胆子更大气焰更加嚣张，她干脆一不做二不休，冲着那个刚刚上任急于显示自己政治判断的团委副书记说：

“副书记同志，如果你觉得我刚才说的话还不能成为我们搞的不是一夜情，而是真爱情的证据，那么，明天晚上，我们将在这里制造二夜情的铁证。铁证如山，二夜有情……房间还是这间房间，床铺还在这张床铺，我和他——拜托你叫什么名字来着？——将唱着同一首歌，嚼着同一种糖，做着同一样爱，呼叫着同一个稽查局长！

“你可以来取证，但只许听，不许看，进来？听房的可以，进房的不行！但我自然会有各种证据给你，请带几个塑料袋来……sorry, Sir, would you excuse me? I have something more important to do. Bye. 莎扬娜拉……你，你叫什么名字来着，明天，不见不散！”

女孩说完扬长而去。空气中留下一些令人迷醉的异香——现在的女孩，哪里是读书，简直是毒药！（CD 之 Poison）——男孩醒悟过来追踪而行，把 S 大学的大学校长、大学书记、稽查局长，以及那个不帮青年说话的青年组织副书记，扔在寒风中……

五

两个学生扬长而去。丢下大学领导走投无路。

空气中凝固着尴尬，树叶里沙沙着懊丧，天上星，亮晶晶，校长书记冒金星。

书记眼里的金星是："妈妈的校长你为什么没有想到这个问题？你还是逻辑学教授呢！让这种校规轻易通过，你他妈的有逻辑吗？"

校长眼里的金星是："奶奶的书记你为什么要提出一夜情问题？你自己养情人、包二奶，这些破事儿我就不说你了，但却有狗脸在会上提出这个愚蠢的方案！凭什么只许书记春眠不觉晓，却不许学生处处闻啼鸟？是你提出了这种限制学生人性干预青年人权遏制少男少女人体自主的愚蠢建议，还要让我这个校长背他妈的黑锅……老子明天就辞职，去干我的逻辑学去，再也不在这个鸟官场现宝现丑现形现场捉奸……"

大家僵在这里，没想到第一次执行这个规定，就遇到了这么一个严重挑战。如果这次失败了，今后怎么管学生？

如果此项政策失败，S大学还有规矩、S大学的学生还有出息、S大学的教育还有前途吗？教育家们感到无比心痛，心痛无比。可是，谁能驳斥这个男生和女生的理论呢？——人家明天还要再搞，再搞，当然就不是一夜情了啊！

想当初立法的时候，因为太关注一夜情，没想到社会上还有比一夜情更加严重复杂的性问题：两夜情、多夜情、N夜情！妈妈的对付这些问题，大学应该怎么办？

啊，人心不古，世风日下啊！

是的，一代代总有人叹息今不如昔道德沦丧。然而就在这世风日下的叹息中，人类社会却在突飞猛进，人类文明也在不断强力更新，青年人，一代更比一代强（虽然他们居然有一夜情），大学生，一年更比一年旺（虽然他们居然搞了还想再搞！）。

S大学的教育家，越想越郁闷。团委副书记本来想拍拍校长书记的马屁，结果马屁拍得到了马脚上，他开始担心自己的工作出路怎么办，毕竟大学留校做了个团委工作，也是份不错的工作，如果因为一夜情问题（处理一夜情问题）被校长书记撤了职，今后工作去哪里找？

唉，可恶的一夜情啊！团委副书记恨恨地想！

六

很多年后……已经担任教育部长的当年那个S大学学生，就是那个靠自己的勇气战胜了一次性爱稽查危机的那个男生，面对办公桌上一份在高中生中普及艾滋病教育和避孕教育的报告，刷刷几笔，潇洒地在上面签了字。

秘书取走报告之后，他想起自己青年时代那一件没有记录在案的往事，心里充满了对母校那几位校长书记稽查局长副书记想做道德警察但却因此砸了锅丢了官的同情，为那个时代发生的种种滑稽现象莞尔。

大学治理治什么？

治学啊！

你别治人家的生殖器好不好！

一夜情的二夜谈

新浪把我的“一夜情与大学治理”一文推荐在博客首页。出于兴奋，我就这个问题再说几句，可以说是一夜情的二夜谈。

我不提倡一夜情，但是我也不反对一夜情！

原因很简单：这是成年人自己的事情。有情人后果自负，与我无关。樱桃好吃树难栽，一夜有情十月胎。告诉青年人理解两性关系的后果与责任(好处就不必说了，他们自然知道)，教育他们成为要对自己各种行为及其后果 consequence 负责的公民，是家长、中学、大学，以及全社会的责任。

如果大学治理者连这一点都不理解的话，这些治理者本人，实在是不称职的。为了救救青年，你们快变得称职一些吧！

我不反对一夜情，虽然我也不提倡一夜情！

因为，这是两个成年人之间的事，我操心个屁！

把私人的事，让私人负责；把公众的事，对公众负责——治理者个人要承担治理后果的责任，而不是不该管的瞎管，该管的管不好却拍拍屁股走人……

这才是大学治理，社会治理，国家治理的重大原则。

看来，性与政治确实相关——如果统治者在政治这种关系到公众命运的大事上都不能对公众负责，你能指望他在性关系上对自己所爱的人承担责任吗？

我也是“一贫如洗”的穷教师

一

我之所以用这个耸人听闻的题目，才不是为了吸引点击率，而是因为我要点明一个严肃的主题。

元旦那天，我在博客上发起了关于“教师贫穷”的讨论，并和引发这个讨论的夜夜舞蹈兄高调见面，在新浪网直播。今天，我要把这个咨询过程和我的思考，发表在这里和大家交流。

我的观点是：夜夜舞蹈兄贫穷，与“教师贫穷”无关，实际是他个人奋斗的失败。所谓“教师贫穷”的命题，其实是一种过时的观点，一个有害的命题。

先说“教师贫穷”这个命题。它之所以有害，因为“教师贫穷”是一个不折不扣、十恶不赦的谎言——它掩盖并漠视了社会生活中正在发生的无数令人震惊的真实！它把“教师”这个挣钱养家的职业当作一个阶级概念，进而强加给教师们“受害群体、受压迫阶级、受剥削阶级”的身分和形象。

这个概念极其有害，必须给与扫盲。

“教师贫穷”吗？教师有穷有富，岂能以“贫穷”一言概之。教师队伍本身，和中国社会一样，存在着触目惊心的贫富悬殊。在中国许多经济率先发展起来的城市，教师的收入，已经高过当地平均水平。而这些城市，正代表着中国社会的先进发展方向。

教师者，有“长江学者计划”年薪几十万人民币的教师；也有国际学校、合作学校、民办学校、私立学校、名校的民校那些工资高出传统学校几倍十几倍的教师；也有在同一体系、同一学校、同一班组、甚至同一年资中，你月入八百我束修三千的差异，当然，更有更加普遍的低于其他领域平均收入的低收入教师。

大量低收入教师的存在，有政策问题，有执行问题，但也有这些教师自身竞争力和谋生能力问题，因此并不能给“教师贫穷”这个命题一个合法性。大量相对高收入教师的存在，已经证明了一个伟大的时代主题：“人民教师并不等于贫穷”。

人人都恨“教育乱收费”。但不要忘记，教育乱收费的受益者，难道是煤矿工人？

恰恰都是这些人民教师啊!(至少是从教师升为校长的校领导们啊!)

“人民教师并不等于贫穷”,如同“下岗职工并不等于失败”——很多下岗职工,通过自己的努力改变了自己命运,这些人是新时期的民族脊梁。而那些过得最苦、最倒霉的下岗职工,往往都是那些依然在诅咒命运、憎恨时代、等待政策、空吃救济的人。

帮助弱势群体和缩小贫富差距,是中国社会发展的一个大问题。我在加拿大生活十年,目睹加拿大是对弱势群体保护最完美,也使得加拿大成为人类最佳居住国家!但我更看到,对弱势群体最大的保护,最有用的关爱,不是仅仅同情他们、喂养 feed 他们,而是要给他们自救的能力、自救的机会、自救的信心,以及某种自救的条件,即所谓的 enable,empower 他们。而 enable 和 empower 最深层的意义,就是激发、唤醒人们自己救自己的信念!

否则,中国这么穷的国家,人人都在骂政府、等政策、吃救济、靠资助,这个社会肯定没有希望。

教师贫穷吗?“教师”不穷,穷的是很多做教师的男人女人。政府政策当然有许多不尽人意的地方,社会发展也有无数差距甚远的方面,但在同一政策和社会下,不同的男人女人在同样的教育位置上,已经拉开了悬殊颇大的收入差距。

二

1 月 15 号,我终于见到了“一贫如洗”的穷教师“夜夜舞蹈”兄。在接下来的公开咨询中我明确指出:夜夜舞蹈的问题,不是一个“教师贫穷”的问题,而是一个中年男人,想改变贫穷,以及如何改变贫穷的问题。

随着谈话的深入,夜夜舞蹈的问题水落石出:他是一个不甘贫穷,但却不想致富的人!

他在见我之前的人生观,是一对水火不相容的矛盾。他对于其实已经可以过得去的“粗茶淡饭”的稳定生活并不甘心,但他的灵魂深处,并没有真正积极、主动、踊跃、大胆地去思考并行动以改变这种自己希望改变的生活,改变这个“一贫如洗”的人生状态。“一贫如洗”是夜夜舞蹈兄对自己的评估,但评估的目的,是为了了解现状,这个现状,夜夜舞蹈打算如何改变?

夜夜舞蹈是一个高三语文老师。从纯粹本质工作讲,他还是有机会把收入提高将近一倍:如果他教的班级高考达标,他可以拿到一万多块钱奖金。这一万多块,对于月入一千多的他,等于把人均 GDP 的翻番提前了十年。日本和中国,都有人均收入十年倍增计划。如果夜夜舞蹈能够做到这一点,收入就能瞬间提高一倍,经济地位显然立即就不一样。

但夜夜舞蹈说:他不愿意这样做,因为他不愿意强化那种压抑学生天性的高考制度……其实这本身是一种自己欺骗自己的谎言:你自己的作文教学艺术,有什么不同于他人的竞争优势吗?你在最能鼓励学生创造性、思维积极性、想象力、人格发展、人文精神的作文教学实践中,能够提供多少令学生在三、四十岁依然能够记忆并感恩的闪光点吗?如果数学靠题海战术也许能够提高高考分数的话,作文也许恰恰是一个启迪学生心智才能考出好成绩来的领域,即使在目前这种万恶的高考制度下!

一个结论肯定是公论:中国大地上,即使是以高考为中心的作文教育,肯定也有无数优秀经验值得夜夜舞蹈兄去学习、观摩、借鉴、吸纳,用在自己的教学中,既达到提高考分的目的,也实现启迪学生的价值。在咨询现场,我当场叫我的助手Robin给他到新东方门口买一套李笑来老师的盗版光盘,他是新东方上托福作文课的名师,而且是中文授课。夜夜舞蹈如果参照一下托福作文的写法和教法,回到家里肯定就不一样!

但他真的会这样做吗?要知道,获得与同行竞争的能力,实际上是伴随我们一生的责任和压力。谁不想在同一个办公室里走在最前面呢!

夜夜舞蹈是一个同等制度下竞争失败者,至少到见我前为止是一个相对失败者。我说他是失败者,不是嘲讽他,恰恰相反,因为我认为他本来是可以成功的,而且他回去之后,更加可以成功!加油,夜夜舞蹈者!

接着分析:既然夜夜舞蹈不愿意强化压抑人性的高考制度,不寻求与高考成绩挂钩的奖金,那么夜夜舞蹈是否可以在高考题之外获得成功?

夜夜舞蹈在2005年也曾经做过家教,从一个学生那里,就挣了两千块!我眼睛发亮,问他:那就继续做下去啊!

夜夜舞蹈说的话,让我崩溃:"唉,如果你做家教挣钱,会被同事鄙视的。"

他的话我完全理解。但我感到他侮辱了俞敏洪、王强、徐小平……以及天下所有在过去二十多年中走出校门,弥补了传统教育不足、满足了千家万户需求的那些伟大教师们!我就是一个做家教的教师啊!我是在这个情境下,脱口而说:"挣你的钱,让别人去哭吧!"

我对夜夜舞蹈的恨,是如此地爱,当着媒体和学生的面,我甚至揭发了一件我自己都基本忘记、不愿提起的往事:1985前后,我在北大做老师,一个月60块钱无法养活家人,曾经在北大附近贴过广告教电子琴,瞬间扭转了经济窘迫,马上感到了"谈笑有鸿儒,往来有加薪"的幸福生活。

新东方精神的源头，原来在我这里啊！

但我其实永远忘不了始终贯穿我心头那种“北大老师去挣钱”的屈辱感，以至于20年后当我见到当年教过的一个小姑娘时，恨不得把当时拿的钱连本带利还给她！（那个小姑娘，已经做了凤凰卫视一个高级主管的助理。）

“君子远庖厨”，“君子不言利”，“富贵于我如浮云”，但子见南子，兴奋得却满脸红扑扑的浮云……中国读书人自古以来言行不一的虚伪，在我身上，也曾经和孔丘以及夜夜舞蹈一样，灾难深重。

但我庆幸我走出了那种“既要做婊子，又要树牌坊”的心态。为了孩子的笑容，太太的美容，父母的慈容，我就豁出去了、我就不要脸了、我就上街贴广告了、我就去开馆招生了、我就既点名又点钱了、我就俞敏洪了、我就徐小平了……我就从五千年知识分子的无耻和苦难之中逃脱了出来了！

听听！时代的赞歌在响：

我们唱着俞敏洪，当家作主站起来！我们唱着挣钱的故事，改革开放富起来！

不富起来，难道穷起来？！

三

关于教师和教育问题，我还会继续讨论，但关于夜夜舞蹈的讨论，我就用这篇文章结束：

1. 问题定位：夜夜舞蹈问题的定位，不是“教育和教师”的问题，而是他自身的问题，是一个中年男人不甘贫穷，但又不敢采取行动改变这种贫穷的问题，也是一个中年职场人士，如何利用和开发既定资源，增加收入的问题。

2. 问题根源：导致夜夜舞蹈贫穷的，是更可怕的精神的贫穷。这个精神的贫穷，包括鄙视钱财、鄙视为钱财去努力的行为、鄙视传统挣钱方式之外的任何挣钱方式，也包括他不甘贫穷的精神状态——假如他甘于贫穷，他就不会感到贫穷，日子依然过得去，因为收入比他低的人很多，如果他“一贫如洗”别人是否可以遭到洗劫才富？他为什么不甘于贫穷？因为，时代在变，他直觉中知道他可以不穷，但思维中和行动力中却不知道如何努力才能不穷。

3. 解决问题的思路：不甘贫穷，是改变贫穷的第一步，但改变贫穷，最终要的是改变思想，改变价值取向，改变思维方式。这个改变，对于一个35岁的中年男人，是非常艰难的血与火的考验。你以为俞敏洪“辞职离开北大”好玩啊！？个中血泪，可能只有老俞知道。我课余教琴，就觉得被剥光了衣服！还常常用“笑贫不笑琴”来聊以自慰。夜夜舞蹈，要改变贫穷状态，先改变自己的灵魂，否则就不要叫穷！TMD，

520。

4.解决问题的方法:夜夜舞蹈有一个美好的家庭。改变贫穷不必大动干戈,连根拔起。他解决问题的方法如下:第一,如果能够拿到教学奖金,在本校做一个收入最高、地位也最高的教师,为什么不争取?要做到这一点,他就必须立足作文教学、提高教学艺术、更新教育观念、做一个令学生耳目一新的老师。第二,如果能够课余给学生补课挣钱,为什么不投入?家教做得好,需求找上门,如果能够建设自己的家教网络,建立一个家教中介服务(想做婊子但又不敢走出牌坊的教师遍地都是),为什么不建立?夜夜舞蹈来自山东,孔子的故乡。弟子三千——补习学生,贤人七十二——补课老师,这是孔夫子创建的伟大传统,为什么到了夜夜舞蹈这一代人就反而数典忘祖?夜夜舞蹈可以成立山东S城孔子家教基地嘛!“天天上课,夜夜舞蹈,不虚青春,不惧高考——孔子家教,作文高分的保证!”我连广告词都替他准备好了。

夜夜舞蹈还有其他路走吗?1月15号那天,在我对他连续咨询将近8小时之后,他突然问我:考心理学研究生怎么样?我气得七窍冒烟。理论上,他还可以考杨振宁的基础物理研究生呢!气死我也!

人到中年,应该根据自己既有资源,重整自己的目标和步伐。夜夜舞蹈就是一个作文老师,把这个题目做好做深——做一个在高中作文领域最好的老师,一个超越特定体制、特定学校、特定地域,在“高中作文教学”这个领域优秀的作文老师,他的人生必然可以得高分!

作为朋友,我爱夜夜舞蹈,作为老师,我痛夜夜舞蹈。哀莫大于心死,夜夜舞蹈,把你奋斗的心激活!上帝只救自助者,你就是你自己的上帝!

而我,作为“上帝”的使者,已经给了你最值钱的月光宝盒!——这就是我对你的咨询以及这篇基于我们咨询的文章。

最后,告诉大家一个秘密:我挑战夜夜舞蹈明年此时来新东方,和今年见面的那些博友再次见面,向我们汇报他的成功,而且,一切费用由他开销!等着瞧吧:一个穷男人,如何变成了富教师!

杨振宁为什么说中国本科教育好?

下午四点离开北京,八点来到石家庄,明天在这里有一个演讲。

现在深夜,想念各位博友,就在这里向大家问好!如果你正在你失眠,我陪你睁眼;如果你已经酣睡,我替你摇篮。

在石家庄的演讲还是我讲了很久的老话题:大学生就业难,以及相应的人生职业规划和人生设计问题。

石家庄有几十所大学,这又使我很意外。几个月来我在珠海和太原,看到了规模浩大得完全出乎我想象的校园,令人激动。

经过几年的大学扩张,中国大学在数量上有了惊人的发展。无论如何,这是一个值得庆贺和肯定的事情,毕竟我们依然还有太多的青年不能实现大学梦,被遗弃在残酷的高考失败的青春低谷。

但中国大学在质量上亟待提高。大学生就业难,虽然不是大学扩招的必然结果,但至少是质量没有和数量同时提高的一个症结。从量变到质变,将是中国教育的下一个突破口,这需要所有关心中国教育的人,积极参与批评,积极推动改革。

说到中国大学教育质量问题,6号下午在北京国图会议厅,参加“首都大学生社团负责人”会议,我做了一个短短的演讲,热情鼓励大学生在校期间积极参加社团活动和社会实践活动,指出这是和学习知识同样重要的一个修炼,是获得综合素质和确立人生方向的主要途径之一。

演讲完了一个学生立即站起来问我:徐老师,你觉得中国大学本科教育质量怎么样?

我说:不怎么样。和它应该有的水平比,还有相当相当远的距离。

这个学生的问题,显然是冲着杨振宁说中国大学本科教育质量很好而发的。于是我说:

“杨振宁说中国大学本科教育质量很好,是可以理解的。当时他老人家处在新婚的幸福中,看什么都一片玫瑰色,rosy,一切都洒满阳光,充满欢乐,所以自然会对中国大学的积极面看得多一些——换谁谁都会这么看。”

杨振宁说中国大学本科教育很好，我开始也不理解，直到现在我才理解了！

人的更新与文化的更新

——2006版《新东方精神》序言

一、走近废墟

1996年初，我结束了十年海外漂泊生涯回国创业，回到新东方，就住在俞敏洪家里。敏洪当时的家，位于圆明园北边一个居民小区。

每天清晨，敏洪开车带我经过圆明园废墟、经过清华西门、北大东门，到达新东方。

清晨的圆明园，残破荒芜。

每天夜里，我们又经过北大东门、清华西门、圆明园废墟，回到居住的地方。

夜里的圆明园，阴森恐怖。

每次从废墟经过，想象当年园中的烧杀抢掠和冲天火光，成为我不得不面对的一种精神折磨。我总是想起希腊神话中那个遭宙斯惩罚，被天鹰啄食肝脏、啄完又长出来、长出来再啄食、备受酷刑的普罗米修斯。

圆明园引发我心灵深处难以愈合的创痛，有时会使我感到自己也成了这个遭到天神惩罚的人。我获得这种精神酷刑，不是因为我偷了天火、犯了天条，而只因我是一个中国人：一个爱着我的文化、爱着我的历史、经受了中西方教育、理解了中西方文明差异的中国知识分子……

假如历史是一位老师，圆明园应该是中国人最好的爱国主义和民族自强的教材，但我总觉得，我们这本记载了最悲惨回忆的史书，似乎还遗漏了很多东西。

一天，我突然问了敏洪一个问题："1860年火烧圆明园的英法联军，到底来了多少人？"

"好像是两万多人。"

"什么？才两万多人！"我惊叫起来。

敏洪看了我一眼，知道我在想什么："具体数字我不知道，但好像来到中国的，总共也就是两万多人吧……"

听了敏洪的回答，我也什么没有说。但是我脑子里出现了一个荒谬的场景，我心里出现了一个沉重的问题：

一边是两万多远征军，一边是四亿多天国军民。

为什么区区两万多英法侵略者，就能够把堂堂四亿中华民族，打得一败涂地？

谴责帝国主义的强盗本性吗？这不能缓解我的痛苦。

有光明就有黑暗，有珍宝就有强盗。问题是：能够创造出圆明园这种稀世珍宝，以及万里长城这种世界奇迹的中华民族，为什么不能抵挡几船远道而来、水土不服的匪盗？一个民族的强大创造力，固然可以用来创造赏玩之物，也可以用来堆砌被动防御的围墙，但是否还应该发展出同样强劲的精神和力量来保护这些文明瑰宝免遭侵犯？

指责满清统治者的腐败无能吗？这也不能解答我的疑问。

五千年文明古国，为什么却传承出这么一个腐败无能的政权？如果说是满清腐败有什么特殊性，那么，想一想被满清王朝推翻的明末政权，其实更加腐败无能、更加不堪一击。要知道，满清入关，只有二十万军队，就横扫中原、屠城江南、入主京城……

一代一代，一年一年，五千年中华历史，就在这种王朝兴盛与衰败、王朝崛起与崩溃中交替轮回，演绎着中华民族的大喜大悲。

我们的民族也许优秀，我们的文化也许深厚，但华夏土地，为什么总是孕育出这一代代的昏庸统治？

我们的文化也许伟大，我们的传统也许神圣，但炎黄后代，为什么总是演绎着这一出出文明浩劫？

走近已经成为废墟，但却曾经象征过中华文明骄傲的圆明圆，我似乎走近了中华文明的废墟。

我的心里，涌动着一个个令人不安但难以回避的问题：

我们的文化，是否带有某种疾病？我们的民族是否缺乏某种素质？我们的文明是否应该经历某种烈火重生，洗礼更新？我们的人民，是否也必须经历某种脱胎换骨，凤凰涅槃?!

……

二、走近历史

提出这个问题，并不是我的发明。这是一百多年来，一代又一代中华民族的优秀成员前赴后继、上天入地寻求的答案。

自从西方列强入侵中华，面对长达百年丧权辱国、割地赔款的家国浩劫，近代以来的中国知识分子，就开始了对这个问题的痛苦探求，就开始了向现代文明转型的艰难长征。

从留学之父容闳开始，到鲁迅、陈独秀一代五四启蒙先驱，到钱学森、李四光这些科学救国者，到邓小平、周恩来这些开国革命家，一代又一代肩负着中华民族希冀与嘱托的中国知识分子，就这样唱着“大江歌罢掉头东，难酬蹈海亦英雄”的出征曲，远赴重洋，壮志救国，济世图强，盗取天火，为点燃华夏大地的漫漫长夜……

他们负笈求学的国家，有曾经把圆明园付之一炬的英法帝国；他们十年面壁的地方，有曾经在甲午海战中战胜大清的日本列岛；他们寻找科学技术的地方，有曾经参与八国联军趁火打劫的美国。他们苦苦寻找、孜孜探求救国救民知识和真理的异邦，几乎毫无例外，都是血染中国近代史、凌迟中华民族心的西方列强国家。

啼血的杜鹃，填海的精卫，挥斧的刑天，追日的夸父……我看见，这些象征中华民族精神和灵魂的传奇形象，在我们这些去西天盗取天火、寻找真经的祖辈、父辈、先辈柔弱的身躯、苍白的面容和炽热的眼神中复活。

容闳在美国看到新大陆的强盛因此提出了派遣幼童留美，拉开中国向西方学习的历史帷幕；鲁迅在日本看到体格强盛但精神麻木的国人决定弃医从文，揭开中国民族劣根性的古老疮疤；钱学森以他在美国获得的导弹科技，迅速改变了中国的国防力量；邓小平，这位十五岁就旅法求学的“小留学生”，直到七十多岁还东渡日本访问考察，站在日产汽车的流水线上感慨地说：“来到这里，我这才知道什么是现代化！”

无论是战争岁月，还是和平时代，无论在屈辱的过去，还是在繁荣的今日，中华民族最优秀儿女，中国社会最先进人士，都意识到一个不能忽略的真理：要使中华强大，要使民族繁荣，中国人必须向西方学习，向列强求教，拜敌人为“师”，与群“狼”共舞……

要使屈辱不再重演，我们就要卧薪尝胆；要使烈焰不再肆虐，我们就要西天取火。

从圆明园焚毁之后满清政府的洋务运动，到甲午战争惨败之后康梁变法的改良维新，从五四运动中来到中国开启民智的德赛二师，到邓小平改革开放之初就大力提倡的留学政策，中国人去西方取经的道路越走越宽广，向西方学习的目标越来越深入。

仅有能工巧匠，不能保护圆明园在一场大火中烟飞灰灭；仅有船坚炮利，不能防止大清海军在一场海战中全军覆没；仅有家国仇民族恨，不能抵挡巡航导弹对我使馆和主权的轰炸；仅有爱国心赤子情，不能确保我们在瞬息万变的国际竞争格局前，永远保持强劲增长、自信地跻身世界强国之列。

中国的人均GDP，比起日本，依然只是三十几分之一。中国的生活质量指数，比起美加，依然滞后七八十名。中国在社会发展各方面的指标，和美国日本这样先进国家相比，依然有令人震惊的巨大差异！今日中国青年肩负的向西方学习的使命，即使没有容闳时代那么曲折漫长，至少也同样地任重道远。

留学之父容闳所开启的"西学东渐"之风，从太平洋彼岸吹来，穿越时空的隔膜，跨过文明的沟壑，依然强劲而清新地在大河上下、长城内外送寒迎春、染绿催红。

改革开放总设计师邓小平推动的新时代留学政策，从中南海向大洋彼岸吹去，迎来送往，游子如梭，为编织环球经济的交流网络，为中华民族的全面复兴，提供了不可或缺的人才储备。

新时代留学生，他们是谁？他们将在中国走向未来的伟大进军中扮演什么角色？他们将在薪火相传的民族责任接力赛中，建造什么样的历史丰碑？

"新东方成立以来，到底培养了多少学员？到底送出去多少留学生？"

我问被称之为"留学教父"的俞敏洪。敏洪笑笑，什么也没说。我知道他不知道——为了新东方疲于奔命的敏洪和他的团队，根本没有时间关注这些抽象的数字。但我知道，从他呕心沥血十几年如一日创建新东方、打造中国有史以来最伟大英语学习和留学培训基地的狂热和痴迷中，我看到一座新的丰碑已经镌刻在"西学东渐"的蓝天下、中国留学运动的青史中。

想到我也忝居其中的新东方，想到我也正在添砖加瓦的事业长城，我的心里开始涌动另外一种自信自豪的冲动与激情，我对在圆明园废墟边向敏洪提出来的那些问题，看到了答案。这些答案，也许令作为中国知识分子的我感到痛苦，但同时令我感到振作；也许令作为华夏儿女的你感到羞惭，但同时也应该感到危机感带来的激励：

我们的文化，确实带有某种疾病；我们的民族，确实缺乏某些素质；我们的文明，确实应该经历脱胎换骨并洗礼更新；我们的人民，确实必须经历烈火重生从而凤凰涅槃！

这个悲情天问，从圆明园大火就已经映透天空；这个历史难题，从容闳赴美就开始破解答难——这是中华文化的更新与重生，这是中国人的更新与重生。中华民族不仅能在圆明园废墟边上，建起北大清华中关村新东方，中华民族还能在五千年精神废墟上，建起一座荟萃中西文明精华重振大国雄风的擎天高塔。

一种新文化正在降生，一种新人类已经莅临。

欲知这种新文化的端倪，欲看这个新人类的模样，请来圆明园废墟边上，在北大清华附近，有一个地方，叫新东方，有一群人，他们都是新的东方人……

三、走近新东方

车轮滚滚，时光滔滔。紧贴着圆明园废墟穿梭创业的新东方，迄今已经走过了十二个年头。

生活飞流，思想常青。散发着圆明园废墟刺鼻烟尘的《新东方精神》，迄今也已经出版了五年整，发行了数百万，感动了当代无数新东方同路人。

紧握着容闳传递的“西学东渐”历史接力棒，追随着邓小平开辟的留学新方向，十二年来，新东方主导了世纪之交中国留学运动的潮流，吹皱了中国民办教育的一池春水，引发了学习英语的举国热情，激励了当代大学生的人生理想……

十二年如一日，新东方培训了数百万学生学英语，送出数十万学生去留学，提出中国机会论，推出彩虹计划，倡导留学生回国创业。新东方提供的外语培训、教育规划、人生激励、文化理念，改变着无数青年的个人素质、精神状态和思维方式。

决定一个国家和民族命运的，到底是什么？

在新东方，我们深刻地认为，就是人的素质。发生在十九世纪中期的那场鸦片战争，是两万骠悍自信的人和四亿积贫积弱的人之间一场不该发生的战争。而二十一世纪的竞争，其实依然是不同素质的人之间一场永不休战的竞争。

人的素质与文化有关，反过来又深刻影响着文化。进步是由进步的人推进，落后是被落后的人拖落。

落后就要挨打！这是邓小平冲着圆明园废墟、对着中国近代丧权辱国历史所做出的最精辟的论断。但问题是：中国为什么落后？中国落后的根本原因在哪里？我们能够为根除导致中国落后的病根做点什么？

1996年的春天，新东方虽然已经名满京城，但远远没有今天这样的规模。我们还没有现在这种自命不凡的使命感。但是，就在俞敏洪和他的团队每天以圆明园为轴心的往返穿梭中，形成了新东方过去十年奋斗的原始动力、崇高目标，以及未来的终极价值。

这个原始动力、崇高目标和终极价值是什么？

面对历史的回音壁，想起不远处的那片废墟，我想我在这里能够替新东方人做一个响亮的回答。这就是：人的更新，文化的更新。通过人的更新完成我们文化的更新，通过文化的更新实现我们人的更新。通过让学生掌握一门新的语言从而去学习一种新的文化，通过让青年学习一种新的文化从而去追求一种新的人生。

只有当一代青年都能理解中西文明的优劣比较，并如饥似渴地吸纳采撷各国文明中的优秀成分，并用它们来不断更新强盛我们自身传统文化时，中华民族才能彻底摆脱那种盛衰交替、强弱更迭、腥风血雨、国破园毁的悲惨轮回！

新东方，只是一个民办教育培训机构，新东方人，也只是一群自信而普通的英语培训者，上述的目标也许很大很大，但是，比起每个中国人应该承担的历史责任，我们的目标其实很小很小——因为我们深深记得这些基本道理：位卑未敢忘忧国，天下兴亡匹夫身。

不要说我们一无所有，我们要做自身命运、民族命运和国家命运的主人！不要说我们只是一群空想者，我们要参与改造、更新我们古老的文明。

“我们”是谁？“我们”是新东方人、新东方学生、所有新东方同代人……

士人更要警觉“马太效应”

前一篇文章：“人的更新与文明的更新”，是我为新版《新东方精神》写的序言。

为了这篇序言，我熬了好几个通宵，严重影响了我更加看重的博客写作。但毕竟熬了出来。我在博客上几次对大家提到这个要命的任务。

文章写出来之后，我就再也不敢面对，因为我怕自己呕心沥血写出来的东西自己不满意，导致精神崩溃……直到昨天亚哲兄给我发来一个短信：序言写得不错！小平真能写！

听到他的表扬，我心里很温暖，如同阿Q听到人们夸奖他：“阿Q真能做一样”，立即飘飘然了起来，于是打开这篇文章，自我欣赏一番。

结果读完这篇序言，我自己也很感动：这是我写的吗？怎么写得这么好！（虽然并不如我期待的那么好，但时间太短了！）

《新东方精神》是一本内部刊物，在学生报名的时候同时赠送，迄今已经赠出了几百万本。这本我曾经担任过几任主编、反映新东方教师和同学精神风貌的内部出版物，学生家长都说好。

它好在哪里?

《新东方精神》,也就是新东方精神,紧紧抓住了当代中国社会发展的方向:改革开放,向一切优秀文明学习,为我所用,为我所强。

新东方精神,可以说是邓小平理论在教育领域里最尖端的实践、应用和发展;可以说是“先进文化”在青年发展领域里最成功的代表;可以说是在“人”的自我提升中最直接的熏陶、培训和激励。新东方十二年来培训人数超过二百五十万,新东方为中国的改革开放、为中国人才的培养塑造,做出了非常伟大的贡献。

至今,还有些土人,说新东方促进留学事业是“人才流失”。可悲啊,这种观点,往往发生在更加需要读书、接受更好教育的人身上,这就形成一个悖论:越是需要通过教育改变命运的人,越是不懂得教育的价值;越是需要了解现代世界的人,越是拒绝面向现代世界。这是一种人的素质的马太效应。

所谓马太效应:越有的人越给,越没有的人越拿走。而人的素质的马太效应则是:懂得向西方学习的人越学越懂、越懂越学、越学越成功;不懂得向西方学习的人,越不懂越不学、越不学越不懂、越不学越不成功,然后就越悲惨!

义和团扶清灭洋,都是最没有受过教育的农民,他们连“两国交战,不斩使者”这样的中国文明古训都不懂,被人灭掉,也就不难解释;毛泽东闭关锁国,是有巨大的群众基础的,中国被封闭得如同铁桶,人人都感到了窒息。直到邓小平,提出大胆派遣留学生、提出改革开放、提出向一切先进文化学习,甚至提出学习各国执政党经验……

别说向西方学习是知识分子、城市白领的事,即使温州农民,如果不向西方学习,那个小小打火机还得被欧盟禁止,那双香香的高跟鞋还得被西班牙烧毁、那些微不足道的纽扣,还得被标上反倾销的标签,被人刁难……环球化,已经深入到了中国生活的每个角落!

啊,向先进文化学习,路漫漫其修远,新东方,为中华崛起育人,心忧忧而斗胆。

新东方有一个梦想,这是所有新东方人,包括我自己在内的人的共同梦想。这个梦想就是:为了中华民族伟大复兴,更新我们的文明,更新我们的“人”,从而复兴伟大的中华文明……

Think big,do small,为了这个伟大目标,让我们一节一节课来做,一个一个学生来讲,一篇一篇文章来发,一次一次帖子来博……

当每个人都有这种意识,自我更新、更新自我,新东方的梦,将融入新中国的梦,每天都在不可逆转地实现!

“素质教育”与“动力汽车”

2006年3月13日清晨，我和新东方的一对同事夫妇张妮、铁岭，从哥伦比亚大学出发，开车去耶鲁大学。

张妮在新东方工作五年之后，去年来到哥伦比亚大学攻读教育学，将来好竞争新东方总裁或教育部部长的职务。铁岭是张妮的老公，以“苍蝇也是肉”、“捡麦穗的恋爱理论”闻名于新东方讲台，这次是来纽约探亲。我们正好结伴而行。

我要写的不是游记，我要写的是车上我们的一次对话。这个对话，对于我的意义简直相当于爱因斯坦发现了相对论，不过我要声明，这个发明权并非是我的，而是铁岭的，我顶多算是一个联合发明人。

对话是这样的：在车上，张妮说起了她在哥伦比亚就读的导师，这个导师在中美教育研究中有特殊的地位，此刻正应邀在北京，为中国教育部的教育改革提供咨询。

张妮说：导师有一个特殊的价值，就是对中国教育各种名词的精准翻译，由于他的这些翻译，美国人才能够理解那些唯独中国才有的教育名词，才能够真正理解中国教育，从而进行研究交流。导师是中美教育交流的一座桥梁。

听了张妮的表述，我立即高兴起来。因为我虽然不在学术领域，但常常假装深沉，我说，我一定要见见你的导师，我对教育交流的话题非常感兴趣……于是，我就乘机向张妮提出了一个在我心中久久无法解决的翻译难题，我问：那你的导师如何翻译“素质教育”这个名词？

我等待张妮给我带来豁然开朗的回答。我在中国的写作和演讲，千言万语、归根结底，就是一句话：“素质教育”，帮助改善和提高当代大学生的个人素质。I help Chinese students, one at a time。我为当代大学生服务，一次一个。但我在文字中，我很少用“素质教育”这个词，每次不得不用时，也都带着痛苦和内疚——因为，虽然我的中文能力肯定属于“相当”高之列，但我实在无法理解“素质教育”到底是什么意思？

在国外留学的经历教育了我：如果你对一个概念不是那么清楚，最好不要瞎说。“素质教育”指什么？作为读者的你想过这个问题吗？它作为一种全社会都在提倡呼吁的概念，到底包含了哪些具体的内容？如果你不能定义一个概念，你怎么能够推广这个概念呢？

我曾经试图定义这个概念，但无论如何不成功……现在人在美国，面对一个跨文化教育交流大师的学生，我想也许我能够得到某种解释？

张妮说：这个词我的导师还真的试图翻译过，但并不成功，他想翻译成“quality education for general public”（为公众的高质量教育），但显然不准确，所以至今还没有找到对应和恰当的词来翻译它。

我说，麻烦大了，我一直不知道怎么翻译，而你的导师居然也不会。奇怪……素质教育，这个看上去明明白白的名字，怎么就这么难翻呢？

这时，一直在那里静静开车的铁岭突然插话，他说：“素质教育怎么翻——本来就没法翻嘛！教育的本质就是素质教育。如果教育不教素质，教出来的人都没有素质，这还是教育吗？这顶多是培训！所以，素质教育是一个悖论，一个伪命题，本来就不应该放在一起的。”

我听了，沉默了片刻，然后爆发出一阵大笑，铁岭的话石破天惊，一下子解决了我对“素质教育”这个概念的苦苦思考。他的这个回答，有点像“皇帝可真的什么也没穿”的效果，既深邃，也简朴，既轰鸣，也沉静。作为一天到晚给人提供“人生设计”，指出当代大学生“素质问题”的我，立即感到了一个新时代的来临：废除“素质教育”这个概念，还教育以教育素质的本来功能！

教育教育，一个有教育的人能够没有素质吗？一个有素质的人能够没有教育吗？一个提供教育的机构能够不为它的学生的“素质”负责吗？

“这个人有教育，没素质。”“那个人有素质，没教育。”“这个老师什么都教，除了素质。”“这个学校什么都育，不育素质。”

我晕。

我突然感觉我不是人了。因为我忽然有了一种强迫症，迫使自己如同一个野兽那么想问题……

于是我想到了远古的人类，远远古的人类，远远远远古的类猿人、类人猿、猿人，以及现在依然在非洲大陆上生活着的各种各样人类的近亲，比如狒狒、猩猩、猴猴，以及我们的远亲豺狼虎豹……

除了人类，其他动物似乎都没有“教育”这个名词，更不提倡“素质教育”——也许他们都在提倡，但至少人类还无法翻译他们的语言——但无论是什么动物，一旦生下来，就有了教育：从基因相传到言传身教的“教育”。狮子教育它的孩子捕猎，鳄鱼教育它的孩子捕鱼，猴子教育它的孩子捉虱——据说猴类捉虱，是一种娱乐和社交，相当于人类的桑拿和按摩，瞧这里就包含着“素质”教育！

高级动物，低级动物，都会教育它的孩子们互爱，共存，互相帮助，协调捕猎，长幼有序（小的驱逐老的），相濡以沫——好像这是鲫鱼做的事情，但怎么听着也特别像“素质教育”……

简单说，教育的基本定义，大概就是自身生存和群体生存的代代相传吧。生存，需要捕食技能，作为人，也就是工作谋生的技能；而人的生存，更需要社会技能。社会技能，可能就是道德、伦理、品格（守法、守信、诚实、关爱、慈善、公益、助人……）等这一条列被“教育”出来的“素质”吧！

毫无疑问，教育的目的，其实就是给人素质。“素质”教育，其实就是教育。教育教育，如果一种教育“教育”了你半天，还要重新回头再给你来一次“素质”教育，这个教育，怎么能够算是“教育”呢？这样的教育，怎么能够说是好的教育呢？！

举国上下提倡和呼唤着“素质教育”——虽然我能够看到这里面教育者们的苦口婆心，但人类社会往往是缺什么才提倡什么的，天天下雨，就不会求雨，天天失火，就不会钻木——正因为中国教育严重缺失“素质”这个教育的最基本要素，所以，“素质教育”才成为我们这个时代的悖论，成为当代教育的一个巨大讽刺。

——没有人提倡“动力汽车”，因为没有动力的汽车是车模。

——没有人提倡“飞行飞机”，因为不会飞的飞机是坦克。

——没有人提倡“可吃的米”，因为不可吃的米是平方米。

——没有人提倡“治病的药”，因为不能治病的药是假药。

但是在中国，我们却在提倡“素质教育”。教育最基本的功能是素质，但教育在中国，却偏偏缺了素质……

在美国，我关注着国内的“两会”，两会上，教育部说中国教育是成功的。与此同时，教育部也一直在提倡素质教育……

就这样，在从哥伦比亚去耶鲁的路上，我和张妮、铁岭，一路走来一路聊，一路聊来一路自豪，感到我们终于解决了中国教育中一个最重大的概念谬误！

我告诉铁岭，要回家写一篇文章，把这个观点发表出来，并且，我承诺我一定要在文章里指明，铁岭是“素质教育”这个概念悖论的发明人，以及很很可能是这个名词的终结者——现在我正在兑现这个承诺，瞧我的“素质”！

铁岭听了显然很高兴，于是加大油门，他的“动力汽车”，风驰电掣地向耶鲁开去！

教给学生求偶能力也是学校教育的责任

“找男朋友?”在《“素质教育”与“动力汽车”》后发表回帖:

老师,我借地儿说点题外话,希望你能看到哦!

我是一个28岁的“北大荒”(在北京的大龄的荒着的女青年),我工作稳定,月收入7K,有自己的房子,却怎么也交不到合适的男朋友,很是苦恼郁闷中!

希望你能抽时间关注一下我们这个大龄单身群体,给点指导意见,帮我们出出主意,好吗? 先谢啦!

在我谈素质教育的文章跟帖中,出现这个帖子,正好给我后续研讨的机会!

素质教育这个话题,引起大家的兴趣是很正常的,因为教育关系到每个人的工作收入,关系到每个人的幸福成功。

什么是教育和素质教育? 很多朋友试图来定义它。对于常识性的东西,我们就不要定义吧,你怎么理解它,它就是怎么回事。

应试教育、素质教育、公民教育、道德教育……每个概念,提供一个对于“教育”的侧重点,但我说的教育,是人人都能根据直觉来理解的最基本定义——就是从幼儿园、小学、中学、大学一路过来的那种学校教育。

而这个女孩子的跟帖,正好就暴露了我们学校教育的落后和缺失。假如婚姻、爱情、求偶、寻爱是人生幸福的重要部分,我们的学校,是否应该在这方面给大家一些“教育”?

性教育,爱情教育,关于家庭的教育,如何做女人的教育,如何做个男子汉的教育……这些关于“人”生存和生活最本质问题的教育,在我们的教育里,是严重的不足。

当然,上述这些方面还仅仅是关于做人的“技能”问题。我们如何对待爱情、如何对待早恋,如何对待未婚先孕,如何对待同性恋,如何对待自己的身体,如何对待欲望、责任、本能、道德……这些决定人生性质和质量的重大道德和价值问题,更是教育必须面对，必须传授的基本课题。

如果学校教育回避、漠视这些东西，或者如果学校教育学生与人性追求、文明发展相违背的东西，学校教育就背叛了它自己最基本的责任：给学生以幸福。而不是给学生以迷茫。

但中国教育在这一方面的“素质”是非常差的。谓予不信，请看这个跟帖：28岁找不到男朋友的女孩子不止她一个。找不到男朋友，或找不到女朋友，是一个社会问题，但作为一种时代特征，很多男孩女孩经过多年的“教育”，已经丧失了生活的能力：性意识、两性关系意识、男女交往技能、做妻子的能力、做丈夫的能力……我们的学校教育对这些关系到男男女女人生发展如此重要的问题，如果没有刻意鄙视和扼杀的话，至少没有大力提倡和指导，以使他们获得这种幸福人生最重要的技能和素质。

我们的教育，至少在很大比例的学校里，重视升学超越重视素质，重视做题超越重视做人，重视脑袋超越重视四肢，其后果已经在无数痛苦郁闷的青年人身上显示出来，显然已经到了必须迅速反思和解决的时候了。

教育如何定义？让我来试一下：我看就是做事与做人的传授。中国的教育也许交给了我们做事的能力——即使这个能力其实也极其不足——但至少在做人的能力上，差的很远。做人，不是“老老实实做人”的做人。做人，是做一个自豪自信自尊自主的人，就是“以人为本”意义上的人。

这样的“人”，是不需要我来给他或她在寻找异性朋友问题上，“具体指导”和“出出主意”的，因为，他或她早就在长达十几年的学校教育中，本来就应该已经获得了这些生存必备的技能和素质啊！（以上是虚拟句，因为现实不是这样。）

亲子情感：如何与逆反的孩子交流

徐　小　平　XUXIAOPING

智慧和身体相比，身体更加重要

去年《时尚杂志》的摄影师文冰先生给我拍照，拍完了采访需要的工作照，我说再拍一次，要他帮我把“我那玉洁冰清的气质和令人流鼻血身材”（芙蓉姐姐语），充分展示出来，把我的暮春留住！

文冰说：留住暮春，那干脆来一组裸照吧，那才叫春光无限好呢！文冰擅长拍人体。

我说算了吧，怕你拿出去发表……

文冰很认真地说：我绝不会把你的裸照拿出去卖钱的。

我说：“我不怕你拿出去卖钱，我就怕你卖不出钱！你想想，这多么丢人：假如主编们看了你的作品说：‘徐小平裸照？这玩意也想卖钱？文冰你疯了吧？’——到时候，你丢名声，我丢尊严——我的裸照，居然没人要！——所以，人要发挥他的特长，这是新东方精神。人体美也许是汤加丽的骄傲，却不是徐小平的专长，所以就免了吧！”

后来我在选照片时，发现那时的我确实太胖。虽然我一再叮嘱文冰，给我拍照，要发挥我们的新闻传统——报喜不报忧——不要让我的脂肪显露太多。但文冰绞尽脑汁，无论从什么角度，用哪种灯光，照片中的我，总是满园春色关不住，一堆白肉出镜来！

我对当时的自己形象感到内疚，对不起观众。因为对自己身体的关注和爱护，不仅是一种极其重要的美德，也是一种社会责任——我说的不仅是狗日的名人们，我说的还是普通人：任何人生病，对于亲人朋友社会，都是一种负担。所以，努力关注自己的身体，保持自身健康，是所有人的社会责任。

但是由于名人具备的公众效应，尤其是偶像级的名人，他们的身体和言行，本身就是内容。有人说：Media is message，媒体就是内容。我要说：Celebrity is message，名人就是榜样。金喜善整容，韩国整形医学发达，赵本山捉鳖，全国马甲滞销。所谓名人，本身就是在某些方面被公众认可或否认（假如因丑闻出名）的普通人。名模，就是人人向往的美体啊！

（我要能做模特，早就不写文章了！你以为我会为思想献身啊？我宁可因为身体而被人思想……）

记得几年前看电视，我突然看到大家喜欢的歌手刘欢，胖得惊人。刘欢是绝对的名人，是我尊敬的实力派歌手，成名后却胖成那样，我深感失望——你想想，刘欢成名前敢那么胖吗？即使他敢那么胖，观众敢接受他吗？但成名后的刘欢，却如此肆无忌惮地胖，而且还不断通过电视入侵我的客厅和睡房，使正在为胖而犯愁的我，感到一种无望：大腕刘欢也这么胖，我们的裤腰，有什么不能继续放一放的……瞧，名人的责任，就在这里啊！

刘欢变胖，名声不减。这个现象可以看到，中国人民对于“健康”“健美”这个概念不敏感。

过去有一句讽刺美国大兵的话：武装到牙齿。其实，牙齿是最最需要武装的。从技术上讲：牙疼，腮帮肿起来，怎么瞄准打枪？从哲学上说：牙不好，吃嘛嘛不香，活着都没有意思，为什么要卖命打仗？与其杀人还不如自杀。

这句话讽刺美国人的话，恰恰反映了当时的中国社会，不理解牙齿、身体、健康、健美的重要性。

小时候虽然总是听说“德智体”全面发展这种说词，但说实话，在我们的文化深处，对于知识分子的经典描写，就是“文弱书生”。“文”和“弱”成为一种孪生，中国知识分子，以及影响和领导中国文明发展的这些人，如何能够创造一种强壮的文明！

我不知道别人怎么样，反正我的体育没有得到发展。整个成长过程中，一味追求知识和所谓的“智慧”，但对“身体”他老人家，实在有点亏待。

新东方老师李笑来，三十岁上下的小伙子，一两年前开始积极健身，成为一个非常健壮的美男（别只看他的面孔就下结论）。他告诉我：只有在锻炼之后，才知道过去身体多么不好！

到了深圳才知道钱少，到了北京才知道官小，到了健身房，才知道身体不好！笑来贤弟，他那健美的身体，今天成为我的思想火花！

重视体育，从我做起，我一直这样教育我的小儿子：I would you be strong，rather than be smart！在身体强壮和大脑发达之间，我首选身体强壮！只是后来小儿子干脆什么成绩都不好，于是我赶快加上一句：I want you be as smart as you are strong。我希望你既强壮，也聪明！

假如我鼓励儿子学厨艺是一种尊重儿童天性的思想，我鼓励儿子强壮，则是一个受过中西方教育的父亲，对于传统文化某些落后之处的惨痛回忆和憎恨，和对于西方文化某些积极因素的努力模仿与吸纳！

我知道，身体没病不算健康，把体育当作智育来对待，把运动当作读书来重视，把健身当作吃饭来期待，把肉体当作智慧来培育，那才是一种民族复兴过程中，我们需要振兴的观念呢！

我已经完了。因为我的教育根本没有告诉我这些东西。我的本能，就从来没有真正重视过身体。即使去年减肥，也是一种紧急的实用主义，不减肥，就减产，所以赶紧减！而没有把自身的健康问题提高到如同写作、思考、学习、工作一样重要的位置上来！

我能做的，就是教育我的孩子，以及我的读者：身体和智慧相比，身体更加重要。

假如我能够，我会把德智体的排列，改成德——体——智，像创造了奥林匹克精神的古希腊人那样，把对身体、人体、健体的重视，提到一个前所未有的高度……

为了中华民族的伟大复兴，健美!!!!!!!!!

我的儿子想做厨师

八月份，我送儿子去加拿大读书。由于历史的原因，两个儿子生在加拿大长在加拿大，更加喜欢那里的教育。在回国学了两年中文之后，他们终于还是希望回他们更加适应的地方继续读书。尊重孩子的选择，我放弃了让他们在国内的国际学校读完高中的计划。

话说在温哥华教育局，我陪儿子去办理入学手续，看到教育部编印的一份课外教育课程，里面各种各样的培训课程应有尽有，从一般数理化补习，到各种外语辅导，从跳舞打球培训，到滑雪、摄影、高尔夫……我甚至还看到一门“教你如何约会”的课程，想到自己几乎没有约过会就结了婚的短暂爱情史，就想问太太我可不可以去报这个班，但脑子马上转念一想：“这不是与虎谋皮嘛”，赶紧咬住了舌头，以免失言。太太虽然体贴温柔，但原则问题是不可商量的。

十三岁的小儿子 Adam，也拿着这么一份课程表在看，而且也看到了他感兴趣的课程。指着里面的一个班，他对我说：“爸爸，看，我想上这个班可以吗？”

我想十三岁的孩子，读约会班还早呢，虽然爸爸已经太晚了！于是把眼睛移过去，看看儿子到底看上了什么课程，结果，不看不知道，一看吓一跳。

我发现，我的天才儿子（尽管不少老师私下里认为他弱智，而我坚持认为我儿子是天才。因为，发现天才的就是天才，把天才当作弱智的肯定弱智！），我的天才儿子看中的课程居然是一个烹饪班，教人如何做饭！做的什么饭我已经记不得了，但那一瞬间令我非常沮丧的是，这个十三岁的天才少年（这个观点甚至太太都不同意，但我依然坚信我的儿子是天才！），看上了一个烹饪班，并企图让我同意他花钱报这个名！

我当时有点气晕了，我以不可思议的眼光看着他，挑战似的问："What！ You want to take this cooking class？（什么？你想上他妈的这个烹饪班！）"声音里毫无疑问含着愠怒和挑战。

因为忙，平时和儿子们交流不多，所以，对孩子们的心思、爱好和习惯，我不是摸得那么透。但这个难得发生的交流，发生一次，居然是被我一直寄予某种厚望的儿子要学煮饭做菜，这个感觉，实在令我意外，即使现在写来，我依然觉得意外，虽然此时此刻，我对这件事情的理解已经不一样。

但在当时，我身上中国爸爸的"传统"心态立即发作，我那种反感的语调里把这种心态毫无遮掩地透露了出来——不过，我庆幸我并没有直接攻击他的这个选择，而是选择了间接反对的方式。否则，可能我会更加后悔！

儿子当时听了我的问话，感到挺诧异，问我："怎么，难道你不喜欢我学这个吗？我喜欢呢。"

这个十三岁的天才少年（我坚信的观点是对的！）看着我，睁大他那温哥华天空一样透明纯净的眼睛，充满了奇怪和不解，仰着头，等待我解释反对他报这个班的理由。

突然之间我患了失语症，因为我还真被他问住了。我突然发现，他对烹饪的兴趣发自内心，而且说到底也只是他打游戏、做功课、吃汉堡之外的一种兴趣。为什么我对儿子自然流露的一种显然不是不良习性的兴趣喜好，表示了这么大的反感？

为什么？儿子问我，我必须在儿子面前给出合理的解释，否则，我的光辉形象，就会遭到损害。父亲的权威，来自于和儿子的沟通，而不是做老子的权势，否则，小祖宗肯定鄙视你！

我什么也没说。不是我不肯实话实说，而是我确实无话可说。因为，我知道我表示不快的那种心理，根本无法说出来，尤其不能说给我那天才少年儿子听（那些说他弱智的人自己才弱智呢！）。在加拿大出生和长大的他，根本不能理解爸爸背后那根本不登大雅之堂的职业歧视和一些根深蒂固的过时的价值观。

我真不知道如何向这个比我高尚一百倍的儿子解释我的陈旧思维。我的陈旧思维，说白了就是从来没有想过儿子将来也有可能做厨师，也就反感儿子对烹饪的爱好，而这个思维，恰恰是一种非常愚蠢的思维，非常有害的思维。

但天才的爸爸毕竟也是天才。而我是一个从善如流的人，一旦发现了自己问题所在，我就会立即改正，哪怕面对自己的儿子。于是我马上改换了一种语调，假装热情洋溢地说："哦，honey，no，no，我没有不喜欢你报名上烹饪班，I just，just，just一下子没有反应过来……你当然可以去，追求你的兴趣，pursue your interest，发展你的爱好，develope your hobby，走，我们去报名！"

儿童的天性是人类在发育过程中逐渐遗失的最宝贵财富。孩子喜欢什么，就应该鼓励他发展什么，哪里可以根据无耻大人的价值观，进行无端干涉啊！

我在鼓励他，但我知道我的声音里透着巨大的虚假。因为我知道，带儿子去报烹饪班，我还是不如看到儿子喜欢拉丁文、微积分那么兴奋和自豪。

儿子没有理我。因为他从我第一反应中，已经听到了什么东西，已经被我pissed off了。（意译：泼了一盆冷水。直译：浇了一泡热水。）

看哪，这是一个非常有意思的场景：我和儿子，父子两个坐在温哥华的教育局里，手上拿着那本培训课程表，爸爸反复劝说儿子去报名，儿子不断说我不去了……爸爸很绝望的样子，儿子很无聊的表情。一次难得的父子交流，就这样流产了！

看官（从博客的客，到看官的官，我这个称呼，意在提起你的关注！），不要以为这是一件无足轻重的小事！这可是我非常非常看重的大事。因为，这个交流，以及这个交流背后的亲子交流方式和交流内容，关系到教育者如何尊重孩子的自我，鼓励孩子寻找自我，挖掘孩子独特个性，发展孩子创造天性（其实也就是天才），最终为孩子找到人生发展方向和生活方式的头等大事！一个孩子的未来是成功还是失败，是顺利还是曲折，是幸福还是苦难，很大程度上，就决定在这种天天发生的家庭交流之间！

回家的路上，我再也没有和Adam谈这个问题，天真贪玩的他，早就把这件事抛到天边去了，但我却一直在思考。

我在思考我在这个问题上情绪的变化所折射的价值观。

作为曾在中国长大又曾在西方长熟的我，其实从灵魂深处——或者从灵魂表处——并不歧视厨师。我对厨师这样一种职业，确实充满了敬意，否则新东方厨师学校满天飞，我们早就去打假了。欧洲，以及美国，人们对厨师这个职业的尊重，说实话虽然不如律师医生那样至高无上，但好的厨师，如同好的医生，也有着很高的社会地位和经济地位。

厨师的职业培训年限要比医生律师会计师要少一些，技术含量低一些，所以入门门槛比后者低，平均工资也不如后者高。但厨师在西方发达国家的社会地位和经济地位，毫无疑问是中国的厨师们只能羡慕的境界。西方人看人，主要以这个人做事的成果——经济效益和社会效益来评判人——而较少以这个人从事的行业来判断其价值。换言之，西方发达社会的职业歧视即使有，也是非常微弱的遗迹。而这种歧视，即使在我身上虽然可以说已经从理性层面彻底铲除，但临到自己的儿子展示了对烹饪的兴趣，我的本能的反应，还是露出了我的狐狸尾巴、精神盲肠。

我的本能反应，有两个问题：第一是如何对待孩子流露的天性，第二是如何对待厨师职业。父母挖掘或扼杀子女的兴趣爱好，说穿了都是从家长的立场出发，幼小的孩子无法决定。如何对待孩子的这种天性，是成年人巨大的责任。

儿子说他喜欢烹饪，这反映了他的一种爱好，是他天性深处成长起来的一种未来人生大树的幼苗，我绝对不应该破坏这个刚刚从心头冒尖的嫩芽。好奇心，好学心，是人类最伟大的天性，只要不是恶习，就应该鼓励。Adam 有了对于烹饪的爱好，发展下去，将来他即使不以厨师、餐饮为职业，但这个爱好陪伴他，毫无疑问是一个非常有用，非常美味的习惯，能够大大丰富他的生活情趣和乐趣。朋友来家里做客，他能够拿出一手超越方便面和煮鸡蛋的好菜，可以提高他自己的生活质量、增强他在朋友们中间受欢迎的程度……一个非常爱吃但却不喜欢做饭的女孩子，说不定还会因此爱上他并在心里窃喜道：嫁给 Adam，从此不做饭！

我反对 Adam 发展这么美好的兴趣，真是岂有此理！

当然，万一这么小就流露了烹饪天才的儿子将来做了职业厨师，我还会喜欢吗？——想来想去，我也看不到任何不为他自豪的理由，事实上，仔细把这个前景往前推想，我还真为这个前景越想越激动！

我想：Adam 个性活泼，喜欢时尚，朋友很多，十三岁就知道梳妆打扮，偷喷我的香水……现在加上他喜欢烹饪，干脆快马加鞭，因势利导，让这个孩子大力发展这方面的艺术——如同世间万业一样，烹饪做为一种行业，做得不好是一种手艺，做得好，就是一种艺术啊！

谁见过十三岁就自然流露出对烹饪艺术如此感兴趣的少年天才呢？天才难道就是数星星、背单词、记公式、考大学的大脑发达、四肢枯萎的人吗？（如果你大脑发达四肢也发达，我就赞美！）当然不是！天才不仅包括陈景润华罗庚李四光钱学森，天才还包括王军霞那样就会跑步的人，还包括马俊仁那种善于养狗的人（真的！），也包括邓亚萍那种只能打乒乓球的国宝，更包括……女士们先生们，欢迎徐小平的儿子 Adam，一个获得世界烹饪奥林匹克大赛金牌的民族英雄！

哗……热烈的掌声经久不息！！！

中华民族只有彻底改变了那些迂腐陈旧的过时落后的观念，这个民族才能真正获得复兴！

中国青年只有彻底改变了那些以学历为中心、以知识终点，而忽略就业、忽略金钱（我偏要说金钱，难道你不喜欢吗？）、忽略市场、忽略生存、忽略爱情、鄙视厨师的愚昧盲目意识，这个青年才能真正获得成功！

而中华民族的命运欲得到改变，中国青年的前途欲得到保障，每个中国人，都必须从孩子开始，从家庭开始，从个人自身观念转变开始，重新武装自己的价值观，重新更新自己的教育观啊！

啊，徐小平的儿子，是一个优秀的厨师！我真的为此自豪吗？我继续反复拷问自己的灵魂！

想来想去，我依然认定我肯定会为此自豪！

因为，从小就喜欢烹饪的天才，长大了他的前途，以及对人类的贡献，未必会比从小喜欢哥德巴赫猜想的天才们差！

既然很早就显露了烹饪天才，Adam 长大肯定能够成为一名天才厨师。从小餐馆做到大餐馆，从快餐店做到五星酒店，大厨 Adam 同志，走到哪里，哪里的老板就对他点头哈腰，哪里的同事就对他毕恭毕敬，哪里的食客就对他口水横流！Adam 先生在为世界烹制美食的时候，总要自己先吃一口（第一口美食由厨师品尝，是厨师的职业使命！），并且还能得到顾客同志们真诚的喜爱！其中，有一个非常正统的有钱父亲，决定把女儿嫁给我的儿子，虽然我的儿子，并不愿意娶她（因为她家虽然极其有钱，但这个女儿长得实在不怎么样！我说过，Adam 的审美境界是很高的，否则怎么搞厨艺！）

……对厨师职业充满了热爱的 Adam 先生在职场上一路飙升……从厨师提拔为主厨，从主厨提拔为行政主厨，因为他受过高等教育，又从行政主厨提升为主管餐饮的副总裁，最后，更从副总裁，占有公司一定股份，三十几岁就退休，不必干活儿周游世界去了！走遍世界尝美食，Adam 心中，酝酿着更加伟大的美食计划！笛卡儿说“我思故我在”，Adam 说“我吃故我活”，人生意义，在 Adam 的美食计划下，得到了全面提升！

……再后来，学而优则仕，厨而优则“麦”——麦当劳的“麦”——Adam 成为一名成熟优秀自信的厨师之后，决定自己开自己的餐馆，做老板啦！他经过反复认真考察研究，并且在和爸爸我商量之后，决定做一家 Adam’s 美食店。做餐馆的老板，一定要自己懂厨艺，否则，饭店的核心技术掌握在别人手里，这样的餐馆很难做大做好——我的儿子，也许没有钱，那就找个有钱的食客，两人一拍即合，Adam 美食馆开张啦！如果儿子有钱呢，那就完全自己独资，随心所欲，实现自己的“美食‘喂’人类服务”的革命理想！瞧，他的企业口号，我都替他想好啦！我不是自豪的父亲，我是什么东西！

……开了一家餐馆之后，我那有着美食童子功和终生激情的儿子Adam名声远播，很多投资者都来找他想开分店，搞连锁，终于有一天，他挑中了一个哈佛大学毕业专攻连锁经营的MBA，两人一拍即合，Adam出品牌出钱出技术占控股，MBA出人工出管理占干股，MadamBA连锁店诞生了！而且自从有了这个哈佛MBA，Adam老板从此就不上班，只在家里数钱了！数了那么多钱干什么——废话，做慈善事业啊！世界有那么多吃不饱饭的人，美食家Adam，不仅要让有钱人吃好，还要饥饿人吃饱！

……做了好多慈善事业，Adam惊动了党中央，我的意思是加拿大自由党党中央，政府就给他颁发五一劳动勋章（可能是加拿大的女王勋章，待考）。Adam给自由党捐款。自由党政府鉴于他的中国背景，于是就派他担任驻华使节。一来到中国，他爸爸的我就请他办很多私事，帮助一些不够资格的人办理加拿大移民身份，结果被人揭发他徇私舞弊，在舆论压力面前，Adam失去了这份迷人的公职……他又回到了他的连锁餐馆，继续数钱，继续做慈善事业，同时也搞点政治捐款……后来又被下一届政府任命为驻中国使节，但这次，他再也不会给政敌以可乘之机，对他爸爸我提出的种种要求，也不理不睬了，弄得我常常伤心地想：这点小忙都不肯帮，养这个儿子有什么用！

……

啊，中国人民伟大的古训：三百六十行，行行出状元，这句话真对啊！老祖宗说的话，到了我们这些小字辈这里，为什么反而就不灵了呢！为什么全国人民都在为了一个状元奋斗——学历状元——却忘记了三百五十九行都可以成为状元，获得成功、赢取财富、体受尊严、干预社会呢！

是谁，给我们的职业制定了尊卑高下，给我们的社会划分了优劣俗雅，而忘记了在所有的行业背后，有同一个看不见的金牌在闪光？

看见这个金牌的人，那三百六十行具体行业就会在他的眼中消失，凸现在他眼前的，则是他的金牌上的金，银牌上的银，金银铜铁，只要能换钱，就是成功，就是胜利，就是理想！（钱多了，捐助公益事业，理想不就实现了吗！?）

想到这里，我的郁闷已经完全消失了，心里为儿子充满了自豪，甚至，我甚至开始担忧Adam对厨艺的爱好，会随着他年龄的增长而消失呢！儿子，好好学厨师，将来多一条成功大道、加一层幸福绿荫！

“爸爸，爸爸”，我在遐想中被Adam叫醒：“我饿了。”

“想吃什么？”

“Ofcourse麦当劳。”

又是麦当劳！一想起儿子从小就喜欢这类快餐食品，品味也就这么高，将来做厨师，做出来的东西总是让人联想到汉堡和热狗，这种速食境界，能成为厨艺大师吗？

我目不转睛地盯Adam看，像天下望子成龙的那样，真想现在就看出他的前途来……

徐小平补充：这是一篇触动我长期思考的文章：即我们如何对待孩子天性中流露的兴趣爱好并加以引导？假如这个爱好不符合父母兴趣和期望，正确的处理方式应该是什么？

我遇到太多悲剧故事，他们的结果悲惨多样，但原因只有一个：父母根本不尊重子女的兴趣和选择，强行要子女在择校、择专业、择职业、择爱情、择配偶、选择城市、选择生活方式……各方面实行全面专政，结果，孩子被当作父母专制意志的臣民，服则服矣，但人生一蹶不振，屈心抑志者甚多。

我庆幸，我的孩子遇到了我这个爸爸！（虽然他根本不这样认为）但我更希望，天下孩子，至少在这个问题上都有我这样一个父亲！

为了救救孩子和青年，我只好把自己做榜样了：）

儿子不买我的账 ▷

因为工作原因，我和孩子们在一起的时间不多。只要在一起，总想抓紧机会教育他们。尤其是大儿子徐超已经高二，更想多和他聊聊。爸爸有那么多宝贵的人生经验，不传授给很快就要迈入成人世界的他简直就不是好爸爸！

但是大儿子总是不买我的账。无论我怎样拍他马屁，求他听我演讲一会儿，就是不理我。有时候我说：爸爸只说五分钟，可不可以？他虽然答应，但我只要一开口，他就面露厌烦之色，问：完了吗？

于是有一次我怒了。我也有我的尊严，哪怕在儿子面前！于是我说：“儿子，爸爸做的就是青年咨询工作。无数大学生渴望和爸爸见一面而不得,可你他妈的却对我爱理不理!这、这、这太不像话了!”

徐超不屑一顾地说:“Well,那些学生可能一生只见你一次,可是我从小到大天天听你唠叨,你说烦不烦啊爸爸!”

看我哑口无言,善解人意的儿子深表同情地说:“你也理解吧爸爸,你真的是把我烦死了!”

……

为了把那些我认为是“教育”、他认为是“烦人”的思想灌输给他,我终于找到了一个非常好的方法。

徐超酷爱弹吉他。于是,我抓住他这个弱点,一有机会我就故意走到他面前说:“爸爸想听你弹一段。”听完之后假装激动、鼓掌,偶尔还发出一声恰到好处的尖叫。但是至今我还没有假装过激动得晕厥过去,因为我觉得那就有些戏过了,怕被他怀疑我的真诚。

看见爸爸这么真诚喜欢他最自豪的玩具,儿子很开心。乘他沉浸在演奏音乐的快乐之中,毫无戒备意识时,我就开始和他聊音乐、聊电影、聊电子游戏、聊他的同学、聊他的学习,以及他未来的大学专业、毕业后职业……聊的过程,我总会刻意观察他是否有逆反和厌烦情绪,如果有就立即知趣停下来。再夸奖几句他的吉他艺术,然后微笑而郁闷地离开。

父与子,皆大欢喜。

教育子女,是所有父母最大的挑战。这个挑战甚至超越我们自身的成长。自身成长,多少有点偶然性,碰到一个好老师、挑到一本好图书,都可能影响我们的一生。但教育子女,父母都以为自己对人生比孩子知道得多,所以总是要孩子“听话”。问题是,长江前浪推后浪,一代更比一代强。很多爸爸妈妈的观点,对子女的前途幸福,未必有好处。但爸爸妈妈对孩子拥有绝对权力——你是我儿子,他妈的不听老子的,老子揍你!

我一下子就离题了!我说的是:“如何与逆反的孩子交流”,但一下子就偏题到了“爸爸妈妈的教育未必正确”。不过,教育子女,即使我这样专业教育者里面的专业咨询者,也是一个巨大的头痛。

我觉得,如果在子女教育问题上我能够贡献给读者什么东西的话,我想就是:尽量不要以父母的权威来压服孩子,而是把他们当作知心朋友,尽量在他们愿意接受我的时候,创造亲切交谈的气氛,把自己认为正确的人生经验,传授给他们。

我在咨询中,往往对我的咨询对象使用很生猛的词汇。他们可以说百分之百地喜欢我的这种语言风格——如果我意识到他们不喜欢，我就换一种说法，我从来不会得罪和我谈话的学生。

所谓好的教育，有时候除了内容以外，形式也同样重要。

我和大儿子的交流，越来越亲切。但是我知道我们之间还会发生冲突，如果发生，我一定会主动投降，放弃，认错……然后找下一次他弹吉他的机会，乘虚而入，把我想说的话丢给他。

善解儿意

徐超圣诞节放假，我让他来北京和爸爸单独在一起住几天。他来过几次北京，北京的主要名胜古迹都去过。这次来的主要目的，除了我想多陪陪这个我欠疚很多的孩子以外，还希望让他多接触北京的人、北京的事、中国的人、中国的事。让这个从小在加拿大长大的孩子，找到作为中国人的感觉。这不是我要说的话题。

我要说的，是晚上吃饭时发生的事情：我一不小心，又惹他老人家生气了！

一个朋友请我们吃饭。徐超不想去。我说这是爸爸的一个非常好的老朋友，这种家庭聚会怎么也得去，不去也得去，他就勉强去了。

到了饭店，朋友还没有到。这个饭店是那种带歌舞的饭店，徐超没有见过这阵势，就兴奋起来，表示如果真的不来就挺遗憾。看见儿子高兴，我当然欢乐。

朋友带着家人来了，酒过三巡，我的心情飘起来，没话找话地说："这个地方真好！徐超本来都不想来了，但来了才发现不来就会遗憾的。谢谢介绍了这么一个好地方，下次我也要带朋友来……"

大家边吃饭边看歌舞，饮酒乐甚。朋友是我多年的老友，有一个美丽的女儿，女儿又找了一个很有教养的准女婿。我一边吃一边想：妈的将来徐超能找到这么漂亮的女孩做媳妇吗？心里酸酸的。

告别了朋友上车回家，我以为徐超会感谢我带给他一个美好的夜晚，但没想到他一上车就显出一脸的不高兴。他说：爸爸，你怎么可以在人家面前说我不想来了呢！你知道这让我多丢脸吗？说完就做恼怒状。

我一愣，知道事情不好。徐超性格和弟弟不一样，比较内向，一旦生气，就会半天不说话。看见他在那里不高兴的样子，我有点扫兴，也有点恼怒，一时间不知道说什么。

家人发生争吵的主要原因是缺乏交流和沟通。亲子或夫妻之间的冲突，往往是这种模式。一方说："你不该这么讲……"另一方说："我不是这个意思……"然后就拿出分娩的力气吵起来。恨得像爱一样疯狂。

坦率说，儿子这么责备我，我是生气的。但我想到晚上要写博客，我不能告诉大家我和儿子为了这件事闹翻了。连和自己的儿子交流都不成功，我怎么好意思在博客上倡导反愚昧？

于是我强压怒火，对他说：爸爸错了——妈的个叉（这句话没有说出来）——爸爸错在说这话时，把你当作一个孩子，而没有把你当做一个大人。我忘了你是一个已经十六岁的大孩子、大男人了。抱歉抱歉，下次我注意还不行吗！别生气啦！

我想到就在刚才的这个场合，徐超确实一直在很得体地表现着自己，行为举止彬彬有礼，讲话道貌岸然，非常给我面子。而不像他的弟弟 Adam——假如他来了，保证会把桌上所有不该弄翻的弄翻，把不会尖叫的弄出尖叫声来——包括对面漂亮的姐姐。

徐超已经十六岁。十六岁的孩子，在温哥华已经可以考交规，申请驾照，一年之后就开着可以杀人的汽车上路了。徐超事实上已经拥有学生驾照，正在等着明年期满开车呢。文明社会，已经允许他承担如此重大的个人和社会责任，我却这样把人家不当（成年）人，而当做小孩子。

我不该告诉朋友他不想来。但事实上，正是这个细节，暴露了徐超渴望成熟和尊重的心灵背后依然存在的顽童心态——不想和爸爸的朋友吃饭。假如他再大两三岁，就会更加理解我，大概就不会有这种冲突。所以，我的这种闲聊，确实也属于非常难以避免的错误。

孩子在成长，年龄变化导致的心理和社会意识的不断变化，是青春期少男少女最复杂的现象。父母和子女之间由于种种原因，很难在这个变化中协调同步，不协调同步，就会发生冲突，产生家庭痛苦，伤害子女发展……

怎么才能解决这一问题？——这个问题不可能得到"解决"，因为它每天每日、每时每刻都在发生。一波未平，一波又起，此起彼伏，循环往复，直到孩子长大成人，独立生活，然后，他们再和自己的孩子进行这种古老的斗争！父母能做的，除了读读我的文章（以及更多现代育儿知识之外），加强理解和沟通，和子女一起学习成长，大概是为人父母者最重要的事情。

在徐超心情好一些之后，我主动对他说：爸爸把你当孩子，这是错误的。虽然你永远是我的 little boy,但这种感觉只能放在心里,而不能放在嘴上,更不该在朋友面前随意把你当闲聊的话题和下酒的小菜……

徐超点点头,表示既往不咎。我如释重负,同时感到了做父亲的骄傲与疲惫。

我看到,小荷才露尖尖角,作为成年人的徐超正在浮出水面。他对我的话感到羞愧并责备我,只是在争取个人自治和尊严而已。虽然他的话语和思维依然带着孩子气,尤其在和爸爸妈妈说话时很不耐烦,并不成熟,但实际上,每天每日,一个有独立性、有荣誉心、有责任心、有社会意识的好男人,正在长成。

唐诗?What Does That Mean?

一

1996 年的一天,我和俞敏洪聊起当年北大同学朋友们的闲事。当聊到英语系一位女生的现状时,敏洪说:“这个女的没出息——她嫁给了一个海外华人!”

听了这句话,我的直感并不舒服——我的两个儿子都是“海外华人”!

虽然闲聊的特点是姑妄言之,姑妄听之,没有必要挑起一场文化论战。但我对敏洪的论断还是耿耿于怀:且不从人生哲学的角度,仅仅出于私心,我也不能接受这种笼统的否定。两个儿子在加拿大出生,眼下也都在加拿大上学,如果中国女孩嫁给“海外华人”就等于“没出息”的话,我的两个儿子岂不也被判定前途渺茫了?爸爸我虽然没什么大出息,但儿子总得比我好一些吧?这毕竟是人类的希望所在啊!

于是我反问道:这么简单地论定,是否太武断了?海外华人,有那么多优秀的人才……

敏洪想了片刻,以他那 GRE 一般经典的句子,痛心疾首地说:“海外华人(这里特指被大陆女子通婚的年轻男子),他、他、他、他妈的他没有根基啊!”

二

这个对话过去不久,我回温哥华探亲。正在读小学二年级的大儿子徐超,骄傲地告诉我他的学习成绩很好!英文拼写全班第一,数学也是班上第一名:2+3 等于几?他不用掰手指就能算出来,引得班上老师同学特别崇拜。

但是我遗憾地发现,徐超并没有按照我的愿望那样来学习中文。七岁的孩子,除了能把中文的“一”字写得比较直，并依稀认得我教他的“女人”这两个字外，其余几乎什么也不会。这使我非常担心。在海外求学谋生八年之后回到国内，我已经决定放弃加拿大，扎根国内追求我的人生目标。因此我急迫希望孩子们尽快学好中文，回国上学。我要我的儿子在我生活的地方生活。

但他们的中文能力，以及对待中文的态度却令我着急。更令我不无嫉恨的是，敏洪在北京两岁的女儿已经能够倒背如流一大把的唐诗宋词，我七岁的儿子却一句也不会。

看着在那里专心致志领着四岁的弟弟玩电子游戏的徐超，我有点着急。我说：“超超，你他妈的也该开始背一点唐诗了！”

“唐诗？What does that mean?”超超目不转睛地盯着他的电脑屏幕，心不在焉地问。

“唐诗？这是什么意思？”

这样的对话发生在国内，这个儿子如果不是超级弱智的话，他的爸爸一定是神农架野人。只要是炎黄子孙，文盲的孩子也是会背几句“床前明月光”的……但这样的对话却发生在徐小平和他七岁的儿子之间，怎不令我悲从中来？！

转眼间五年过去了，徐超今年已经12岁，虽然中文学习在我的利诱威逼下大有长进，但是唐诗宋词却依然一句也不会，令我想起来就中心如晦。

我的儿子，正在失去他爸爸赖以活着和存在，并且最感到自豪的中国文化的根基！

海外华人的“根基”问题，已经在我自己的家里产生了严重危机。而且我相信，随着岁月的延伸，这个问题最终会影响到夹在中西文化涡流中两个孩子的终极幸福：这就是海外华人的价值认同、文化认同和种族认同的问题。

Identity问题，即所谓的“认同问题”，如同油盐酱醋，是海外华人几乎每天都会碰到的生活问题之一。你是谁？你从哪里来？你是什么人？你自己怎么看自己？你的邻居、同事怎么看待你？你如何在一个本来不属于你的土地上寻找归宿感——或者你到底该不该在这里寻找这个感觉？你如何对待那片本来是属于你但被你自己出于种种理由而放弃了的华夏热土——你究竟是否不管任何理由都不应放弃这片属于你的土地？

……

即使简单地把这些问题写在这里，我已经热泪盈眶。这么一个如海洋般浩瀚的重大问题，显然无法浸泡在一篇短文的漂浮瓶里。但我依然忍不住要向读者诸君斟上一杯我对于海外人生思考的苦酒。

三

始于19世纪中叶的中国人出国移民和留学的历史，始终交织着个人谋生与发展和民族救亡与复兴这两大主题。最早从广东沿海去北美修铁路的华工们，他们的出国目的就是为了出卖劳力挣钱活命。而晚清政府送那些十一二岁的学童赴美留学，其根本动因则是因为：历史走到了那个年代，中华帝国已经无法闭关自守，不向西方学习和开放，其实已经没有任何出路！

这个发端于十九世纪中叶、关乎个人与民族生存与兴亡的历史浪潮，在过去二十年里，达到了新的高潮。但是与实际需要相比，中国人走向世界的人数与规模，可以说才刚刚开始！在未来一、二十年中，中国将成为世界上综合国力最强的国家，而与这个伟大历史进军同步前进的，就是中国人民通过各种途径向世界迈进，与世界融合的过程。就是当代青年向世界学习、与世界接轨、向世界挑战的过程！

谈笑之间，中国人出国的动机和目的已经发生了根本的变化。简单说，出国已经越来越成为中国知识分子出国求学求知，以便回到中国社会，参与国际竞争的一个重要手段，而不再是寻找"生活天堂"的通道。加入WTO之后，中国与世界的竞争，说到底就是懂得国际规则的国际化人才之间的竞争。

但是，中国人走向世界的道路上，从来都没有铺满鲜花，而是荆棘丛生，充满了个人生活的失落与错位。一方面，青年为了个人和国家的未来，需要出国求知；另一方面，出国却给出国者带来重大的挑战甚至是危机：为了未来，往往要否决现在；为了未知的成功，往往必须放弃已有的成就。当我看到无数终于获得成功的幸运儿乘着国际航班飞向蓝天的时候，我看到的却是他们前面坎坷的泥泞小道。这就是新东方学员们身上所聚焦的当代青年奋斗的无奈与悖论。

为出国付出惨重代价的朋友们，他们人生可能遭遇到的最大的陷阱，或者影响他们人生幸福的最大陷阱之一是什么呢？在我看来，就是每个人都无法避免的中西方文化冲突。不彻底"融入"西方文化，你就不能在当地生存发展，即使回国，你也不能算是"学成"归国——留学生最重要的使命，并不是技术，而是对于另外一种文明的把握和传播。

于是你学习。但好不容易适应了西方社会的文化与价值，一旦在中国机会的召唤下回国，却又要碰到反过来的文化不适应症，即人们常说的"反向文化冲突"。一个人如果不适应自己从小生长的文化，成为所谓的"假洋鬼子"，不是悲剧是什么？

于是你不回国。但对于那些留在国外工作定居的朋友来说，他们最大的悲哀在于，经过非凡的努力，适应了西方文化、融入了西方社会，甚至把自己彻底西方化之后，一个永远无法融合的问题：种族认同的困惑将陪伴他们一生。种族差异，是文化认同之核心、文明冲突之母,是几乎无法协调、融合的初始价值。

让我举两个经典例子来证明我对于种族融合的悲观主义:加拿大总督伍冰枝女士,是五十年代从香港来到加拿大的第一代移民。尽管她本人并不把自己当作中国人看,比如她的姓名是:Adrian Clarckson,用的是她的前夫的姓,但她成为总督之后,华人媒体还是把她欢呼为华人从政的光辉代表——在这个例子里,华人社区把一个与自己血缘相关、但文化并不相同的人,当作了自己人。伍总督的尴尬是永恒的。(由于伍冰枝一直不与华人社区进行沟通认同,华人社区在发现自己对伍冰枝肉麻不成趣之后,又对她采取了一种冷淡和排斥的态度——徐小平加注于2005年。)

另外一个例子是关于美国国会唯一的一个华人议员David Wu。他在2001年5月应邀去美国能源部演讲,到了门口被警卫大公无私地挡驾在门口,反复询问他是否是美国公民,他拿出议员证来也没有用,使得这位华人在美从政骄傲的象征人物备感失落……在这个案例里面,作为彻底美国化并且攀上国会议员如此高位的David Wu,遇到的是非华人族群,或者可以说是主流社区的"另眼"看待。吴议员的苦恼是深远的。

伍冰枝或者David Wu,他们已经是在西方社会登峰造极的华人。发生在他们身上的这两个故事,最经典地印证了我想表达的一个主题:在海外生活的华人,也许能够获得物质和事业的一切,但有一种东西却注定有所欠缺:基于民族和种族特点的中华文化环境。失去这个环境的华人,无论你如何成功,不管你多么富有,其生活总会令人感到某种巨大的缺憾。

为了生存与发展,华人不得不离家背井到海外寻求出路。但是,人口浩渺的中华民族、幅员广大的中华故土、影响巨大的中国文明,使得华人出国有了一个非常不同于其他移民族群的特点:这就是全球范围内炎黄子孙在种族和文化基础之上的一致认同性。这种认同性,当大家在国内时,体现出的是一种和谐而充实的生存状态(比如全国一致欢呼申奥成功,狂欢世界杯出线);当人们到国外时,则表现出一种精神的互相依托和支援。

海外华人,无论什么身份,什么状态,他们永远的精神依托,就是中华文化的自觉、亚洲祖国的意识。不同的人对这种认同心理的评价和看法是不一样的,有人赞美它,有人厌恶它。但无论如何,它将永远驻扎在海外华人的灵魂深处。

四

那么,唐诗还要不要背呢?

徐超出生在加拿大，加拿大法律自动认定他是加拿大公民。他从小到至今都是在加拿大上学。但麻烦的是，爸爸我却要用汉字和唐诗来折磨他。更有甚者，只要我在家，和他谈起世界的时候，都是用中国人的观点来影响甚至诱导他、改变他的加拿大意识，而灌输中国意识。

有一次，我看见他捧着蛋糕唱“祝你生日快乐”，唱到最后是：“Happy birthday dear Canada”的时候，我居然想让他唱成“Dear China”……令我觉得对不起生他养他的枫叶之国加拿大。

我想我能够成功地用我的“中国意识”把孩子培养大。但问题是：出生在加拿大、一切生活方式都是加拿大式样的孩子，将来让他回国生活是很难的。如果他不回中国而在国外生活的话，太强的中国意识，对他成年后的幸福又是不利的。因为这在国外就很容易被人们视为异己。孩子生在长在加拿大这个国家，他需要有他自己的生活方式。而他的父亲我作为中国知识分子，又不得不按照我所认定的价值观来影响孩子，在他心中栽种中国根基，把他培养成一个住在海外的“中国人”，其结果，对儿子的未来也许是毁灭性的。

“为什么不把你的儿子从加拿大弄回中国来上学?”这是所有接近我的朋友们反复询问的问题。

答案就是这个无奈的现实：中国和北美之间，依然有着巨大的鸿沟——文化鸿沟、观念鸿沟和教育鸿沟。国际学校实在太贵，中国学校实在太难。虽然我吵吵嚷嚷说了一两年要带他们回国，他们暂时还是回不来。无数海外留学生，都有和我同样的烦恼。

我的心，等待着迎接伤悲。

(顺便问一句：看了我的文章，谁还愿意把自家的女儿嫁给我儿子吗?)

……

五

以上文字写于2001年初夏。4年半后重读此文，再一次为我自己的深刻思考而感动！

2003年，我的两个孩子回国读书。两年下来，他们的中文有了巨大的长进。今年夏天，又回到了加拿大。

这个圣诞节，我特地把16岁的徐超带到北京，让他和我单独度过了一周时间。我带他参观了一些公司、参与了一些活动，还让他在新东方听了我的演讲和咨询，使这个一直瞧不起我的儿子，终于成为了爸爸的粉丝。徐超感觉非常好，他明确而真诚地告诉我：大学毕业后，他要来北京工作！

说实话，徐超来北京工作，对于北京未必是什么好事。中国根本不缺人口，而所谓“人才”，随着中国经济的发展，自然会向着中国流动。严格限制海外人士在中国就业的时代，很快就会来临。所以各位千万不要从爱国主义的角度来赞美徐超的选择。他只是在他少年的内心深处预感到，在中国，他会得到更多的同志和朋友，更深的友爱与认同，更好的工作与生活……

我知道，我对徐超的引导和我个人经验有关，未必适合每位生在海外的华人孩子。但正是这种代代相传的精神血脉，决定了下一代的命运与生活。是的，这个选择也许未必适合所有人，但对于徐超肯定有着非凡的决定性意义——因为，我的儿子终于在这片决定了他的生物与文化基因的国土上，找到了他精神的归宿，找到了他灵魂的根基。

附记于 2005 年 12 月 28 日。

除夕的童年追忆

除夕的前夕，我从北京飞到了江苏泰兴的家里，见到了老父老母。看见家里的孩子们欢天喜地过春节的情景，不禁想起了我自己的童年。

小时候是多么渴望过春节啊！春节意味着大吃大喝大玩，我记得母亲总是会提前几个星期买上一大块后腿肉，吊在家里某个耀眼的地方，称之为“风干肉”，就等过年吃。童年的我，就天天看着这块肉，围着这块肉，学习、思考、成长，写作业、流口水——写一页作业，看一眼猪肉，很像成年后偷看女孩子合法裸露的人肉那样，心里膨胀着恨不得马上卸下来暴吃一顿的愤怒，以及那庄严而谦卑的神往！

童年的春节啊！那是吃与游戏的狂欢节，那是肉与鞭炮的迪斯尼。被风干肉诱发的等待和神往，成为春节氛围的一部分，成为童年幸福的一种仪式。这种对于幸福生活的等待，可能是最所谓幸福的核心。希望就是幸福，等待就是快感。它如同长大了等待放假、等待录取、等待毕业典礼、等待工作录用、等待发工资……以及，等待约会、等待结婚、等待生孩子、等待生孩子（因为生了两个）、等待出国、等待回国、等待痛苦和麻烦的过去、等待幸福与梦想的降临那样……虽然那种种等待，有时候实在也会显得漫长，等得人海枯石烂、猪肉风干！

等待春节，延伸了春节的长度，增加了春节价值。没有这种等待，就没有春节，因为春节本身实在是太短暂了。我至今还在思考：母亲为什么提前那么久买一块肉放在家里？难道她老人家故意把美好的东西展示给我而不得，看着它受折磨，围着它练内功，以此来锻炼我追求幸福的超人耐力和强大自制力？以便将来能在新东方什么的地方谋个生活？

我不知道。这个春节我要问问我妈，这到底是怎么回事？

风干肉终于到了可以拿下来烹制的日子，也就是春节到放鞭炮的时刻！妈妈给我们一人两块钱压岁钱——两块钱！这对1970年代的孩子们，绝对是巨款了！我敢挑战天下同龄人，谁在那个时候有我富有？做一身新衣服——这比毕业时穿的学位服重要得多。拿着压岁钱，穿上新衣服，那种不劳而获的巨大幸福感，以及拿着钱走到街头感觉富可敌国的自豪，至今还甜蜜地荡漾在我的心头。

初一、初二、初三、初四……春节在这种新衣新钞新气象中，迅速变旧老化衰减流逝。

正月初五到初十之间，大人小孩都会有几天节后忧郁症，但元宵节的到来又会给孩子们带来兴奋高潮。正月十三是高灯节，高灯是玩灯笼的日子。十五则是落灯节，落灯节意味着春节的彻底落幕。正月十三之夜，我一定会和左邻右舍小兄弟在黑暗的街头点着灯笼到处乱窜，看谁的灯笼最漂亮最新潮，同时高唱："高灯圆子落灯面，吃下肚里望明年"……歌声在点点灯笼的夜色中飞舞，飘落在故乡潮湿的小巷里，飘落在童年幸福的记忆里，飘落在母亲寻找孩子回家的喊声里……

落灯之日玩累了的孩子，上床时，一旦想到春节这魔幻的节日已经过去，明天那普通的太阳又要升起，他可能会初次体验人生第一丝"好花不常开，好景不常在"的颓废和没落心理吧？幸福是一种等待，可好不容易等来的春节，就这么迅速地过去了，多么令人伤感、不服、委屈并遗憾——原来人生是不完美的！但那过去了的，已经无情地过去；那穿了半个月的新衣服，坑里来，洞里去，此时已经肮脏不堪；那初一刚到手的两块钱，比血拼，竞奢侈，此时已经出现赤字……好在满街飘飞的歌儿及时赶来提示和安慰孩子："高灯圆子落灯面，吃下肚里望明年"，毕竟我们还有明年呢！

……

从北京到江苏泰兴家中，完全不同的两个世界。老父老母虽然已经8旬高龄，但非常健康，令我非常开心。但开心之余，总有隐隐的遗憾。我发现，自己已经失去了童年时代那种神圣的欢乐，失去了那种围着猪肉等待几个世纪的焦渴之乐，更失去了和几个外甥们一起向爷爷奶奶(我的父母)索要压岁钱的快乐……改革开放不仅释放了人的生产力,而且释放了猪的生产力——现在猪肉如此之多,孩子们不必围观那块风干肉,苦苦等待、默默祈祷了。年龄增长与生活的改善,都使得春节的幸福效应在无可奈何地递减。

啊,弃我去者,是那童年的欢乐;乱我心者,是那中年的烦恼;我的心灵再也没有童年的那种纯洁、单纯和源源不绝的欢乐了……但我多想把自己的人生缩短四十年,重回那穿新衣、压岁钱、放鞭炮、盼过年的童年啊!

童年的蒲公英

我有一张照片,看到的人都说是一张艺术照。我同意,同时我也很得意,因为,这是我拍摄的一张照片,是我拍过的最得意的一张作品。

照片上带红帽子的男孩是我的大儿子徐超,当时他两岁,那个金发女孩,叫Sara,是我们当时紧隔壁的邻居小孩。

1991年,我在加拿大西部的萨斯喀彻温大学(University of Saskatchewan)读书。由于太太已经毕业,在阿尔伯特省一个累斯布里奇(Lethbridge,Alberta)的城市找到一份工作,全家就搬到了这个地方。

当时我的母亲,从国内来看望我们,实际上就像国内所有祖母一样,是来帮助我带孩子。全家人就靠太太的一份工资生活。家庭的重心有两个:保证太太工作,保证徐超快乐。爸爸和奶奶的地位,暂时退居二线。我尝遍了全职父亲的辛酸苦乐。

后来我在北京,听说李安在成名前也曾经做过六年全职父亲,恨不得飞到纽约去亲他一下。一个拥有盖世才华的男人,在生命的壮年担任全职父亲,虽然也是伟大的工作,但观众只有太太一个人,想想也是一种委屈!

不过,我的优点是敬业。既然担任全职父亲,我就要做成一个最优秀的全职父亲,哪怕唯一的观众想退票,我也要把这个父亲做好,不仅喂奶把尿,还要摄影拍照!争取得奥斯卡最佳育儿摄影奖!

徐超两岁,已经达到了一个最可爱的年龄。我们住在一个低价房租的社区,出门就是照片上这一大片草地。邻居是一对非常善良可爱的年轻夫妇，我居然把他们的名字忘了！——但照片上这个女孩的名字，我还记得：叫 Sara。我们和这家人的关系，可以说是非常好，达到了亲密的程度。他们的大女儿 Sara，也成为徐超最好的朋友。

每天白天，我们会带着徐超出门玩，徐超走到门口，就会自动拿起挂在那里的帽子戴到头上，然后走出门去，骑小车、荡秋千、玩沙子、找 Sara。

照片中的徐超和 Sara，正在玩蒲公英。Sara 的脚边，有许多蒲公英花朵。Sara 抓起一朵小花，对着徐超吹过去，蒲公英的花瓣纷纷扬起，徐超第一次见到这个景象，被一次次逗得开怀大笑。

由于相机的拍摄角度，使草地看上去有一望无垠的感觉，其实这只是一片绿化隔离带，并不像显示的那么宽，草地边上就是快速路。大片的绿地，配上晴朗的天空，晴朗的天空，配上大块的白云，形成一种非常令人愉快的景色。

在这样的背景下，两个孩子在一起嬉戏，处在童年幸福的经典状态。我用傻瓜相机把这个场景抓了下来，也留下了我本人在加拿大留学生生活的美好回忆。

所有朋友看见这张照片，都会以为是画报上的。但一听说这是我拍的，马上就会认真多看几眼，因为大家想不到我还有这一手——其实那只是偶然而已。1994年我在北京遇到阿忆，我和他在北大就比较熟悉。他看了照片马上说：可以推荐到《读者文摘》发表。说实话，这张照片要说发表还是有缺点的，比如徐超脸上缺少光。

大概是 2000 年左右，俞敏洪开车带着全家到了拍这张照片的城市（那里是去黄石公园的一个路口），突然从那里给我打电话，问我：小平，我正在累斯布里奇，并且就在你住过的那个街区，告诉我你的门牌号码，我给你的旧居拍几张照片带回来！

这个感觉非常好，我最好的朋友，居然去访问我的旧居，而且要拍几张具有历史文物价值的照片……但是，我居然也把那个门牌号码给忘了！我说了半天如何辨识我的房子，但敏洪是不可能找到的。以至于老俞回国后提到此事，让我感到很遗憾。

不过，这张照片，多少弥补了我的遗憾。徐超的童年，我失去的青春，我在加拿大的留学生活美好的一面，都在这种照片上得到了永恒的保留。

生活:从一滴水中发现阳光

徐 小 平 XUXIAOPING

在北大小摊吃煎饼果子

下午去新东方开会，结束时已经晚上八点。老俞立即就要出差，也就不管我们晚饭。与会的安静说：北大校园里有一个卖煎饼果子的，非常好吃，想不想去？

安静是80年代末北大学生，学的是哲学，毕业后去了美国，却读了投资，现在一家著名国际投资集团担任首席代表，掌控着折合几十亿人民币的美元资金，助长着中国经济的发展，是投资领域有名的人物。

她的邀请，既有美女的魅力，又有金钱的诱惑，加上去北大夜游的雅兴，我和王强立即把另外一个预先约好的饭局忘了，连说“想去、想去，我们最爱煎饼果子！”……即将出差的俞敏洪，看上去一副想退票跟我们一起去的样子，但被我们好意劝阻。老俞命苦，是公开的秘密。

安静让她的司机开着她的黑色奔驰，大家坐上一辆车兴致勃勃就到了北大。

煎饼果子的小摊在三角地西边那条小路上，背靠燕南园的围墙，面对几幢学生宿舍楼。在小摊边，我们和几个学生排着队，等待安静推崇备至的煎饼果子辉煌出炉。

做煎饼果子的西施姑娘熟练地制作着她的艺术品，烤饼、抹酱、撒葱、摊鸡蛋，搁薄脆、合成、出炉……把做煎饼果子的过程搞得很迷人。我们一边欣赏，一边等待，一边说笑，安静指着西南方那座宿舍楼说：瞧，当年我在北大就住在这个楼里！

这就是著名的28楼。28楼著名，不仅因为它是女生宿舍楼，更因为这里是西语、国政、中文等系女生住处。这些系科的女生，比理科系女生总体上要更加浪漫时髦一些，组成了北大最具魅力的仙女阵。那里是北大男生们梦魂萦绕的地方，是学生时代俞敏洪魂断蓝桥的去处，也是我自己当年看着天鹅进进出出、暗自流口水的地方。

王强快快地说：“当时我住在32楼。”我也快快地说：“当时我住在31楼。”两个老男人，心里都在怏怏地叹息一件事——当年没有住过28楼！

煎饼果子只能一个一个地做，第一个出来，女士优先，我们让安静先吃，安静不客气，站在那里就吞食起来，全然失去了平时的优雅。第二个饼热烘烘地出来，我从煎饼西施手里接过来捧在手上，对王强说："王强你来。"王强谦虚地说："不不，小平你吃吧。"我说："我是说你来排队，等下一个。"王强和安静大笑。我立即消失在煎饼果子的热气中，好像狮子埋头吃一匹斑马。

排队的学生，很快认出了我们。一个女生眼睛发亮地说："你是徐老师吧？你们今晚在北大有讲座？"

我说："没有，我们是专程来吃煎饼果子的，据说这里的煎饼果子世界一流——这位是王强老师。"

女生说："啊，王强老师，抱歉刚才没有认出你来。徐老师经常上电视所以熟悉，但没想到你是这么帅！"

我一听，很生气地说："你的意思是没想到王老师居然和我一样帅是吗？"众人大笑。

女生捧着她的晚饭走向那座依然令我神往的28楼，我看着她的背影，忍不住想：这个女孩子，她的未来将会怎样？她的人生会如何度过？也许二十年后，她也会像安静一样，乘着黑夜，坐着她的黑色奔驰车，专程回母校来吃这里的煎饼果子，并指着28楼告诉她的同伴："瞧，当年我就住在这个楼里"……同时，她肯定还多了一个谈资："瞧，二十年前，就在这个摊子前，我还遇到了站在这里吃煎饼果子的王强、徐小平。已经多年不见他们做讲座了——但好像还都没死呢！"然后就开始说我们的绯闻……

人们对自己母校的感情是终身难忘的。虽然这里的煎饼果子确实好吃，安静的魅力和财富，也使得煎饼果子入口难忘，但如果她只是请我们去一个饭店吃饭，而不是来这个北大小摊，我们肯定不会去，而赶去参加老朋友的饭局了——毕竟事先有约嘛！

但夜里去北大吃煎饼果子，就完全不一样。站在自己20年前住过，即使没住过也神往过的宿舍楼门前，与刚下课学生一起排队，和校园里男女一样说笑，同那些充满活力、野心和欲望的青年人一道，感受一次那一去不复返的校园生活，感受一下那飞过不飞回的纯真岁月、梦想岁月、青春岁月、暗恋岁月……心灵获得的感悟，任何事情都无法替代。

这使得这个小摊的煎饼果子具有世上任何美味都无法比拟的吸引力，吃了它，你就总想再来。

友谊的意义——怀念吕林

吕林，1961年8月12日生于成都。北京大学中文系1980级学生。在校期间积极参加学生社团活动，曾任北大五四文学社社长，北大燕园新闻社社长，广播台台长，主编出版影响深远的《新诗潮诗集》。毕业后任中国新闻社记者。离职后创建天爱公关公司。后担任《城市旅游》杂志主编。在北大期间主编《新诗潮诗集》，在中新社期间主编《海外华人名人录》，曾经编写世界名校丛书之《北京大学》，在城市旅游杂志期间主编旅游人文丛书《小镇》。

2005年9月4日因病不幸早逝，英年44岁。

2005年10月23日，吕林亲人、同学、好友在北京大学世纪大讲堂校会议厅，为吕林举办了“怀念吕林”追思会。这是我在追思会上的发言。

去年上半年的一天，吕林给我打电话，要我为他主编的《城市旅游》杂志写稿。吕林主编这本杂志，拥有可以请人免费出国旅游的权力，唯一的条件是写一篇游记而已。所以，我一方面不敢承诺为他定期供稿，另一方面，也不愿失去被他邀请的机会，况且，吕林是我多年的朋友，即使没有免费旅游的机会，我也不能简单拒绝他真诚的邀请。所以，左思右想，给他写了一封邮件，说了几个不能从命的理由，信中我还开了一些玩笑，请求他理解。

令我非常欣慰的是，邮件刚刚发出十几分钟，吕林就来了电话。他在电话里哈哈大笑，说了一句让我非常自豪、也非常难忘的话：小平，稿子不必写了，要的就是你这种幽默感！

性格温和含蓄的吕林很少爆发那种夸张的笑声，所以它一直在我心底回响。对朋友的体贴，对友谊的珍视，对朋友优点和缺点的理解和欣赏，在吕林这阵大笑里展示得淋漓尽致。人们说千金易得，知音难逢，吕林是我一生的知音。

今年上半年的一个周末，大约在三四月份，我突然想念吕林，就给他打电话请他来家里吃饭。电话中吕林说他非常想来，但实在是赶不过来，我说有什么来不了的，来吧，我等你。吕林说：真的来不了，我在威尼斯采访呢！我和吕林开心地大笑，心头充满了一种无名的喜悦。

这是我和吕林二十多年交往中最后一次对话。九月中旬，我从外地回京，突然听到吕林去世的噩耗，在难以置信的悲伤和震惊中，我按下了手机通讯录里“吕林”的名字，电话接通了，响起的是吕林生前设置的音乐铃声，那是一片百鸟朝凤的天籁之音。当时的我，呆呆地期待着吕林也许会来接听电话，并且说：啊，小平，你这个家伙，又在干嘛呢……

吕林再也不会接我的电话了。我的生命里，少了一个最能欣赏我，理解我，容忍我的朋友。北大校友圈子，失去了一个曾经活跃，曾经奉献，曾经多次搅动未名湖文化风云的可爱的校友。

1983 年秋我到北大工作，吕林成为我在北大最早的朋友，最早的知音。我刚来不到一个月，很多北大的学生学者不知道我是干什么的，认为我是不入三教九流的不务正业者，瞧不起我。我需要北大的理解和接纳，需要朋友的支持。吕林把我写的一篇关于校园生活的文章做成了配乐朗诵，在他主持的北大广播台播放，在吕林的帮助下，我刚刚萌发的发展校园文化的理想，迅速在北大获得了普遍的知音。

1983 年底，吕林录音采访了我们正在排演的剧目《活的音乐史》。《活的音乐史》是我到北大后创作的一部大型歌舞表演作品，关系到我本人校园文化实践的成败。通过吕林的这次采访和宣传，这部后来在北大学生中引起强烈反响和留下持久记忆的节目，引起了北大师生的强烈关注，并在首演的那天，引来了大量的人流。

1984 年国庆节，北大学生在天安门游行队伍中打出了“小平您好”的横幅。我和吕林意识到这是一个非常重要的新闻。在吕林的追踪下，我俩找到了打出这些标语的同学。并在当天夜里九点多钟，在团委办公室，通过电话向《人民日报》、《光明日报》发稿，我清晰地记得吕林在电话中一字一句发稿的形象，心里对他这种形象充满了喜爱和仰慕。

当时，我虽然是北大老师，但对吕林这样浑身上下洋溢着活力、智慧和能力的北大学生，总有一种说不清的神往之情。而吕林以及其他许多和我结下终身友谊的北大学生，也从来没有把我当老师看，甚至都不喊我“徐老师”，而是“小平”。

当时还有一个小插曲，在给人民和光明两报发出稿子之后，我们和中青报联系。值班人员让我们把稿子亲自送去，并答应给我们报销来回打的的钱。正在我们兴致勃勃地准备出发时，那边来了电话，说不必送了。我和吕林都很扫兴，但吕林似乎更扫兴，他说，咳，可惜，早点出门就好了，一次兜风的机会没了……

第二天，由“徐小平、吕林、吴妙龄”三人共同署名的“小平您好”这篇报道在《人民日报》、《光明日报》上发表，轰动了全国，也轰动了燕园。这篇在吕林与我合作下诞生的独家报道，成为整个八十年代最温暖人心的一则政治新闻。成为我和吕林友谊交往中最值得自豪和最有意义的往事。我们得到了二十块钱的稿费，大家去燕春园把酒庆贺，沉浸在巨大的喜悦之中。啊，那些单纯而快乐的日子！

时至1996年底，我和吕林、刘江决定出国。三个理想破灭，穷途末路的兄弟，在那个寒冷黑暗的冬天，开始了艰难的留学申请程序。吕林毕业于中文系，负责中文内容的撰写；刘江毕业于英文系，负责英语文书的制作，而我因为是他们的"兄长"，则什么也不做，负责坐享其成。我记得当刘江把做好的文件带到北大给我们看时，说：吕林的背景真厉害，全是社长、台长、社团主席的头衔。我当时心里居然酸溜溜的，为吕林这么厉害的背景而暗自嫉妒他。

我和刘江出国了，吕林留在了国内。刚到国外，就给吕林寄去了一张我自己制作的、后来被他引述过无数次、相信至今还珍藏在他遗物里的明信片。在国外好几年，吕林是我通信最多，思念最多的朋友。我清楚地记得，当我开着花700加元买的第一辆破车，奔驰在加拿大高速公路上时，我心里想，要是吕林在这里，带他一起兜风，有多好啊……友谊的意义在哪里呢？至少在这个时候，友谊的意义在于有人可以被你想念，有人可以被你渴望来分享你的欢乐。

我在国外，吕林在国内。我们都跨入了九十年代初中国发展的黄金岁月。一生从事文化工作的、具有深厚人文功底、成就不少文章、著作的吕林也按耐不住了。机会来到了吕林身边。吕林大胆离开了国家机关，出来独自创业。他的生活引来一个崭新的挑战，也进入了他并不熟悉的商业丛林。他下了海，曾经胜利远航，也曾经遭遇风浪。当整个社会从炽热的转型期走过来，吕林也回归了他最熟悉的文化领域，回归了那曾经使他名闻遐迩，广结人缘，也给过包括我在内的无数人灵感的文字生涯。

回归文化之后的吕林，也回归了他一如既往的宁静，安详，友善和乐天的性格。我们在一起交往的时间越来越多，我们有好几次在家里聊到深夜，在对往事的回忆和对未来的期待中，我们忘记了生活的压力，抛却了人生的烦恼，而沉浸在友谊带来的纯粹欢乐之中。

欣赏朋友的人，朋友也欣赏他。知遇朋友的人，朋友也知遇他。吕林就这样，成为我动荡人生中一个精神依托，成为我漂泊岁月里一片温馨回忆，他给我的友谊，跨越了我从而立之年到不惑岁月，直至现在已知天命的漫长人生。我和吕林的友谊，在岁月的酝酿下，越来越纯净，越来越美好。

从第一天起，我知道我和吕林之间，就有一种朋友间常有的吸引力，但我总觉得，他身上不知为什么总是有一种特殊的魅力。这个迷惑，在吕林去世后怀念他的日子里，我才思考出了一些头绪。

从在北大广播台配乐播放我的文章，到录音采访艺术团排练《活的音乐史》，从和他一起采写“小平您好”的新闻事件，到主持五四文学社、运行燕园新闻社、编辑出版影响巨大的《新诗潮诗集》等这些活动，吕林的双手，搅动着北大校园生活的风云，吕林的活动，象征着北大那种令天下学子皆折腰的活力、理想、行动、创新、对校园生活的激情，对天下大势的关注，和对朋友的真情……吕林是经典的北大学生，杰出的北大校友，是最纯正的北大人。而和绝大多数北大学生不同的是，学生期间的吕林就以自己青春才华和奋斗活力，给北大校园文化留下了一份不灭的遗产，自己也成为北大校园文化的一座丰碑……能与吕林这样真正的北大学生交往，并成为密友，增加了我的自信，丰富了我的人生，并使得我和北大精神和北大传统贴得更近！吕林是我和北大之间的一条精神纽带、情感通道。

突发的疾病，把吕林带往了天堂，留下了太多未竟的梦想和永恒的遗憾。但我相信，吕林的天堂没有眼泪，只有笑声，他在那里微笑，为妻子笑，为父母笑，为他从未见过面的幼子而笑，也为这些怀念他的朋友、亲友、校友们祝福含笑。这么多亲人朋友在亲切地怀念他，持久地追思他，并共同承诺，承担起抚养吕林幼子的责任，让他 18 年后成为又一个吕林。吕林在天堂里不会寂寞，吕林在天堂里会永远微笑……而吕林给我，给我们大家留下的著作、留下的理解、留下的关爱、留下的友谊，将永远伴随我们。

吕林，请安息！

未名湖的星期天——寂寞的星期天暂时不寂寞

北大 82 级校友渠万春（高阳科技中国公司董事长）与 83 级校友许晓峰（前华纳唱片中国区总裁、创盟音乐总经理）两位共同以个人名义出资制作了北大原创音乐 20 年纪念专辑《未名湖是个海洋》。

专辑收录了我在 80 年代创作的校园歌曲《寂寞的星期天》。这首歌在八十年代风靡一时，曾被收录进十几个版本的磁带、唱片。这篇文字《未名湖的星期天——寂寞的星期天暂时不寂寞》，是为这套追忆青春情感的校园歌曲专辑而做，记录了我宝贵的青春往事。

本周六(05年11月18日),北大世纪大讲堂将举行本专辑的发行演唱会,我会作为超级男生粉墨登场!想到我即将有可能成为一个摇滚歌星,从此可以和李宇春、周靓颖等超女同台卖艺,不禁令我心驰神往(虽然这个可能其实很遥远)……

岁月流逝,什么东西是永恒的?

除了石头,就是音乐——刻在光盘上的音乐,以及音乐刻在心灵深处的回忆。

和岁月一样深邃幽暗的,如记忆一样缥缈忧伤的,是很久很久以前——上个世纪八十年代中,未名湖夏夜的晚上,那湖畔歌声的冲动,那草地吟唱的压抑,那周末宿舍里长歌当哭的倾泻,那毕业宴席上对酒当歌的唏嘘。

已经逝去的,是那些借着歌声的遮蔽,在幽暗夜色中潜伏进树丛里,在漫漫梦境中化为晨露的青春的忧郁,生命的欲求,以及对幸福生活的焦急渴望。

依然留下的,是那些曾经的向往、曾经的仰慕、曾经的梦想、曾经的追求,以及至今还烫在唇边的初吻,至今仍痛在心底的初恋,和那些没有过去、没有未来、只有当时的永远的第一次。

"今天又是星期天,热热闹闹是校园,到处有人谈恋爱,而且kiss,把俺这个纯情少年来污染"……

我写这首歌时,正在北大团委当文化部长,主管北大学生的谈恋爱运动。但渴望爱情的我自己,却一直处在被各种乱七八糟的kiss诱惑和污染的状态,竟从来没有获得过一次两次"kiss"的机会。

二手吸烟,据说和主动吸烟的人遭到同样的害处。二手kiss——就是看着别人kiss——却不能和kiss者享受同样的快感。虽然当时已经是"老师"但却渴望补习爱情的我,只好退而求其次,回到宿舍,搂抱吉他,抚摸音乐,寂寞写歌。

当时我已经快三十岁了。尽管在实践上早已不纯洁,但在精神上,我自认还能算是一个名誉处男。因此,边写边唱,边唱边写,边唱边渴望kiss,但终究因为歌喉太吓人,从来没有人kiss我,从而在燕园留下至今令我千古遗恨的苍白一页……

害怕别人看出我的孤独和变态,于是又鼓励同学们和我一起写,扬言要发起"北大新校园歌曲运动",于是身边又聚集了一批和我同样因孤独而变态的学生,哦,那星期天傍晚夜曲的忧愁,那些一个人午后前奏的伤感……

没有网吧、没有QQ、没有DVD——只有音乐,呼叫着一帮同在天涯的孤独者、遥想着那些正襟危坐的女同学。

没有网恋、没有电聊、没有一夜情——只有歌声,抱怨我多愁善感的暮春期,哭诉我多灾多难的性生活。

今天的人们难以回首，昨日的我们也无法想像，假如没有音乐，未名湖还是未名湖吗？青春期还是青春期吗？本来就不那么斑驳的人生也许就只剩下了灰色的往昔……

所以我们歌唱在湖畔，我们歌哭在湖畔，我们感知青春的苦涩在湖畔，我们渴望未来的幸福在湖畔。

歌唱、歌哭、感知、渴望……

当年放歌，我曾经忘记了自己一无所有，今天狂吟，我竟然发现自己依然年轻（以及还是那样不正经）！

一梦一千年。刹那间，浸淫在夜歌中的未名湖已经日照中天！二十年梦魂萦绕，活着像一首歌那么漫长，又像一首歌那么短暂。

一花一世界。悠忽中，迷失在夜色中的少女已经可以担任祖母！跨世纪人生折旧，梦想如一首歌那么虚幻，又如一首歌那么坚实。

弃我去者，昨日之日不可留，歌我心者，今日之日更温柔……

于是，我们回归残留在青春期的音乐之声，于是，我们回归心灵的未名湖……

于是，我们唱起寂寞的星期天，于是，我们的人生暂时不寂寞……

附：寂寞的星期天

今天又是星期天星期天
静静悄悄是校园是校园
北京同学都回家去团圆
呼儿嘿哟
留下俺这外地人受呀么受孤单
不见老师也不见辅导员
不想看书也不想做实验
泡了一袋方便面越吃越饿
呼儿嘿哟
点一支大重九越抽越烦
今天又是星期天星期天
热热闹闹是校园是校园
到处有人谈恋爱而且 kiss
呼儿嘿哟

把俺这个纯情少年来呀么来污染
不想上街也不想逛公园
没有友谊更没有恋爱谈
写了一首朦胧诗向谁奉献
呼儿嘿哟
插上了电炉寻求温暖
今天又是星期天星期天
轰轰烈烈是校园是校园
校长书记来宿舍问寒问暖
呼儿嘿哟
叫俺树立无产阶级人呀么人生观
俺爹俺娘在家乡盼望俺
俺哥俺妹常来信羡慕俺
大道理和小算盘俺岂不知
呼儿嘿哟
怕就怕过这星期天
唉～星期天

词曲:徐小平
编曲:关伟 水源
试听提供:创盟
木吉他:水源
电吉他:关伟
和声:水源 关伟 陈默 严烁

理想主义的快感

昨晚(05 年 11 月 18 日),北大世纪大讲堂,举办了“未名湖是个海洋——北大校园歌曲发布会”。

演唱会结束，观众全体起立，久久不愿离去。大家被演唱会气氛所震慑，所感动，所吸引，久久不愿离去……

这个场面，我在和北大二十多年的情缘中只见过一次，那是1983年12月底，北大艺术团演出“活的音乐史”结束后，北大办公楼演出厅里的学生也是这样。演出结束，观众不愿离去，这是怎样一种感动啊！

当时王强走到前台说：音乐课结束了，大家下课！全场哄堂大笑，学生还是不肯走！

时隔二十多年，北大音乐会再现那种场面，令人唏嘘。晚会组织者，同时也是这张北大校园歌曲专辑发起人之一的许晓峰说：我们在二十年后重回母校，就是要向母校证明两件事，第一，北大学生是可以创作出中国第一流的校园原创歌曲的，第二，北大人的理想主义，依然存在于我们心中，永不磨灭……

理想、青春、友谊、爱情、梦想、希望……这些，都是北大学生歌曲，也是北大学生梦境的永恒的主题，永恒的追求。

一个人不能没有梦。一个民族，更不能没有超越金钱、超越物质、超越欲望的伟大理想！

今日中国，经济突飞猛进，神六已经上天，除了全面小康、除了可持续发展、除了和谐社会——这些都是伟大而关键的目标，我们还缺少什么，我们还需要什么？

也许，重提理想主义，重燃那种“团结起来，振兴中华”热血，重振那种“天下兴亡，匹夫有责”的阳刚，重回那个“风声雨声读书声，声声入耳；家事国事天下，事事关心”的八十年代启蒙激情，可能是我们这个经济急剧发展而精神建设相对滞后的社会最最需要的东西。

啊，伟大的八十年代，那些梦魂萦绕的日子！

那些为国家大事费心，超过为个人大事操心的日子！

是的。没有一个时代，有如八十年代早期那样，个人命运，如此和国家政治紧密相连、亲密相连，甚至是私密相连！

国家恢复高考，一代即将毁灭的青年，得到了新生。

邓小平对外开放，刚刚从文革梦魇中走出来的中国人，又陷入了一种看见发达国家如此令人绝望地发达的梦魇。人们开始反思中国文化、传统、民族性、毛泽东……

留学运动开始了，新中国知识分子踏出了国门，第一次看到，被我们侮辱践踏了二十年的西方社会，是如此的文明、繁荣、“和谐”……民主、自由、平等……

八四年国庆节，北大学生打出了“小平您好”的标语，当时的我们，人人心中漾溢着温馨、愉悦、欢乐、信任……谁也没有想到任何其他东西。

事隔整整二十年，在纪念小平百年诞辰的“同一首歌晚会”上，主持人倪萍居然问我：当时你作为团委领导看到这个标语，心里紧张吗？

紧张？那是后来的事！

春风不度玉门关，倪萍难懂八四年……

理想主义——八十年代的理想主义，就在昨天这场晚会，得到了一次全面的展示，一次激情澎湃的燃烧。

听听那些歌曲，就知道青春为什么不会虚掷，人生为什么充满希望，甚至孤独痛苦也可以成为美丽歌曲慰藉激动失恋和绝望的人！理想为什么总能在心灵深处闪光，对精神价值的不懈探求，为何也能、或曰更能像金钱那样，给我们带来幸福满足的快感……

昨晚的演唱会，激动的不仅是怀旧的中年人，漾溢着喜悦和神往的，更多是那些二十年前的我们，二十上下的学弟学妹们。

我看到了希望……

我初到美国时的经历

去年我整理档案时看见两张照片，心里真是一阵惊喜：那改变并决定了我三十岁之后人生的种种留学经历，算是有了一个铁证。

这两张照片是我1988年春天，在美国首都华盛顿打工时拍的。由于我当时没有傻瓜相机，照片很少，这两张照片就成了我几乎唯一的“工作照”。

这两张照片，显然不如我后来的照片好看，有点像难民。但我当时到美国的情况，其实比难民好不了多少。也许难民身上一分钱没有，而我，却带了一百美元，到达了美国。100美元：0美元，前者是后者的无数倍。

我是1987年最后一天去美国的。我记得当时飞机飞临旧金山上空，机长告诉大家下面就是美国旧金山时，我听到机舱里发出一阵轻轻的惊叹：我们终于到达美国到了！第一次出国的人，尤其是80年代被禁锢如此之久的中国人，都有这种惊叹。

转机到了美国纽约机场，我的一位朋友，现任新东方留学中心主任的杨建飞，早在那里等着接我了。建飞是恢复高考后第一批考上北京外语学院的大学生。当时在美国已经呆了一年半。在机场商店，我要他赶快给我买一个"热狗"。建飞说：热狗难吃死了，显然他已经吃够了热狗。我说："不行，我得尝一尝，这是美国快餐文化的象征呢。"

我记得第一次吃这狗日的热狗，味道糟极了！但我还是假装津津有味地把这热狗一段一段地咬到底，制造了一条人咬狗的新闻。来到北美新大陆的我兴奋无比。

第二天醒来，我的另外一个朋友带我去书店，在书店我看见了向往已久的《阁楼》杂志。那美丽的杂志，近在眼前，唾手可得，心里激动死了！心想：吃了热狗还不算来到美国，毕竟中国政府不禁热狗，但《阁楼》就不一样了，能够公开买一本色情杂志，大大方方拿在手上，不怕警察叔叔抓，才算踏上美利坚大地，才算惠特曼、才算华盛顿、才算梦露、才算里根呢！

我要陪同我的北大朋友刘江给我买一本。刘江现任波音中国的副总裁。当时正在俄亥俄大学读社会学硕士。刘江说：这杂志没什么意思！我说：没意思也要买一本，看的就是没意思！中国的杂志都太有意思了，不如这个没意思的有意思。买！

到美国，我吃的第一口西方美食是热狗，抱的第一本学术著作是《阁楼》……

建飞、刘江，也都成了我相交一辈子的好朋友。

很快就开始打工了。美国就是这样：不劳动者不得食——热狗，不打工者没楼住——阁楼。为了更多的热狗，为了下一期的阁楼——以及阁楼里的美女，人人都得打工、劳动、辛苦、奋斗，为了生存与梦想而苦苦劳作。

我换上工作围裙，戴上了无顶帽，开始了在国内从来没有想过的餐馆工作。我工作的是一家中餐馆。八、九十年代中国学生在美国"打工"，基本都在中餐馆。打工，无非是做厨房下手、服务生，还有就是收钱的，cashier。我干的就是 cashier。餐馆最高收入的打工职务是厨师，中国学生一般都达不到这一高级职务。

餐馆叫"Mr. Egg Roll"，春卷先生。老板叫张忠，来自台湾，但却是在 1949 年从无锡逃到那边去的，他的爸爸在内战中被我党枪决。他对我有特殊的感情——因为我爸爸是新四军出身，作为国军的他爸爸，却惨遭我爸爸这一方打死。而打死他爸爸的那一方爸爸的儿子，现在又从北京大学来到他的小店投靠他，洗碗卖饭。张老板对我一见如故，视为知己。他一方面恨死了大陆的一切，一方面对来自大陆的人，无比亲切。今日台湾泛蓝群众的情感基础，他就是一个经典。

瞧留学美国的好处，居然可以帮助我理解台湾泛蓝群众！

打工的故事很多，今后有机会说的。

……

2001 年，新东方已经名满天下。我和俞敏洪、王强、杜子华因公出差华盛顿，刘江当时正好也在华盛顿，接我们吃晚饭。暮色沉沉之时，我们驱车到了我 15 年前打过工的餐馆门口，餐馆已经易主，并从一家中餐，变成了墨西哥餐。我进去走了一下，摸了摸当年擦洗过的桌子，用了用当年使用过的厕所，想起了肯定正在渐渐老去、对无锡故乡依然爱恨交加的张忠老板，以及我在这里打工生活的种种过往……心里激动万端。

怕鬼的短文

昨天半夜两点半躺下，很快就被电话铃闹醒，朦朦胧胧去接，却没有人说话。问了半天，那边就是没有人吭声。

虽然我睡意正浓，但还是被吓醒了。因为外面天色一片漆黑，我觉得大概午夜三四点吧。我这个电话号码几乎没有人知道，极少有人打来。就想到午夜凶铃，觉得一定是鬼打来的。

看了一下钟，已经六点半，心里稍觉放松。六点半虽然太阳还没有出来，但鬼肯定已经回去了。

我怕黑、怕鬼，夜里睡觉都要把家里灯全部打开，把门紧紧闭上，确信没有东西之后，再留着一两盏灯，半亮着睡觉。我知道这样浪费电，不环保，但在漆黑的环境中，我就是无法入睡。

我的小儿子也怕鬼，但比我更胆小。每天夜里他都要把房间里的抽屉壁柜什么的都打开检查一遍，看看“它”是否躲在那里！睡觉时一定要开着所有灯，有时我深夜去把灯关掉几个，他居然会被惊醒。从他那灯火通明的窗口看去，不像是睡觉，而像是加班。

看见他这没出息的样子，我总是绝望地想：一代不如一代！

我平生唯一一次喜欢黑暗，是在初恋的时候。那时候其实已经二十岁了（真迟钝!),牵着她那温(读“微”)暖的小手,我们行走在漆黑的小巷里,心里想,星光啊星光你再黯淡一些吧,新月啊新月你再回避一些吧,街灯啊街灯你再被砸碎几个吧,黑夜啊黑夜你再深沉一些吧,初吻啊初吻,你就乘着黑暗现在发生吧……

也许这是我人生一个转折点,因为从那时起我就发现,爱情给人以勇气、给人以力量、给人以战胜黑暗的胆量、给人以驱逐心中鬼魅的明媚阳光……

瞧,没有谈过恋爱的青年人啊,你失去了生命中多少最美好的东西啊。大胆寻找你的爱吧!鬼才不敢爱呢!

“爱”是一种人性。而“怕”也是一种人性,而且我还有理论依据:

人类先祖早期没有住宅,生息在荒山野岭中,黑夜里有无数妖魔鬼怪、豺狼虎豹来侵犯攻击他们。半夜惊醒,爸爸剩下一半;早晨起床,儿子变成骨头……人类就在这样的恐怖之中进化。所以,我和儿子之怕黑怕鬼,是一种人类返祖现象。

我怕鬼,现在大胆披露这一点,一点也不怕人们嘲笑我——因为我是人类的后裔啊!

鬼才不怕鬼呢!

我20天减肥20斤的绝密技术

2004年9月,我去例行体检,医生说你太胖了,这样下去不是好事情。大量中年疾病都是由此引起的。我说我的身体很好啊!但医生说体重过高会引发这病那病以及这功能那功能……这病那病我倒不怕,但一听影响这功能那功能……我立即决定减肥!

从9月9号开始减肥,到国庆节那天过磅,我减去了10公斤,20斤,相当于从我身上拿走了一头大型乳猪。

衣带渐宽终不悔,为伊消得人憔悴。

减肥成功的感觉好极了!我的各项指标,都改善了,我的各种感觉,都变好了,我的各项功能……一直没有机会测定。

走路身轻如燕,工作效率提高,自信心拔地而起,有一种想飞的感觉。我甚至想去参加三亚选美,幸亏俞敏洪提醒我说:小平,那里只选女性……

我的各种衣服都变大了，经常假装郁闷、假惺惺地说：还是不减的好，这么好的衣服，瞧就不能穿了！说得当时也处在超重状态羡慕我的王强，口水直流。

啊，当时的我，多么愉快啊！

哦，对了，我的减肥绝密技术，就是王强给我的。王强说：现在美国流行一种“低碳减肥法”，low carb 减肥法。你可以试试。

低碳减肥法是一种革命。它的现状如何我不知道，但我知道在前几年，彻底风靡美国，被视为减肥最大的革命。它是由 Dr. Atkins 提出的一种观点：肥胖主要是由碳水化合物，也就是五谷糖类脂肪，造成的，和蛋白质无关。所以，你可以大胆吃瘦肉，鱼虾，水果蔬菜，少吃五谷脂肪糖分，就能够减肥。

我无意推荐任何减肥方案，这不是我的专长。但我自己照着这个方法，在没有任何特定锻炼的情况下，一举卸掉了寄居我身上的另外一头猪，非常接近健康标准的身材！

少吃米面、淀粉类食物、糖分、脂肪，大胆吃瘦肉，鱼虾，特别是虾，大量吃豆制品、奶制品……是我二十多天减肥 20 斤的绝密配方。由于这个减肥法的特征，有人称之为“吃肉减肥法”。

当然，吃的时候也还是要悠着点。

减肥成功的感觉如此之好，我认为那是我 2004 年没有虚度的主要标志之一！

朋友们一定会问“有没有反弹”？

反弹肯定是有的。但一年来，最多也就反弹回去三公斤多，相当一只肥鹅，但绝不是乳猪。而只要我稍微注意一下食谱和食量，第二天就能在体重计上寻找到那种能够自己控制体重的无与伦比的快乐。

我还没有体育锻炼的习惯，顶多在浴缸里游游泳。我期待一种契机，使我去除这个从小养成的轻视体育和健身的坏习惯——“吃肉减肥法”使我获得瘦身的成功，什么时候有人发明一种“酣眠锻炼法”，我坚信那就是我成为健美先生的开始！

（准确说，我在二十天之内减肥了 9 公斤，另外 1 公斤花了我另外几天，但为了标题更加耸人听闻，就作假了 1 公斤。）

For your information about Dr. Atkins low carbohydrate diet revolution: www. atkins. com）

昆仑饭店的下午茶

下午四点去昆仑饭店见一个朋友，来到大堂二层的酒吧，看见非常丰富的下午茶。

这个朋友，毕业于北大中文系，才认识不久，有事找我，所以就约到了这里。

一看见这个下午茶，就想起前些时我和夜夜舞蹈的下午茶，其实那天助手们确实买了好多好吃的，而我，也确实带了一盒英国红茶，可惜的是我一开始咨询就忘记了茶的存在，而这些家伙们居然没有把茶主动拿出来泡上，搞得有博友对着照片发疑问说：茶呢？

下午茶是一种 meal，是一顿饭。英国人用了下午茶，到晚上 8 点才吃晚饭，因为所谓下午茶并不是只喝茶，其实也有很多吃的东西。

昆仑饭店的下午茶是一种自助餐，中间的吧台上，摆满了迷人的食品。

我领着朋友从吧台前经过，看见那些五颜六色、琳琅满目的美味，心里顿时乐开了花，嘴里禁不住笑出声来！张哇塞！李敖吃！怎么这么多美食，怎么这么多美色！生活怎么可以这么美好啊！

吧台中央，摆着各种各样的蛋糕、硬糕点、软糕点、奶油糕点……糕点上面都花花绿绿地点缀着白色的奶油、红色的樱桃，绿色的猕猴桃、以及黄色的橘子。我已经按捺不住我的食指了！

吧台左边，大约有五六种不同的三明治，那种袖珍型的三明治，有三文鱼、培根、金枪鱼、鸡蛋三明治……除了三明治，还有一些冷食肉类，我看见了那些橙红色的烟熏三文鱼，心里立即知道马上少不了要吃它两份！

吧台的右边，是哈根达斯冰淇淋专柜，有四种不同口味的：绿色的是绿茶，黄色的是香草果仁，巧克力色的是巧克力味，粉红色的则是草莓。冰淇淋桶的旁边，摆着各种冰淇淋调料，让你自己根据舌头的感觉配制：杏仁片、葡萄干、蛋黄酱、枫叶糖浆（未必精确）、巧克力汁……那些颜色是如此鲜艳美丽，我后来明明知道这些东西不宜多吃，但还是忍不住拿着食具在上面搅了几下，以解心头那爱恨交加的情绪。

吧台的另外一侧，是一系列制作精美简单的肉食，放在擦得一尘不染的镜面一样的银色容器里。从右边开始，是牛肉串、虾饺、广式菜饺、大虾串、鸡肉大虾卷……还有一两样现在已经想不起来了的什么好东西……我把容器一个个掀开看看，如同偷窥的少年，充满了好奇和入迷。

服务员走过来说：这里每人净价138元，包括咖啡或茶，不加服务费。我说既然是自助，我们可以两人合吃一份吗？

服务员笑笑，觉得我们真是无耻天真。我也笑笑，觉得自己真是无赖抠门。然后说：两份就两份吧，给我们上好茶！然后立即起身走向吧台，向那些美食发起了总攻。

朋友看看手表说：哟，已经四点了，正好还有点饿呢！我说：不饿也要吃，138元，不把成本吃回来就不走！

嘴里说着，心里还是感到有点内疚：真是土人啊，下午茶是品尝的，哪里是来暴食的？但中国人民本来就土，我土一点，也不算过分！于是一口气吃了好几盘，边吃边感到内疚、快感、惭愧、幸福！

两人喝着、喝着、聊着、笑着……生活的美好，在这一刻得到了最充分的体验。

突然之间，怎么就谈起了去年因病去世的故友吕林。朋友是吕林的同学，我们认识，就是在去年10月22日北大吕林追思会上。所以，说着说着，自然就说到了吕林。

在这个象征着美好生活的下午茶时光，想起老朋友吕林，我的情绪立刻有点低落。好茶依旧，吕林不在，物是人非，客在友逝……

唉，假如吕林在这里该多有意思啊！吕林一定会对着这些美食和我一样大吃大喝大笑大聊：回忆美好往事——喝一杯；感叹幸福此时——再喝一杯；展望人生未来——喝一杯；嘲弄不会享受的人——再喝一杯……

……假如吕林在这里，看见婀娜多姿、风姿绰约的服务员走过来，发现壶中茶已倒尽，肯定会叫一声："翠花，上红茶！"……然后对着服务员挤眉弄眼，传情送电，显得很流氓其实只是一个有贼心没贼胆的样子！

……

但是吕林已经不在了。下午茶越来越好，生活越来越丰富，但一个喝下午茶最好的伙伴就这么年纪轻轻永远诀别了美好的人生，下午茶的生活，怎不令活着——并痛饮着的我顿生伤感啊！

我暗中起誓：为了生命的意义，今后一定要多来这里喝下午茶！而且要常常邀请那些现在还活着但却不常见面的朋友一起来，免得忽然有一天想起他们，会像想起吕林似的遗憾！

生活啊，一切哲理和意义，尽在下午茶之中！

节后忧郁症

写不出像样的文章来，随便写几句：

春节并没有好好休息，虽然也没有怎么正经工作，但好像还是患了大家容易患的节后忧郁症。心情不那么阳光(北京本来也没什么阳光)，思维不那么明朗(北京天空本来也不那么明朗)。总之，不如应该爽的那么爽。

估计是整个节日计划被打乱了的原因。本来准备出去度假的，但计划不如变化，结果就回到了北京。

这就是为什么连续好几天没有写出我自己惊讶的文章来。我写文章，常常写完之后自己崇拜自己——这是我写的吗？白纸黑字，想不承认也不行。但这几天想写点好东西出来，写完之后，液晶烁烁，文字一般，想默认都不好意思……

唉，谁能帮我走出节后忧郁症？谁能帮我解除思维冬眠状？

2002 年春节，大年初二，我去马尔代夫度假。本来还在去与不去之间犹豫，但一想到北京那种天气，立即决定去。结果，那次度假是我收获最大的一次。马尔代夫的碧水、蓝天、白沙、骄阳，那种一百八十度视角内没有任何遮挡的瀚海景观，涤荡了我心中所有的人世尘埃，心灵如同被蒸馏洗涤过一样。回来后，一连十几天，每天写一篇七八千字的经典文章，如同长跑冲刺一样的涌动着动力狂潮——《图穷对话录》诞生了。

马尔代夫暂时是去不了了，因为有事离不开北京。我得想方设法让自己兴奋起来！

也许见一见我的偶像是摆脱忧郁的办法——我不说是谁，你猜对了我也不承认——能够解除我的忧郁，给我带来幸福的幻觉。但也说不定，因为也可能见过之后，给我带来更多的忧伤和绝望也说不定。

(有一次，我和她在一起吃饭——不过不是在一个桌子上，我只是远远偷窥她而已！看见她那边厢红旗飘飘，星光灿烂，我连续几次把菜送到了鼻子里。不过这还是去年 11 月的事情。)

……

休息与放松，是保持工作激情的重要手段，和工作本身一样重要。经常见到朋友来到我这里，一副神情沮丧的样子，似乎到了世界的末日。其实没有什么事，只是过劳疲惫，出现亚健康综合症。中国人注重工作，不注重休假，不注重运动，很容易疲惫过度。我曾经发生过好多次这样的情况，结果累到了连最轻松的对话都说不动的程度——不过这还是多年前的事情。2003年非典期间，我彻底离开工作五十天，把我头几年原始创业时期的那种极度辛劳彻底释放了出去，彻底恢复了健康。那是我最彻底——我连续用了四个“彻底”——的一次放松，现在想来都感到过瘾。

写到这里，不知道自己该不该把上面随便写的文字发出去——犹豫不决，也是节后忧郁症的症状。

假如过两天朋友看见我变作浪里白条出现在某个阳光明媚的沙滩上时，请不要惊讶，我要为自己补上一个假日，以抵御节后忧郁症。

现在我知道我能够长期保持乐观兴奋的原因了：我不是没有烦恼的事情，但我一旦发现自己陷入不快乐，就会立即想方设法摆脱。总是摆脱了忧郁的人，可不是总处在乐观欢乐的状态中吗！

节后忧郁症，拜拜！

我这个滥情的蠢货！

去年圣诞节期间的一天，我在东方广场地下食街吃晚饭。我去的这家小吃店，以小笼包、葱油面、汤圆之类的上海风味为主，价格便宜但味道很好。

每次吃饭，无论在家在外，我心里都会“荡漾”起欢乐情绪，为这些物美价廉的美食高兴，为这个丰衣足食的人生歌唱。西方人吃饭往往会祈祷，感恩上帝赐福。我并不祈祷，但我总点燃欢乐的心情，来体会造物的伟大，品味人生的甜美。

我正在埋头痛吃，赞美上帝，旁边桌上来了一对母子。儿子十岁左右，母亲四十上下。

这对母子引起了我的注意。因为我发现孩子一身的烦躁和不安，母亲的眼中，也流露出一脸疲惫和无奈。两人坐下之后，什么也没说。只见母亲把一个简单的包放在座位上，拿着菜单看了半天，好像在嫌价格太贵，最后郁郁寡欢地点了一个辣白菜之类让我胃酸的凉菜，一碗面条什么的简单食品，然后对着孩子不知道说了一些什么批评责备的话，孩子显得情绪更加低沉，坐在那里辗转不安。我的直觉，一定是孩子要买某种东西，而母亲大概因为钱少，不肯买，然后导致出现这种不开心局面。

看见这一对似乎不那么快乐的母子，我想起了我的儿子。我的两个儿子在成长过程中，和我在一起的时间很少，我总觉得对他们无限歉疚。所以，看见天下儿子，我都会联想到我的儿子，一联想到我的儿子，我就把面前的这个男孩当作我的儿子，施以无限柔情和关注。

这是我的心理毛病，并不值得提倡。大家千万别学——思念儿子，就把人家的儿子当作自己儿子来关爱，那如果思念太太，难道就可以把人家的太太当作自己的太太来幻想吗……绝不！

但是在这个圣诞节东方广场小吃店里，我面对这个辗转不安的小男孩，和他那看上去疲惫无奈的母亲，确实释放了大量愚蠢的滥情，导致了一场我现在都感到惭愧的丑闻。

因为勾起了我对儿子的思念，我就开始寻思：这个孩子为什么不高兴？我是否能够帮助他？

我看看这个母亲的包，是一个普通的旧包；看看这个母亲的鞋，是一双没有尖头的土鞋；又看看这个母亲的面孔，是一张劳动平民素净略黄的面孔；再看看这个母亲的表情，是一张疲惫寒酸的表情。

孩子不断向母亲抱怨什么。母亲不断对孩子说着什么。孩子听了母亲的话，埋头趴在桌上一言不发，好像为什么事情相当地生气。孩子就这样低头抬头，直到酸辣白菜端了上来。

孩子看见酸辣白菜，在妈妈的鼓励下，拿起筷子拨了两拨，几乎要把白菜送到嘴边了，但最后还是没有吃进去。妈妈显得挺生气，但孩子就是无法下咽。

这个细节看得我心碎。这个妈妈呀，也实在太抠门了——Well，也许我应该说她实在太贫穷了。带儿子逛商场逛饿了，居然给儿子吃酸辣白菜，怎么也得来一碟上海酱鸭、糖醋排骨什么的，让孩子吃个高兴！再饿不能饿孩子，再抠不能抠胃口！

我当时感到相当难受。想到我自己虽然不算贫穷但充满渴望与失望的童年，想到我自己两个虽然不愁吃穿但我却不能常常关爱的儿子，想到天下那么多可爱的、天真的、幻想的、好奇的然而大部分都是穷困的少年儿童，出来逛街放松享受生活的心情，居然一下子就消失了。我决定帮帮眼前这个小孩，至少让他高兴起来！

心里想了好多好多办法，要让这个孩子开心。但毕竟人家母亲就在身边，我别没事找事被人家怀疑！所以，尽管我是一个脸老皮厚的人，但要我主动和这对母子搭讪，还真有点难开口！我想说的话，包括："叔叔请你吃熏鱼"，"叔叔请你喝可乐"——对了，这个孩子坐在座位上半个小时，母亲居然没有为他叫一杯饮料！

这个妈妈怎么这样？我都生气了！

在这个圣诞节的晚上，我产生了强烈的愿望，要做一次圣诞老人，就为了让身边这个孩子笑一笑，乐一乐，欢呼一下，惊喜一回！

Make someone happy today。"今天，让某人高兴一下"，这是我在国外什么品德修炼书里读到的话语，也是我在北美生活中学到的宝贵品格。我确实每天都在刻意地这么做，并以此为自得。这是一种不为人知的洋洋得意，是自己内心喜悦的来源。

"今天，让某人高兴一下！"你做到了吗？假如还没有的话，那就做吧。因为，面对东方广场这个喝不起饮料、吃不起酱鸭、点不起小笼包，甚至连简单快餐也要节省的男孩和他的母亲，我就要积极行动起来，让他们 happy 了！

我鼓起勇气，装出笑脸，端出我最温柔的姿态，对着那位母亲说："对不起，大姐……你的儿子真可爱！"

大姐笑笑，客气地应付了我一句两句。我接着说："我看你这么可爱的儿子，不知道他为什么不开心？我可以……"

话没说完，大姐瞟了孩子一眼，然后对我说："你去问他为什么。"

孩子摇摇头，双手捂着肚子，做出一副憋屈状。

我说："圣诞节嘛，还不让他们任性任性，该买点什么就买点什么……"

母亲笑了，内疚地对着我说："是啊，他不正捂着肚子喊不舒服嘛——刚才他在哈根达斯，一口气整整吃了十个不同口味的冰淇淋球，弄得现在晚饭都一口不要吃！"

母亲说完，夹一筷酸辣白菜放到嘴里，拨了拨面条但没有胃口，只喝了一口面汤——显然她刚才冰淇淋也没少吃，所以母子俩人来到这个小吃店才显得如此"寒酸拮据"！

我放声大笑。一顿晚餐积累起来的紧张感像咬开的小笼汤包一样，欢乐地流了出去。我和这位母亲握握手，摸摸这个吃哈根达斯吃得厌食和痛苦的男孩，走出了小吃店。

走到店外，一阵圣诞快乐的歌声涌进我的耳朵，商场里到处都是彩色的圣诞气球和灯笼。我恨不得一头撞到某个节日气球或灯笼上撞死——我这个滥情的"蠢货"！

给我印象最深的梦是什么?

《中国日报》记者王小姐给我做了一个人物专访,采访之后又在MSN上问我两个问题:

"你为什么总是那么快乐?"

"给你印象最深的梦是什么?"

对于第一个问题,我的回答是:我确实应该说是一个快乐的人。我为什么总是那么快乐?因为,快乐是一种习惯,快乐是我的一种习惯。

如果你总是强颜欢笑,你就看上去快乐。你看上去快乐,你就快乐!

至于你内心深处是否痛苦,其实不重要。重要的是,你时刻记得提醒自己:人生苦短,快乐至上。人人都希望避免痛苦,人人都渴望获得快乐。

假如优秀是一种习惯,快乐也是一种习惯。优秀包含快乐,快乐就是优秀。优秀的人,都快乐,至少看上去快乐,至少总是给他人带来快乐!

什么时候你听说:这人真优秀,他总是让我们痛苦……但你肯定总是听到人说:这个人总是给人带来快乐,这个人真优秀!——比如我老人家!

耶!

我的生活哲学是一种快乐哲学,即使自己痛苦,也不要让它影响别人,也要尽最大努力去摆脱它,永远努力做一个至少是给他人带来快乐的人。给他人带来快乐的人,自己就会得到最大的快乐。

世界电影史上最伟大的形象,卓别林的流浪汉,应该就是这样一个人吧。他之所以百年不衰,因为他的乐观,梦想,永不放弃,永不气馁,永远渴望浪漫生活……

你不快乐吗?唉,快乐如同地下水,就深藏在你心里,努力挖掘它,你肯定可以快乐起来!!!

至于第二个问题,"给你印象最深的梦是什么",当时我没有回答她,因为我知道我的噩梦是什么,但我不想说,说出来太难堪。

想了想,我还是写在这里……

我印象最深的噩梦,是梦见自己考数学。我梦见,自己进入考场考数学,但一点也做不出来，那种尴尬和难堪，恐慌与焦灼，挫折与绝望，即使现在清醒地写作，也能够清晰地感受到那种梦中的困扰。

这个梦从小到大，一直陪伴我，大概做了三四十年了吧，它总是时不时地在月黑风高之夜，夜深人静之时，潜入我的梦境，以不同版本，不同形式来折磨我，让我吓得死去活来，醒来之后赶紧打开灯，揪揪自己的耳朵，掐掐自己的大腿，发现自己已经走出考场，于是大喘一口气，庆幸自己今生再也不要考数学了！

考数学，居然成为折磨我一生的噩梦！我真不知道如何才能摆脱这个折磨。

我从小到大从来没有喜欢过数学，虽然在一些阶段也曾经得到过不错的分数。在泰兴中学读高一的时候，恩师班主任刘进，就是一个数学老师。他那随和自由的个性，对我的成长影响很大。在他班上，我的数学曾经考过好几个90多分的成绩。我是因为喜欢这个老师而认真学习数学的，如同我因为喜欢当时一位化学老师，化学成绩特别好一样。

因为不太喜欢当时语文老师的讲课方式，我对自己真正喜欢的语文曾经不喜欢过，可见老师对一个人的成长是多么的重要……

说回数学上来，高一结束时，刘进老师调走了，我的数学从此也就下滑了。从此再也没有对数学认真过。

瞧，我喜欢数学的理由，也是一种艺术的理由，是因为喜欢某人而喜欢它，而不是喜欢这个学科。

1977年恢复高考时，当时好像就考语文、数学(也许还有政治)这两门。投入高考势在必行，我将不得不面对可恶的数学，去考一所普通高校，想起来就头痛，上大学的梦想，立马变成噩梦。78年5月，我参加完中央音乐学院的几轮考试，在没有拿到通知书、不知自己是否能被录取的情况下，我不顾别人“做两手准备”的劝说，放弃了为当年的高考而复习，原因就是怕触及数学。幸亏后来音乐学院录取了我，否则，我大概不得不在1979年，强行复习数学，参加高考。

不喜欢数学，不是什么好事。数学是所有科学的基础。数学所训练的计算能力、数字能力、抽象思维能力、逻辑思维能力，也是我们从处理日常生活小事到面对亿万美元大业的重要素质和技能。工程科技不必说，金融、工商管理、政府决策……都离不开数学基础。一个人要在现代社会中稳固立足，学好数学，大概是不用辩论的一件事。

我鼓励学生学好所有该学的东西，包括数学，我甚至鼓励我的两个儿子好好学习数学，大学期间，无论学习什么专业，一定要把包括数学在内的科学部分的东西掌握好。

语言和数学，是一切文化的基础，文明人大概都应该好好锤炼这两方面的基本功，才能够应付未来的挑战……虽然我的数学不好。

当然，中国教育的问题，有时候不是数学基础不好，而是实在太好，学生现在题海战术中，学数学，变成了一种永无止境的苦役，限制了学生其他才能比如创造力、想象力、反叛能力的发展，这是另外一个问题，不是此文要说的话题。

我的数学不好，给我带来了什么？给我带来的是一生不尽的噩梦，以及经常算错钱的噩梦。

我想，虽然每个人都有自己擅长与不擅长、喜欢与不喜欢的专业，但绝大多数人，除非你真的在某个方面显露了超群的技艺，否则毫无疑问还是要在语言和数学方面，把人生的基本功、即所谓的知识基础打好。这样才能够在人生的战场上，左右逢源，多占机会。

搞理科的一定要多多涉猎人文艺术学科，搞文科的应该拥有某种基础科学或技术的训练，这样的人才，是理想的人才，是所谓“高素质”人才。

人人都说美国大学教育开放，但是，开放的美国大学教育，每个学生入学必考的SAT，也就是考两大部分：数学与语言。最近加上的作文考试，则进一步强调了语文的重要性。

我自豪，我的语文不错。但我遗憾，我的数学不好，所以至今都在做噩梦……

谁能为我破除做梦考数学的恐惧？

救命！！！

人最大的敌人是他自己，我最好的朋友是徐小平

一位酷爱我博客的多年好友来信说：“近几年，你好像读书少了。你的文字里面的源头活水，好像不那么清新如许，我觉得你应该多读书，多走动，让你的文字，再现前几年笔下那种活力……”

朋友对我非常了解，所提到建议令我沉思。虽然这个意见非常微妙超前，但事实上是正确的，它触及了对所有人来说都很敏感却又非常容易忽略的问题。即一个人，尤其是一个有一定声望、有一定话语权的人自我更新与自我提升的问题。

从2001下半年开始，我从新东方日常事务中解脱出来，把大部分时间用于写作。一开始，多年积累的案例和思绪如同黄河之水天上来，滔滔不绝地奔涌了一段时间，直到2004年下半年，我逐渐感到了流速的减缓，文思的枯干。

文思枯竭的标志之一，是我发现自己在公开场合讲话时，总是那么几个笑话，那么几个案例，那么几个观点，以至于我自己都惭愧。我感到，即使我的观点对大部分中国学生依然有新意，但如果我不能继续前几年那种“黄河之水天上来”滔滔不绝的势头，我势必很快就会让读者疲惫，被人们烦恼，成为一个僵化的标志，成为一潭虽然还没有发臭但已经不再奔涌的死水。

于是，我选择急流勇退，在2005年基本拒绝了媒体，尤其是电视台的邀请。我要潜心读些书，思些考，想点辙，创点新……在读者厌恶我之前，先把自己更新了再说！更新之后再出山不迟啊！这一年，我费尽心机躲避了很多媒体的邀请……有时候觉得自己很可耻……因为在自己需要媒体的时候，媒体的朋友们帮我很多忙，现在觉得自己不行了，就不肯帮媒体的忙……这不是卑鄙势利是什么？所以，虽然我严格自律，但还是经不住邀约，在镜头前露过几次面。

可见，人在江湖，身不由己，树欲静而风不止，你想潜心读书埋头思考，但有时候责任和义务，使得你不得不做一些不该做的事情，结果是你就成为自身惯性的撞车假人 crash test dummy，身不由己地被绑在生活之车上撞来撞去，结果被撞毁了自己还不知道。

唉，多少人就是这样死在自己手里啊！

我是幸运的。我及时发现了自己的这个问题，于是就警觉了起来，并采取了措施……2005年春天，我忽然对自己说了十年的那些陈旧留学故事感到郁闷无比，正好斯坦福大学商学院组织一个教育问题的研讨会，邀请新东方参加，我听说之后自告奋勇报名，参加了这次会议，见了很多中国学生。会议结束之后，再去哈佛呆了几天，也见到了哈佛商学院一批中国学生。结果，我对留学生生活的了解，一下子更新了十年！从我贩卖了十年我自己的留学生涯，更新到了2005年斯坦福、哈佛商学院那些学生的人生状态。这次旅行的收获巨大，我认识了一批相当优秀的青年人，并在斯坦福商学院郭去疾同学的引见下，结识了他在微软研究院时的恩师李开复先生……

（前几天Google总裁来北京，在北京饭店举行盛大晚会，已经回国服务的郭去疾代表开复邀请我和俞敏洪参加，可惜我们都没能出席——我估计这样高层次的晚会，一定会有高档香槟和鱼子酱吧？遗憾啊！）

我必须承认，我在更新自己的道路上，只迈出了一小步，在种种现实的约束下，我还不能说自己有多大进步,更谈不上更新换代了!我最大的梦想是:选择一个时间,到哈佛大学或哥伦比亚大学,泡上三个月半年的,让自己的日渐老朽的大脑,获得新思想的冲击……哗哗哗,惊涛拍岸,卷起千堆雪……一个新的徐小平,就要胜利诞生了!

为什么获取新思想非要选择美国?很简单,我是搞留学出身的,不去美国去哪里?更何况,中国社会发展的方方面面,大部分都可以从美国的经验教训中找到现成的参考!

人最大的敌人是他自己。此话用在我身上,可能要失效了!我觉得我是我自己最好的朋友——因为我养成了一个习惯,能够像一个冷眼旁观的批评者那样,不断透视自己的优点与局限,总在分析自己的缺陷与努力方向!

这样的人,是不会过时的,哼!

问渠哪得清如"徐",为有源头活水来……

"原谅自己"的能力,是一种罕见的美德

好久没有在"徐小平博客"上贴东西了,搞得我自己都无法形容地内疚!内疚,内疚,不断地心揪!

不过,我可以保证,我要么不博,要博,我会狠狠地博一把!我会在未来几个月的某个阶段,狠狠地在我的博客上博一把!让朋友们看见我就烦,(从此正好不博)!

我做事的习惯,要么不做,要做,就投入全身心去。因为这个习惯,我能做成一些事,但同时也因为这个习惯,我也常常有一些应该做的事而做不了。

由此想到许多做事的人和人做的事。西方有"粗心的教授"(absent minded professor)的系列幽默故事,中外传记文学中,更有大量成功人士不拘小节的传说。确实,当一个人集中精力做一件事情,追求一个目标,其他方面自然会相对放弃一些。但关键是你正在做的事情,是否值得你放弃其他方面的追求?如果值得,就不要对自己求全责备吧……

我靠!本来是想写一点感想,填充一下因为缺少新思想新文字而空置的博客,现在简直写成了自己原谅自己的心理暗示。我啊,就有这个本事:不仅会自己喜欢

自己,感动自己,甚至还会自己原谅自己……

可是话说回来,自己原谅自己的能力,难道不是一种罕见的美德吗?如果你自己不能原谅自己,那别人怎么原谅你?那你怎么活下去啊?……我们每个人有多少遗憾终生而不能原谅自己的过失啊……但我们都还活着……与其活着不能原谅自己,不如原谅自己而且还能活着……

有道是“无官一身轻”,我想说“无悔才能赢”,忘记昨天的事情吧,重要的是今天你如何把事情做好!我自己也曾陷入在无穷的悔恨、遗憾、内疚、痛苦之中,结果得到什么呢?——什么也没有得到——或者得到了更多的悔恨、遗憾、内疚和痛苦!

突然想到毛泽东,他晚年说自己“三七开”,一句话,把文革灾难轻轻一言带过。虽然不对,但毕竟毛泽东是伟人。这个心态,就值得研究,如何研究?我告诉你:

如果毛主席他老人家没有那种和我一样自己原谅自己的心态,他不仅会被自己过去做过的错事压抑得患上忧郁症,在反右、或三年天灾人祸之后早点退休回韶山冲卖红薯,他其实根本就做不了那些有好有坏的大事。因为当他做事的时候,他会被过去的失败所障碍,被可能的后果所阻挠,最后,毛泽东同志很可能就不是我们所知道的毛主席,而很可能就是湖南乡下一个郁闷的乡村教师,经常为了不公平待遇和校长吵架,校长不理他,他就上访……

再说一个似乎不相关的故事吧:有时候我的演讲也挺臭的,臭得自己都不好意思抬头见人。但如果我陷入这种内疚,我还不死定啦!你猜我如何调节自己?我就想:妈的下一次演讲,一定要讲好!然后,立即投入对于下一次演讲的准备之中……所以,我期望下一次的演讲,比上一次好一些,耶!

唉,废话罗嗦,我都不知道自己要说点什么!……不过既然是博客嘛,就应该说点该说的话,民主,哪能像管制言论的人们那样,总是正确、总是充满了真理呢……

瞧,这就是我的心态……做就做吧,是恨是爱,说就说吧,说好是坏……管他娘的昨天多糟,但一定要集中精力,把今天的事情做好。

不要为心灵背负太多过去的重压!

新东方与英语学习

徐　小　平　XUXIAOPING

新东方的废墟

真正的博客，据说就是一种日志，这么说我这篇记录昨天新东方故事的文字，才是我第一篇日志。

不过，现在展览文字的地方多了，文章定义越来越无所谓了，博客之所以是一种革命性的写作形式，就在于其形式的民主自由，任何人在任何时候在任何地方都可以说任何话！

话说昨天去新东方新楼参加剪彩庆典，花篮彩球，莺歌燕舞，大家弹冠相庆，为新东方十来年的辉煌互相道贺。新东方大楼极其漂亮，进去更漂亮，我和王强等非执行董事，也有一个董事办公室，同样漂亮。

咔嚓一声剪彩之后，中国民办教育揭开了新的一页，中国人向西方学习的历史洪流，掀起了新的一浪！

参观完大楼，我和俞敏洪、王强、包凡一、钱永强、周成刚，以及总裁助理张亚哲去吃饭。饭桌上，这些决定新东方命运的人，为什么不是喜气洋洋，没有觥筹交错，似乎显得精神不爽？

因为，包括我老人家在内的几个哥们从大楼参观出来，脑子里已经忘记了新东方大楼在哪里，心里已经开始盘算着新东方下一步的发展战略和方向，并为此展开了激烈讨论。用王强的话来说：我们要把这个大楼当作新东方的 ground zero，重新开始新东方未来十年创业史！

什么叫 ground zero？这是美国 911 之后，用来形容被炸毁的世贸大厦废墟的一个词，也就是零起点的意思！新楼前面说废墟，新东方的人就是这样生猛，勇武，大胆，智慧。

什么叫重新启动新东方未来十年创业史？这个概念更加了得：从 1993 年开始，新东方连续十年培训业务像刘翔跨栏一样，以奥运纪录突飞猛进：新东方培训，95 年突破一万学生，96 年两万，97 年四万，98 年七万，99 年十四万，2000 年突破二十万，2001 年三十万，2002 年五十万，2003 年六十万，2004 年七八十万，2005 年的今年，可能突破九十万！

更加惊人的是，新东方的培训质量，并没有在飞速发展中下降——相反，一代又一代新东方名师层出不穷，偶像光芒四射，激情澎湃地在课堂上传播着新东方培训和新东方精神，把新东方传奇，通过一个又一个在新东方获得澎湃激情的学生，传向中国所有角落，远播世界每个地方，点燃众多学员黯淡的人生，创造无数青年命运的辉煌。

但是，这样一个令所有中国人骄傲的教育机构，培训企业，在她花三亿人民币买来的新大楼落成剪彩之日，这些创始人和决策者心中，根本没有为昨日的辉煌而陶醉忘怀——虽然想起来谁不豪情万丈？也没有为今天的成功而志满意得——虽然进得新楼谁不心花怒放？

人们苦苦奋斗，为的就是追求成功，享受成功。但握有新东方命运的这些人，一种最令我钦佩和自豪的素质，是永远的危机意识，永远的不满意识，永远的赶超意识——不好意思，这些人里面，我老人家也算一个:)

新东方没有竞争者，没有挑战者，但新东方在过去发展的所有重大时刻，都自觉地把自己当作自己最强大的对手，把每个学生当作最高审判者，把每个今天当作最决定性的一天，十几年如此，怀着创业的全部力量，丝毫不敢懈怠。

所以，王强在剪彩之后的喜庆宴席上提出新东方要有“零起点”心态的观点，向世界揭示了新东方能够成功的秘诀。危机意识，不满意识，自身更新的强烈诉求，解决内部冲突的程序正义……是新东方成功的独家秘诀。

这种意识，对于中国社会，也许有着全民的意义。新东方再成功，只是中国经济奇迹海洋的一滴水。但这一滴水强烈地渴望自己就能变成大海，并在竭力寻找成为大海的途径与方法。新东方的渴望，和中国其他企业一起，将再次创造新的中国经济奇迹。

要知道，今日中国人均收入比起美国日本这样的发达国家，依然只有三十、四十分之一啊！我们在为昨天的成就自豪的同时，其实更应该紧紧揪一下心，狠狠皱一下眉，大声喘一口气，把今天中国的成就，当作零起点，重新踏上新一轮改革开放的大路。新东方繁华之中有危机感，我希望整个中国社会，上上下下都有危机感，这样中国才能真正走出危机，实现可持续发展。

说新东方大楼，一下子又说到了天下大势，真累！

王强在我家喝最好的茶

一、王强

王强来家里喝茶，告诉我，他天天在家里读我的博客！

从他的语气中，我知道他不是在假装夸奖我，如我经常做的那样。因此心情极爽，马上把刚才给他泡了的茶倒掉，重新泡制一壶平时自己也舍不得喝的好茶，以感激他的夸奖。

王强不仅是名满天下的英语大师，还是名震海峡的藏书大家，台湾书界人士来京，都要去参观他的藏书。他的家里，古今中外图书琳琅满目，我每次去他家，看见那些书，根本就不想走。想让他走，我留下。

王强还有一个惊人的习惯，对于好书，他买两套：一套收藏，一套阅读。他的藏书和读书习惯，在他还是一个北大穷学生时就已经形成，所以毕业时，囊中书多，身上肉少。

据说——这是俞敏洪自己在演讲中说的——据说王强读书习惯也深刻地影响了俞敏洪。敏洪于是经常委托王强帮他推荐好书，甚至请王强在买书时顺便帮他代购一些好书。但据敏洪说，王强为了保持自己的知识优势，尽买一些黄书坑他！

我和王强、老俞三人在新东方已经共事十年。如果追溯上去，我们相识相交也已经二十多年，可谓太熟悉矣。因为太熟悉，我们之间的关系，如同左手握右手，好得没有新鲜感。电话铃一响，不必开口，我们马上知道对方会说什么……

王强，这么熟悉的老朋友，这么著名的读书人，居然喜欢上我的博客，怎能不请他喝最好的香茶！

有道是：思想流水不腐，友谊地久天长！

二、小月雨山的博客

小月雨山在我的博客上留言，请我看看她的博客，说她是新东方的老师。

我眼睛一亮。上次看见亚哲的博客，眼睛已经亮过一次。我希望我在新东方的同事们多开博客，这样多了一个和读者、学生交流的窗口，多了一个通往精神世界的文字通道。

赶快点击她的博客链接，一看傻眼了：博客上的女生，那么漂亮！

真的漂亮啊！博友们，快去看啊……晚了就抢不到沙发，只能坐板凳啦。和美女的距离，显然是离得越近越好啦！

小月雨山的博客还刚刚开张，有点像我两个月前的博客，内容还不多。但我也不失望。

既然这样，我建议小月雨山多多发表自己的照片。新东方老师，加美女形象，我相信你很容易超越我的点击率，成为新东方另外一个明星！

今后上博客，多了一个可以旅游的景点——不过小月雨山老师不必有压力，即使你的博客没有更新，但只要我想到你也在博，我的心情，就会变得翠绿新鲜。

问渠哪得清如许，为有源头活水来。大家都来博客，精神生活就会越来越丰富啊……

“高级技工”老罗（永浩）

博友“小平你好”：

罗永浩，号称走起路来都往下掉个性的人，为什么不在此开博？建立以小平为首新东方的集体品牌，有何不好呢？

博友“小F”：

徐老能不能劝劝罗永浩也开个blog？我们都很喜欢他。

博友们不断在我这里提到罗永浩，我就给罗永浩打电话，想约他聊聊。

没想到手机里储存的号码有错，打到了另外一个同事那里。我这才意识到我和罗永浩已经很久没有联系了。

2004年7、8月份，我为做“留学咖啡”节目，采访罗永浩。当时的他，已经名闻遐迩，只是还没有现在这样如日中天。在百度2005十大年度网络人物搜索排行榜中，“老罗”（永浩）与芙蓉姐姐、流氓燕等人齐名，并且是十个人中唯一男性。

采访中我问他:“你高中都没毕业,怎么就有胆量教 GRE 这种美国研究生考试?”

我是明知故问,引出了罗永浩气吞山河的回答:

“教 GRE 有什么了不起的,不就是一种高级技工的活儿吗?!”

我听了大为震撼。从此高级技工罗永浩,在我心里就怎么也无法磨灭。

罗永浩面对 GRE 的回答固然气吞山河,但读者诸君千万不要被这种气势所糊弄——真以为“成功原来很简单”——成功其实从来都不简单。但如果选对了方向,成功路径就比南辕北辙的人要快捷得多,而不必九曲十八弯,四渡赤水,七擒孟获了。

罗永浩高中没有读完,因为想做诗人,就弃学写诗。但他很快发现写诗养活不了自己,于是就像高尔基一样开始上“我的大学”——过了相当一段底层劳动人民的苦力生活。他说:他犯了钱钟书所说的一个年轻人常犯的错误——把写诗的热情当作了写诗的才能。

面对摄像机,他自豪地告诉我,为了谋生,他什么都做过。搞过传销,卖过羊肉串,筛过沙子,当过推销员,后来偶然发现还是来新东方当个教 GRE 的高级技工挣钱较多,于是就给俞敏洪写了一封信,申请做新东方老师。

对于罗永浩想成为新东方 GRE 老师的梦想,老俞自有老俞的绝招——英雄不问出处,英雄只论实力。试讲了两次,罗永浩均被老俞否决。我不知道老俞拒绝他时,有没有说:“回去继续卖你的羊肉串吧……”但面对 GRE 教父俞敏洪的否决,罗永浩拿出一种“到了黄河心不死,见了棺材气更狂”的疯狂,发誓非要把这个技工活拿下。

能卖羊肉串的诗人,一定可以卖 GRE 狗头!

罗永浩成为新东方 GRE 老师的过程艰苦卓绝。我只说两个细节:为了勉励自己,他在读英语书的同时,还读了大量励志书,由于读得太多,他不论本读,而是论“斤”读。学英语学累了,读上“一公斤”励志书;备课备绝望了,称上八两成功学。这样,罗胖子的肥肉在减磅,罗老师的智慧在增重。大年夜,万家团圆,他在一个“鬼都不住”的地方备课,午夜出门到麦当劳吃东西,只有一个大妈在值班,见他可怜,请他吃了两个饺子过了年……

这些细节当时我在听老罗侃侃而谈时,一点也没感觉什么。但现在复述出来,多少有点伤感——因为,罗永浩今天这么有名,如果我当时帮他一把,现在就可以自豪地说“我的朋友罗永浩”啦……

有多少未来的罗永浩,此刻住在“鬼都不住”的地方,梦想着明天的阳光!

大约从去年开始，网络上开始流传罗永浩的录音讲话，像病毒一样迅速传播。我去中央电视台录节目，人们居然会从头到尾背诵他的讲词，却一句也不说我的。搞得我既骄傲，也酸楚。骄傲是因为罗永浩是我在新东方的同事，酸楚是因为罗永浩后来居上竟然把俞敏洪王强徐小平风头盖了下去！

新东方老三篇啊，你们的演讲是否也应该有一点老罗元素呢……

我对罗永浩的那次采访，发表在2004、2005版《新东方精神》一书中。大家也可以在新东方网站上看到那次采访视频。不过，我和他的这次对话远远不如他自己在课堂上那些汪洋恣肆、口无遮拦、脍炙人口的罗氏语录迷人。

有一天，我听到一个同事在说：罗永浩的讲课录音在网上流传，有些问题……我立即说：除了个别太生猛的地方需要切磋打磨之外，罗永浩可以代表最精彩的新东方精神——代表新东方那种新鲜活泼自由独立的个性精神。

有时候，我自己也常常纳闷高中没有毕业的罗永浩咋就成了新东方最有代表性的高级技工呢？

想想他读了多少吨励志书!!!

新东方反思

今天不博了。我有紧迫的任务！

《新东方精神》要出2006版，编辑先生让我写一个序言，截止期从12月15拖到20，再拖到30，又拖到2006年1月4号，也就是明天。

实在写不出来，憋得走投无路，小平啊小平，你也有今日！

所以离家出走，找了个安静的地方构思、写作。

新东方精神出版五年，印行数百万册，免费送给报名的学员。这本虽然经过多次改版和更新的新东方代表作，印到2006年，还能给当代青年带来多少新鲜跳跃的思想？

这是我在构思序言时，反复自问的一个问题。

新东方还新鲜吗？它不断发展的源头活水在哪里？它持续挺进的精神动力来自何方？

我想起圣诞节那天，一群同学在新东方大楼门厅里围着我提问，在许多急迫求教的学生中间，一个女生突然问：新东方会衰落吗？

我一时无语，陷入了深刻的沉思。这个女生的话也许是无心问之，但说实话，这却是多年来我站新东方成功的高台之上，反复挑战自己的一个问题。

大家也静了下来，不说话，不问话，也不笑，怕伤俺自尊。

我想了想，心思重重地说："不知道！新东方想做百年老店，我相信也能做成。但如果新东方对当代青年的命运前途不倾情关心，对待中国教育的热点问题不紧密跟踪，与中国社会发展的趋向动态不息息相通的话，新东方就会迅速衰落。最后成为一个'不错'的企业，而不是像上个世纪 90 年代那样，如一轮红日，照耀大地，照亮万千青年奋斗者人生道路的精神堡垒！

"不过，我相信新东方不会与时代、与青年脱节，会继续它的辉煌！因为新东方的领袖们，不是那种躺在成功上睡大觉的人，我们都有反思精神啊……"

大意如此，在场肯定有我的博友出面证明。

人最大的敌人是他自己。新东方最大的敌人也是它自己、是它的成功、它的名声，以及它看似巨大实则渺小的企业规模。

从个体户角度，它确实巨大；从教育家高度，它实在渺小。因为：

假如决定社会发展的主要因素是人的素质，中国与世界先进发展水平差距有多大，新东方发展空间就有多大。

假如改变个人命运的主要手段是教育，青年渴望通过教育改变命运的需求有多大，新东方发展空间就有多大。

站在 2006 的沙滩上，我极目远望——我看见新东方巨轮，既像大陆板块一样稳健，又像摩托飞艇一样敏捷。

谁说大象不能跳舞？谁说新东方已经是大象？充其量，新东方只是一只跳跃敏捷的袋鼠，在中国教育的沙漠上，跳得快了一点，成为人们瞩目的动物，加上澳洲确实没有比袋鼠更大的野生动物，于是成了一种"大"的现"象"……

江山代有人才出，各领风骚十几年……今天不博了，要写《新东方精神》的序言。

别忘了，写作只是我的业余爱好，新东方才是我的立命之本。

虽然到现在，还不知道如何下笔……救命！

寒风中的美女

寒风中的美女(以及美男)啊……多么令人激动的景象!

星期六,北京寒风陡至,气温剧降,星期五雪花开始飘落,到了星期六,天气更加糟糕。北京最令人害怕的那种刺骨寒风,在天上来回滚动……但是,在这一阵寒流之中,我见到了千紫万红春天的奇迹——因为,我看见,在新东方大楼里面,无数美女美男排起了长队,等待着王强前来签名赠书……

周六是新东方"三驾马车"之一、口语大师王强签名赠书的日子。另外两匹马俞敏洪和小平同志我,早已在一周前签完,王强的时间被安排在这个星期六。

俞敏洪和我的签名活动,可谓盛况空前。两个小时内,我和敏洪都签出去一千三百多本书,据说我的还比老俞多三本,使我激动了好几天!

我签名那天,到达新东方大楼时,第一个同学告诉我:她十点就来排队了,等我整整四个小时……

当时的我,恨不得当场立即请她去星巴克喝杯咖啡暖暖身子暖暖心,我心里实在受不了这种无以复加的敬意。但一看后面长龙的队伍知道不可能。我的表面笑容可掬,心里已经涕泪横流。我想:新东方如果搞不好,面对这些学生,我们不成了欺世盗名之徒了吗……心里暗暗发毒誓,一定要和俞敏洪、王强这些兄弟们一起,把新东方的事情搞好!

好了,轮到王强来签书了,会来多少学生?周五晚上我和王强吃饭,说起明天的活动,席间一个朋友说:今天晚上下第一场雪……

王强当时就头大,苦笑道:"为什么 2005 年第一场雪,比以往时候都来得更早一些?"明天签名活动,如果没有几个人出现该多尴尬!

我安慰他说:没事,学生不来,我来。明天我带上我的司机、助手来为你助阵!我们可以连续排队,保证你有字可签!我衷心希望明天来很多很多王强的粉丝,但只要不超过我的就行……

周六早晨,我听到窗外刺耳的风声,心里一惊:下午王强签名,假如真的没有人来,岂非扫兴!于是我匆匆吃过午饭,飞车赶到了新东方大楼。

到了大楼，我看到了开头那种令人激动的景象：一楼大厅里，人山人海，工作人员为了防止同学在外排队寒冷，把队伍请进了楼里，让大家弯曲着排队，这样不必延伸到外面太多。同样地，早在四个小时前的上午十点左右，就有几十个学生排起了队，等待下午两点的签赠开始……到了一点半钟，王强为了避免同学们更多等候，就提前开始了签名。签名活动持续了整整两个半小时，比俞敏洪和我的时间还要长。由于只准备了一千本图书，眼见得现场告急，工作人员紧急调配了另外几百本运到现场，防止了让有人空手而归的危机……

王强在一群工作人员的协助下，挥毫签字，我的到来，只是在喧哗声中增加了几声笑语，很快就淹没在滚滚的人流和人声中。我给王强带来的星巴克咖啡，他根本没有时间享用，只是低头签字、问候学生、握手、道谢……看着他面前的汹涌人潮，我的心情，从刚才生怕没有人来的同情，变成了嫉妒，心想妈妈的早知道不来了，白白给他增加人气……签赠结束，王强一举签发了一千六百本他编写的《常用英语词汇大盘点》，远远超过了敏洪和我各自的一千三百本的数目！

我和王强握手祝贺！心里的自豪超越了自尊，我为王强的号召力自豪，为新东方的吸引力自豪！为我能参与敏洪、王强，以及其他无数人共同创建的新东方事业而由衷自豪！

新东方，“中国人学英语的地方”——这个口号新东方曾经用过一段时间，但我一直质疑这句口号的合理性——因为中国人可以在任何地方都学到好的英语。学英语未必来新东方。但是，新东方独特的魅力在哪里？它在培训领域狂飙突进的那种原动力从何而来？那些在寒风中澎湃而至、激情飞扬的少男少女、美女美男、爸爸妈妈、爷爷奶奶（有一个自称自己八十岁的老爷爷也来了），他们难道仅仅为一本书而来吗？显然不是，他们到底希望、期冀、等待新东方给他们带来什么？

成功。人生的成功，成功的人生。失败之上的成功，成功之上的成功。郁闷之中的成功，辉煌之中的成功。人人都期待成功，虽然人人都有自己对成功独特的理解，但在这个寒风凛冽的周六，在新东方大楼春潮般的人流中，我看到每个人的脸上都写着追求成功、改变命运、提升价值、渴望幸福的强烈愿望，我感到新东方身上一直向人们许诺的那种生命不可承受之重，但却一直举重若轻地兑现着的那种许诺——相会在新东方，就是相会在成功人生的中转站、高速路！

是的，新东方是“中国人学英语的地方”——其他地方也是。但新东方为中国有志青年提供的人生奋斗思想、人生成功理念、人生奋斗精神，配上新东方作为商业培训机构提供的卓有成效的语言培训，缔造了新东方传奇，成就了新东方大业，使新东方在寒冬酷暑吸引数百万追梦者来到新东方追求梦中前途。新东方精神，是新东方成功的核心竞争力，是新东方之所以成为新东方的一种契合了历史发展脉搏的时代最强音！

寒风中的美女……以及美男，包围着王强、拉扯着王强、期待着王强。一个人走到寒冷大街上的王强，可能也会因为身上没有暂住证而被作为盲流逐出北京……但此时此刻，作为新东方三驾马车象征之一的口语大师，浑身上下都散发着新东方魅力……和新东方所有其他老师一样……

新东方啊，为了无数青年的希望，继续释放你的澎湃魅力吧！

外语是月薪四千的一把暗器

一次我在从南京去上海的火车上遇到一个女孩，她的整个表情、打扮、气质使我觉得她刚从什么深山老林里走出来，要去上海找个保姆或是保洁的工作。

突然间，她掏出手机打电话，用一种我非常不熟悉的语言叮咚叮咚地说了起来。我心想这是哪一种少数民族的方言？想来想去想不出，最后一问才知道，这是意大利语！刚才她是和上海的一位意大利客商通话，约好她到上海就职面试的时间。说完她抱歉地对我笑笑：这次去上海，要见好几个达芬奇的老乡，还要继续打几个电话。

以英语培训为主的新东方，在德语、法语、日语、俄语甚至韩语等多语种领域，也提供了非常出色的课程，但至少意大利语这种欧洲主要语言，我们暂时还没有涉足，以致我孤陋寡闻，差点把意大利语当作了中国的山区方言，丢新东方的人。

和这个女孩对话，我知道了意大利语人才在中国需求的热度：在某些外语学院，要考进意大利语系还需要通关系、搞腐败；菲亚特汽车为了培养懂意大利语的中国员工，以一万美元的月薪，从罗马、米兰把教师带到长三角来；意大利语毕业的学生，起薪都在四千人民币左右，而且往往面临好几个用人单位的竞争……

我对这个老实得甚至有点木讷的女孩的话深信不疑。在人人抱怨大学生就业难的今天，居然存在这么一个人才的卖方市场，我觉得简直是一个奇迹。回到上海立即打电话给上海新东方校长汪海涛，告诉他这个黄金一样的培训信息，鼓动他立即做点调研，开设意大利语课！

本文的命题本来是“英语热为什么持续升温”，落笔却写成我和意大利语的浪漫邂逅。我没有离题。相对英语，意大利语是一个“小语种”，假如英语是欧美国家的“普通话”，意大利语确实是局限于亚平宁半岛的一种“方言”。懂“方言”而不懂“普通话”的人，照样吃饭睡觉，但既懂“方言”又懂“普通话”的人，则更有机会吃香的、喝辣的、睡软的、摸玉的——古人云：书中自有颜如“玉”！

这就是英语热为什么持续升温，并且必将继续升温直至沸腾的深邃社会和历史原因！

我忍不住要拙劣地套用一下雪莱的著名句法，以展示我的语言才能(if any)：

意大利方言都已经热了，英语普通话还能不学吗？

“平民”与英语

“大学老师朱朱”写了一篇新浪博客推荐文章：“英语，平民想说爱你不容易”。看了朱朱老师的文章，我想说：“英语，平民爱你挺容易”，怎么容易？我等会儿揭晓。

但朱朱老师文章中的一句话，震撼了我：“毛泽东时代，要培养红色外交接班人是怎么培养他们的外语水平的？你知道吗？不知道，去看看章含之之女，也就是乔冠华的非亲生女，洪晃的往事回忆吧，或者看看我国第一个驻欧洲的女外交官章启月的人生之路吧。他们是当作接班人来培养的”……

毛泽东时代，培养红色外交接班人，是把他们在十几岁时，就送到纽约最好的私立学校学英语。现任外交部发言人章启月女士就是在文革期间被送出去并且这样被培养出来的，成为中国外交的骄傲。

当中国最封闭排外的年代，伟人们为了今日中国的外交就悄悄把自己的“接班人”送出国读书，在中国最开放的今天，无数小民土人却还在愤愤于什么“人才外流”、“英语误国”、“崇洋媚外”的问题。坦率说这些讨论都是愚昧的。你可以不学英语甚至不学中文，你可以不出国甚至不回国，你可以不留学甚至不上学，你可以不洋也不外，但中国的发展需要无数那样的人——只可惜当年毛主席周总理对外开放的步子小了一些，只限于几个翻译几个外交官——假如当年他们送去了一批学经济的、学法律的、学政治的、学理工的、学新闻的呢？假如每个领域都有一个章启月这样的杰出代表呢？中国的今天就完全不一样。

当然，我们后来有了邓小平。

而且，后来、后来、后来还有了徐小平……（满脸通红地说）

以及，还有了大学老师朱朱、新东方老师洪洪、小学老师红红、幼儿园老师彤彤……以及各行各业为了中国之崛起而努力向西方学习的先进代表。

我想问朱朱老师以及所有其他“平民”和关注“平民”教育的人：领袖有领袖的接班人，平民有平民的继承者。既然文革中疯狂排外的毛主席都知道送人出国留学接班的必要性，我们这些邓小平改革开放的平民信徒们，是否都应该为了自己和自己子女的未来而让他们学好外语、了解西方、留学出国、完成环球化转折？迎接未来的挑战？

毫无疑问，当然应该这样！

谁不想做“接班人”！谁不希望自己的孩子成为“接班人”！

但接班人是要英语的。可是你如果不是钦定的“接班人”，如果你家里不是非常有钱有粮，你就去不了纽约，去不了伦敦，去不了多伦多，去不了墨尔本，你拿狗日的英语怎么办？

现在让我来回答朱朱老师的问题：“平民”如何学英语？——我该说吗，说了被人骂我做广告。但是，为了万千“平民”能够拥有与那些钦定“接班人”平等竞争的能力，我可以脸也不要了——来新东方啊！！！（理直气壮、班师回朝地说）

时至今日，英语再也不是时髦、再也不是“洋气”、再也不是“工具”。英语是今日世界知识分子的普通话，英语是世界专业人士的国际歌，英语是今日世界商业人员的凯旋门。

世界？世界和我们有什么关系？——我们是世界工厂啊！正在努力成为世界写字楼……在人家厂里打工，在人家楼里写字，你能不说人家的语言吗？不说也可以，但你就甭想“接班”了。

假如我是教育部长——上帝保佑我当不上——我就会宣布英语为第二官方语言，让每一个“平民”在语言上和世界彻底接轨，都成为中华民族伟大复兴事业的接班人。

太平世界，环球同此凉热！

“哑巴英语”是一种“奇迹”

一、哑巴英语

新东方应试培训虽然很厉害，但新东方口语培训也非常厉害，这要归功于开创了“美国思维口语”因而被尊称为“口语教父”的王强。王强的英语口语培训，在赋予中国学生开口说话的功能上，确实具有奇效。

有一次，我和王强聊天，又聊到中国人学英语的最大问题。这个问题就是：大家学来学去，就是不会开口说话，以致哑巴英语成为中国英语学习中一种说不出的痛！

“哑巴”英语，有痛自然说不出！

王强一时谈得兴起，突然发力道：“小平，哑巴英语，其实也是一种奇迹！一种教育制度，能够把一个能说会道的人教成哑巴，你不觉得这是一种奇迹吗？它肯定是一种强大而有效的制度，我越琢磨越觉得这个现象大有研究价值——既然传统教育能够把学生教成哑巴，如果我们研究出其中那行之有效制造哑巴的教学思想和方法，然后反其道而行之，不就能够彻底解决哑巴英语问题吗？”

听了王强的分析，我笑得前俯后仰，上气不接下气。但王强有一个特点：我越笑，他就越严肃，越来劲，结果他发挥了半天，说来说去，说得我们两人对中国的哑巴英语现象充满了敬畏和神往！——中国教育到底是用什么教学手段，在全国范围内，让那数以千万计能言善辩的青年人变成了英语哑巴？

聊的时候好笑，但写在这里，我其实笑不起来。当年我本人在音乐学院学了五年英语，记得最后一年时在故宫遇到一个外国人，她主动和我说话，结果我憋得满脸通红，嘴里根本蹦不出一个字来——如果我能说，谁知道会发生什么激动人心的好事呢！我的英语水平在音乐学院学生中属于最好之列，可以想象当时整个艺术教育以及普通教育领域里的语言水平！

1996 年我从加拿大回国，惊讶地发现中国学生英语水准已经上了一个档次，哑巴英语之灾明显缓解。我当时的一个助手，毕业于北京语言学院中文系，但其英语之流利，已经可以和任何在国外留学过的中国学生媲美。以致于许多来咨询的学生问从来没有出过国的她：老师你出国多少年啦？

但可惜这样的学生依然太少。从90年代后期我在新东方进行签证咨询时的情况来看，被拒签的中国学生，绝大多数都是不具备口语能力、不能自信地用英语和签证官交流、沟通、辩论甚至反驳的朋友。我甚至见到过英语说得像中文，中文说得像外语的朋友，他的人际沟通交流能力等于零，当然要被拒签。

这种不仅英语口语差，而且人际沟通交流能力不及格的朋友非常多。这样的人，即便去了美国，也会活得很艰难，很难想象他会获得他所期待的成功。因为美国以及所有发达国家，对于人才的要求不仅要他能够做内功，还要求你也兼备外功：表达能力、沟通能力、辩论能力、展示能力、兜售能力……等等这些和你的“真才实学”并不冲突甚至本身就是“真才实学”的所谓外在能力！

是的，这些所谓的“外功”，并不是外功，而是实实在在的“内功”，是所有受过教育的人，不管你学什么专业，都应该具备的真才实学，而且是基础能力！这就是所谓个人素质吧！假如专业知识是你人生大厦的楼层，个人素质就是你人生大厦的地基。中国教育重视专业教育而不重视素质教育，等于盖楼的只盖楼层不打地桩，其实是一种典型的虚假工程、豆腐渣工程。

说英语问题，却说到了个人素质和素质教育。这是我的职业病。但这个职业病，实在也是有原因的。什么原因？中国教育之所以大规模造就英语哑巴，和我们的文化，我们的人才观念（鼓励什么人才？压制什么人才?），和我们的教育思想，以及与此相关的教育方法，考核标准，有着紧密相连的因果关系。

二、哑巴汉语与哑巴思维

其实，哑巴英语只是我们教育问题中一个表象。与此相关的另外一个令人震惊，但不幸被人忽略的问题是：中国大学生，很多很多人不仅说着哑巴英语，其实他们很多人的使用中文的能力，严格说来也属于半哑状态，离“哑巴汉语”也差不了多少！中国大学生不善说话、不善表达、不善写作、不善面谈（interview）、不善辩论、不善沟通、不善谈判、不善兜售自己、不善卖弄自己、不善推广自己、不善经营自己……

人人都在说哑巴英语的问题，但很少有人注意到哑巴汉语的问题。英语是外来语，中国人本来不会，花了那么多时间和金钱而没有学会使用它，就显得物非所值，触目惊心。而汉语作为我们的母语，中国人生而知之，人人会用，所以就掩盖了一个哑巴汉语这样一个客观存在的严峻现实。中国大学生对于自己母语的运用能力:在口头交流和文字写作上与应该有的水平差得很远,成为制约他们人生发展的一个不该有的瓶颈。

哑巴英语使得无数青年进入不了世界五百强企业工作,而哑巴汉语呢?则是使得数以百万计的大学生成为"大学生就业难"浊流中主要泥沙之一。不会开口,不善表达,不能交流沟通,可以说已经成为一种妨碍青年人发挥才干、获取成功的教育公害,一种影响人们实现自身价值、追求幸福的民族缺陷,一种我们在通往未来之路上可能输给美国、日本、韩国,甚至印度的潜在文明疾病!

千万不要说我危言耸听,也不要说我的这个论断是"盛世"危言:就中国大学生的综合素质而言,我们所处的时代绝不是大学生个人素质的盛世,恰恰是个人素质的灾年,而且是连年灾荒——这是一个大学生综合素质贫匮、民族整体素质危机四伏的灾荒!

"哑巴英语"现象,其散发的不过是一股中国人学英语时由于综合价值观堆积起来的千年牛粪的恶臭,而那种不善于运用母语来达到自己人生目的之"哑巴汉语"现象,才更加值得我们思考和警觉——至于那种人云亦云、屈从权威、不敢挑战权力、不敢超越常规、缺乏个性、缺乏自由、缺乏创造性、缺乏想象力的"哑巴思维"现象呢?毫无疑问,这种"哑巴思维"现象,才是造成"哑巴英语"和"哑巴汉语"的真正病根。

"哑巴思维"——对于思想、精神、观念、意识、个性、创造性、想象力的压抑和扼制,是中华民族在走向现代化路上随时随地可能下陷的路基,可能出轨的断层。改造这个路基,填满这个深坑,是我们从文化到教育、从家庭到媒体各个社会层面所面临的共同挑战。只有这样,中国人的"哑巴英语"和"哑巴汉语"现象,才能得到真正的改善。

最近,国家提出要建造"创新型"社会、发展"创新型"经济,说起来容易,做起来——也不难!只要你从人才培养的根基上抓起,从教育哲学的源头上抓起,从文明躯干的基因上改变起就行:我们到底是要顺从型人才,还是要反叛性人才?我们到底是要保守型人才,还是要开拓性人才?我们到底是要个性千姿百态、思想百花齐放、风格万紫千红的人才,还是要个性千人一面、思想整齐划一、风格千篇一律的人才?

人人都会说我们要开拓性人才、我们要反叛性人才、要有个性的人才、要百花齐放的思想性人才,但要知道,这样的人才之得以诞生,需要在从小到大、从摇篮到棺材的成长和发展环境中,完整地给他们一种创新、反叛、挑战、出格、个性化、独特性的鼓励……我们的教育能做到这一点吗?我们的传统能容忍这一切吗?我们的民族是这样的民族吗？我们的文明有这样的基因吗？……啊，不说啦，再说下去，我就成了创新型和反叛型人才，从而就会遭到打击和扼制啦！

中国人失去创造力了吗？中国人失去想象力了吗？中国人哑巴了吗？

当然没有，但在世界范围内，有多少专利是我们的财源呢？新技术、新思想有多少是我们的贡献呢？全球 Ipod 里面有几首中国人的原创歌曲呢？中国人自己创造的电影电视有几部作品在艺术和商业上真正征服过西方世界呢？当韩剧日剧新加坡剧你来我往地不断风靡中华大地，我们自己的好作品，到底被毁弃在了哪个幽暗的角落了呢？

占世界人口四分之一的中华民族，到了今天，怎么也应该奉献给人类世界至少四分之一的专利、技术、思想、艺术、音乐、电视和电影吧！这样，作为华夏文明的后人才能够说：中国文明不仅古老，而且优秀！可是，当一种文化在对于个性发展和自由表达是如此嫉恶如仇的情况下，上述梦想，只能是我们羞愧和悲哀的源泉。

“九州生气恃风雷，万马齐喑究可哀，我劝天公重抖擞，不拘一格降人材！”龚自珍这首写于清朝中叶中国社会崩溃前期的诗篇，也许能够为今天人才降临吹进来一点春风吧！假如在龚自珍发出这个呼吁之后的岁月里，天公听到了他的呼吁，真的抖擞精神，不拘一格，让人才降临人间，让思想冲破牢笼，让精神获得自由，满清王朝也许就有可能不会灭亡，而走上日本明治维新的道路，从封建帝国一举成为近代列强的吧！

……

九州生气恃风雷，“哑巴英语”究可哀，我劝天公重抖擞，不拘一格降“口才”。

瞧！作为新东方的老师，我的要求并不高，我只向天公祈求“口才”——为了中华的振兴，为了青年的前途，请让更多有口有心、有心有口的“口才”降临啊！

我是怎样学好英语的

我对英语的终生兴趣和菲薄功底，是在中学时代开始的。我的中学时代，是“文盲加流氓”横行校园的时代，但就在我读中学的 1972 年前后，周恩来总理抓了一下基础教育，使得我有机会和可能，给自己建立了勉强及格的教育基础。

那时候，任何课程都要扛着领袖大旗做虎皮，于是，马克思所说的一句话，成为我本人至今挂在嘴边的一个口头禅：外国语是人生奋斗的一门武器！

A foreign language is a weapon in the struggle of life。英语，是全球化时代知识分子的普通话。对任何一个志存高远的青年学生，它如同数学一样，是一门基础学科。

高考恢复后我考上了中央音乐学院。在音乐学院，我用很多时间学习英语。如果说中学期间，学英语只是一种自发的对知识的兴趣，而到了大学期间，学英语就有了“考研究生”、“出国留学”、“读英文原著”、“国际交流”等实用目的。中华文明对外封闭了几千年，恰恰就在我成长的年代开始了历史性的对外交往，东西沟通，中外交融，互通有无，现在想起来，赶上这个时代的我们真是幸运啊。

我在大学期间学过的最难忘的一本英语教材，英文原文叫 Essential English。这四本教材让我读得如痴如醉。我记得里面有一个故事：一个在铁路岗位忠心耿耿工作一生的列车员，退休后公司赠送他一节列车车厢留作纪念。一天下大雨，他的侄儿看见他坐在后院的车厢外抽烟，浑身淋得湿漉漉的。侄儿问：叔叔你为什么不到车厢里面避雨呢？叔叔说：你没看见，车内写着“禁止抽烟”吗？

学习英语对我最大的价值，不仅在于语言，还更在于文化。通过对这类故事的阅读，中国教育的许多缺陷，在这里得到了弥补。我这里回忆的这个小小的故事，把西方文化中提倡的敬业、纪律、秩序、规则，包括幽默感，表达得淋漓尽致，使得我在将近三十年之后，依然想访问这个叔叔的禁烟小屋……

这本叫 Essential English 的教材，直译就是《基础英语》。这个名字反过来正好表达了我的一个思想，English is Essential！英语是基础——这句话，和马克思那句“武器说”结合在一起，可以构成今日大、中学生必须学习英语的哲学基础。

徐 小 平 XUXIAOPING

观念:社会现象与反愚昧的必要

一壶新茶煮户口

最近一期《三联生活周刊》有个消息，引起了我的注意，看得我喜不自禁，乐从中来。

消息是说龙井茶产地之一的梅家坞村，最近有几户村民和政府有关部门打了一个官司。人咬人不是新闻，村民告官更不在少数，但这个消息之所以成为新闻的奇特之处在于：这几个农民打官司，是为了抗议政府部门擅自给他们生的孩子上了城市户口，而不是农村户口，所以，他们要通过司法手段，把属于他们的“农村户口”夺回来！

这就是引起我极乐的故事。我之所以极乐，是因为五十年来，中华民族为了狗日的城市户口，不知有多少英雄人物被弄得耗尽心血、丧尽尊严、奔走呼号、弹尽粮绝。城里人、乡下人、上调、下放、暂住证、准入制、买户口、卖户口、黑帮流氓、户口局长……城乡差别，官授特权，人与人之间的基本社会关系，被这个该死的户口政策搞得如此冷冰冰、硬邦邦、金灿灿、凄惶惶……

现在好了，梅家坞这几个先知先觉的农民，为了捍卫自己天赋农权的农民身份，把政府推到了被告席上，原因很简单：梅家坞是出产龙井茶的地方，如果子女是农民户口，就可以分到大约半亩茶田，而这半亩茶田，一年能带来数万元的茶叶收益！

我听到，梅家坞的茶山上，传来美丽动人的采茶山歌：

世上只有农转非，世上哪有非转农？只要妹妹有茶园，溪水清清採金元……

原来如此！在梅家坞，农民身份，意味着半亩茶田。而茶田，则意味着数万金钱。这就是这则官司背后神圣的经济学原理。至今依然在中华民族群体间被视为人生安全导弹防御系统的城市户口，就这样在梅家坞几个美丽农民这里，像泡过的茶叶一样，被倒在污水沟里冲走了！

这个消息，对中国社会进步的意义，从思想发展的角度，也许可以和安徽小岗农民私下实行分田到户一样重大。因为，它向社会捎来的，是社会等级制度冰消雪融报春的信息，是户口价值世俗化（而非阶层化，神圣化）价值归位的喜讯，是对中国社会诸多落后与滞后政策的嘲讽与挑战。同时，也是对那些削尖脑袋耗尽心血想获得一份“北京户口”、“城市户口”人们的一种叫醒服务——起来，沉迷于户口的青年，这里是只看金钱不看身份的梅家坞！

唉……喝一口也许是产自梅家坞的龙井茶，我叹了长长一口气。在我的人生咨询过程当中，有一类人，是最悲惨的人。他们在人生某个关键时刻，一般是在毕业之时，为了“城市户口”这样一个确实也是客观存在的价值因素，牺牲和放弃了“发挥专长”、“追求兴趣”、“寻找激情”，甚至“爱情亲情”、“职业空间”和“挣钱机会”等这些真正重要的因素，以户口为核心价值取向，做出了取舍决定，而这种以户口作为核心取向的决定，往往给这些人带来了郁闷甚至是悲惨的命运：事业不成功、工作无激情、爱情出问题、婚姻有分裂、挣钱不满足、职业无安全、生活很痛苦……

选择决定命运。而决定选择的，则是一个人的价值观。你以“户口”为主要价值，你就会为户口放弃其他价值，往往是更有用的价值。户口的价值，在往日也许曾经是一张能够决定你在城市存亡的生死状，但在今日之中国，其实越来越成为一张有点唬人但实际一钱不值的假钞。

全国人民，尤其是那些和梅家坞农民一样生来就是农民的农民兄弟姐妹，正在祖国大地四野奔走，哪里有活儿干，哪里就是我的家，虽然他们的新家，往往遭到狗日的警察骚扰，无耻的官员刁难，以及卑劣的人大教授者流们“准入”的狼牙棒。但君不见，作为现代化指标之一的城市化的进程，正是在这些脱离了土地但还没有穿越城墙的农民同胞的双脚下，踏出了一条条伸向罗马的通衢大道。

有志青年，尤其是那些呆在原地已经没有职场牧草的羚羊一样的大、专学生，早已在每个毕业雨季来临之际，迁徙到了深圳、广州、上海、北京，以及所有经济发展创造了就业机会的大中城市，在那里找工作，找对象，找金钱，找人生幸福，找生命意义，虽然他们的寻找，往往还是会被户口、暂住、常住、永久居住这类和“居住”无关但和“驱逐”相连的政策枷锁困扰自己的寻找的目光。正是这种人才流动的现实、经济发展的驱动，使得中国社会最不合理最不具人性的政策之一的户口制度，以及由此带来的一切人的不平等、类似于种族隔离的“城乡歧视”和户口歧视，已经如太阳下的冰山，正在无奈而坚定地走向消融！

各地各级政府，正在做着巨大的努力改革户口所带来的种种弊端，甚至有地方已经捷足先登，一剂猛药，干脆打掉“户口”这样一种怪胎。2004 年春天，我在苏州的一次教育会议上听苏州市长说：苏州的户口新政，自动给与来此居住的大学生苏州户口，只要你来，甚至都不需要任何接受单位！

这可是我老人家亲耳听苏州市长亲口说的话，有诗为证，诗曰：

月落乌啼霜满天，江枫渔火对愁眠，姑苏城外公安局，夜半户口送上船。

苏州已经到了，上海还会远吗？

一旦上海沦陷，北京还守得住吗？

同学们，大家起来，奔赴那不要户口的天堂！

唱新时代的毕业歌，你无需浴血打仗，只需从心底认领本来就属于你的自由，你就获得了人身的解放。

户籍改革的解放大军，正以横扫千军如卷席之势，拿下苏州，威逼上海，遥指不人性的户口制度最后一个堡垒——那是我们最想去的伟大首都，北京……

即使在据说因为“特殊地位”暂时还不能松动户口制度的北京，各种改革，其实也正在把户口包含的种种特权和不合理因素在次第剥离：没有北京户口过去不能买房，现在早就可以买了；没有北京户口去年还不能买车，今年以来也可以了；没有北京户口不能找工作，但在那些活力四射财源滚滚的公司里，忙碌着大量并无北京户口但却在为北京、为首都、为祖国做着伟大贡献的劳动者——哪个真正有生命力的公司会把能为公司挣钱的人挡在门外？那些居然以北京户口作为网眼来筛选雇员的机构，一定是没有活力也没有前途的组织。这样的机构，请你去你也别去！求求你。

瞧，买房买车找工作，衣食住行你都有了，你还要什么？

可以说，户口在今日之中国，其实已经没有太大的实际意义。更可以肯定的是，户口在明日之神州，一定没有暂住的权利。到时候，警察叔叔穿着溜冰鞋努力追缉的人，一定不是没有户口的“外来户”、“城市游民”，而是那些依然利用户口的剩余价值在榨取老百姓血汗钱、在遏制中国人民自由迁徙权力从而窒息中国青年创造性活力的部门官员。

所以，我要告诉我的读者和学生，千万不要为户口而放弃工作、爱情、挣钱，以及幸福生活的选择。甚至都不要为了“心理安慰”而执意搞一个户口哪怕是“玩玩”。我承认，心理因素确实是一个不可忽视的核心价值因素，但心理因素恰恰是一个人在做出重大选择时，指导和决定你选择的根本驱动。改变心理因素，就是改变命运。如果你对“户口心理”实在欲罢不能，在你有限的资源范围内，假如并不伤筋动骨，搞一个也许无伤大雅。但对于绝大多数我的读者，新东方学员，鉴于人生资源的稀薄，奋斗资本的贫瘠，青春光阴的短暂，对于这个已经不再是“生活必需品”的城市户口，我劝你就干脆不要去想它了——管它娘的！

住它娘，吃它娘，人生有奶便是娘，户口已是断奶娘。

这是一个瞬息万变的时代。既定目标在我们的奋进中失效，神圣价值在我们的追求中过期。你放弃其他机会、花费巨大代价换来的户口这个东西，其实已经是一张旧船票。捏在手上，也许你可以唱着美丽的歌儿，不断幻想“能否登上你的客船”，但一旦登上这艘伪装成客轮的贼船，你会发现，原来那里不仅没有豪华舱，甚至也没有木条凳。精疲力竭地站在那里，你尴尬，你郁闷，你饥饿寒冷，你呕吐晕船，这个时候，你后悔，妈妈的为什么选择了这个狗日的并无大用的户口，而放弃了那么多好的机会，流失了别人正在挣着的哗哗的金钱！

不要骂人，也不要骂户口，但要骂自己！作为奋斗中的青年人，当然要提前一点点看到社会发展的规律，看到户口价值的蒸发，看到人生自由、就业自由和居住自由正如旭日早已升起在你人生的地平线上！也许眼前还有浮云能蔽日，但只要你看准方向，你就不会长安不见使人愁——这个人生方向就是，户口特权以及户口本身必将消失，而且就在未来三五年可见的岁月里。此时此刻，你最应该做的事情就是忘记户口的困扰，坚持走自己的道路——沿着自己擅长和喜欢的职业路径，探索自己职业人生的奋斗目标，经商挣钱？当官弄权？读书研究？种田、织布、砍柴、打铁、盖房、造车、卖电脑、教英语、做餐馆、搞媒体……

搞什么，都可以，就是不要搞户口。

谓予不信？请看梅家坞村那几个为了捍卫自己的农村户口、拒绝城市户口而和政府打官司的农民哥哥吧。在这里，户口的神圣性遭到了前所未有的凌辱，户口价值的贬值如同断绳的蹦极那样——下坠没有回头跳。作为人民的农民的眼睛是雪亮的，他们知道，什么是人生在世最宝贵的东西和最值得追求的价值！

而那最宝贵的、最值得追求的，到底是什么呢？——钱啊，笨蛋！

写到这里，连我老人家都想搬到梅家坞去定居了——但是，且慢！我没有梅家坞的农村户口，要住，顶多因为我能给梅家坞农民孩子做留学咨询，给我办一个“暂住证”！

呜呼，中国大地上价值观念变化怎么这么快？我晕……

人是否能够改变“命”？

万圣书园的老板刘苏里忽发奇想，要我写一篇关于“命”的命题作文。可怜苏里找错了人，万一编辑看在他的面子上发表我的文字，稿费就会被我白拿。因为，我对于中国文化意义上“命”的概念，从来不甚了解，也不想了解，所以说不出什么道道来。不过，我本人多年来在新东方从事“命”的设计与改造事业，所以对于“命”的问题，我还是有一点自己的话要说。

2002年秋天，我去成都演讲，到都江堰一游。负责接待并陪同我的《成都商报》庞小敏先生，看着滔滔江水，问我：“附近有位道士，替人家算命非常灵验，你是否有兴趣让他给你算算？”

我说：“好啊，他在哪里？快带我去见他。”

小敏君对我的回答颇感意外：“我以为你不感兴趣呢！你这样为学生做人生规划的人，如何也相信算命？”

我说：“其实我并不信。但我觉得他们做的工作，和我有一点类似，我总把算命的当做我的同行。”

小敏越听越糊涂，怎么徐小平变成算命的同行了？一个“青年导师”，怎么会如此……

于是我说：“小敏兄你有所不知也。我的工作，和算命的比起来其实是有些类似的。我们都是在预测人生，告诉人们将来会发生什么。但唯有一个不同——算命先生是基于易经八卦，测算你“命”中可能发生什么；小平先生则是根据成功规律，告诉你未来应该做什么不做什么！算命先生是臆测，小平同志是推理。

“为了对‘命’进行干预，算命先生会让你做一些事情，大多是一些神秘而无法解释的东西，比如今天不宜出行、明天不宜吃辣、后天不宜做爱……而小平先生告诉你做的事情，则往往都是明确无误的指导，比如是考研还是就业，是学英语还是不学，在户口和工作之间，放弃狗日的户口，在爱情和出国之间，选择宝贵的爱情。在爱情和金钱之间——两个都要！No money，no honey。有了 money，岂无 honey？只有 honey，若无 money，变苦的首先就是 honey。

“听我的，就成功，不听我的，就失败。我是神吗？我不是。我只是把三个代表的光辉思想，应用在我的人生咨询里面而已啦！”

“三个代表？”庞小敏晕了，好像就要从李冰父子泽被万世的水坝上跳下去的样子。

“嗯哪。第一代表北美人民的价值观念，我在那里生活前后十年，知道那里的文明值得中国文明学习。第二代表中国社会即将普及的价值观念，我在中国做咨询也已经十年，知道这个社会为什么有人成功得失去了欢乐却又有人失败得没了感觉，所以我只是把北美人民的普遍价值和中国社会实践相结合而已，怎么会错？

“第三代表……抱歉，其实我就这两个代表，刚才说三个代表，只是一时口滑，满足唇齿之快而已。”

小敏兄似乎理解了我的意思，于是大笑说：“走，去找都江堰老道——你的同行去也！”

……

写到这里，我大概已经说明白了我对“命”的理解了。我所理解并思考的“命”，就是一种自然规律和文明原则的总和——

自然规律。许多疾病有遗传，这是一种生命规律，是一种“命”。这种事情一旦发生，在医学依然不够发达的今天，对于当事者真是一种苦“命”。上海超级地产商汤臣集团老板汤君年——我恰好和他有一点遥远的联系——在2004年年底上海房地产最火爆、自身事业最辉煌的时候以却53岁的英年去世，就是一种不幸的“命”——他继承了父亲糖尿病的命定。基因疗法，是人类对于自然的一种干预，是人类对于“命”进行选择和干预的一种企图。

文明原则。原则是社会领域里的规律。苹果不会飞到天上，这是自然规律。对人必须真诚，经商不可欺诈，做事必须守法，这些就是社会规律，就是文明原则。违反这些原则，你的“命”肯定不好，尊重这些原则，你的“命”必然改观。酒后驾车，违反原则，殒“命”就是规律，前有洛桑，中有牛振华，现有何庆魁的儿子，以及无数人的爸爸和儿子。立法，道德重建，文化重建，是社会对于原则的建设，也是对于人生结果即“命”的选择。

价值观。价值观是什么？价值观是我们在与“命”有关无关的人生问题上，做出选择的精神出发点，情感指南针。新婚夫妇，为了留学选择分居大洋两岸，离婚就很正常——嫁错郎者“命”苦；大学毕业，为了户口选择放弃兴趣专长，沮丧就是必然——入错行者“命”舛；八十四岁的老同志，从上帝那里选圣诞礼物，选了一个二十八岁的姑娘，幸福就是结果——老遇桃花者“命”旺；当然，并非你想要“旺”就有得“旺”的，你还得有选择的资本，和选择的胆量。比如我还认识一个四十五岁的单身女孩，为了她珍惜的“舆论”和“名声”，一再放弃自己的性爱和浪漫机遇，无性人生就是她的常态，洁身自好者自然“命”定孤独。我经常劝她，搞了吧——今天晚上！……知我者谓我博爱，不知我者谓我求爱。悠悠苍天，此何人哉！

“命”是自然规律、社会规律和价值观（也是一种规律）的总和，不同的“命”，是人和规律互动的结果……还有其他吗？

我想不出来了。但让我再举几个例子，来说明“命”是一种对于原则进行选择的结果。

——健康原则，选择健康。高秀敏去世之后，我自己天天夜里不敢睡，生怕醒来已经死了。高秀敏的死，完全是可以预防的，她"命"不该死。中国人不注重锻炼，却偏重"保健"，不是自家生龙活虎搞锻炼，而是期望"今年有人送健康"。不注重休闲，却崇拜劳累。好像不过劳死的人就不算劳模似的——妈妈的人都累死了，奉献个啥咧？（用高秀敏口音读出。）

——快乐原则，选择快乐。谁不想多来点快乐啊。多来点快乐，要什么紧呢？但是，在神州大地谁人能快乐？君不见教育部今天才恩准大学生可以结婚（结婚是快乐的），明天又特赦大学生可以在校外租房（同居也是快乐的，甚至是更快乐的），这些新颁的政策有多进步，它们之前的政策就有多反动——它们曾经扼杀了多少青年的人生快乐啊！君又不见，昨天一所大学因为学生接吻开除他们，明天一所大学又要为一夜情开除学生——中国教育家们对于快乐的围剿，真是无所不用其极——想想，为了严肃大学纪律，校长需要雇多少色情间谍，才能确认今夜贪欢的那一对男女，过去从没搞过今后也不会再日！否则你怎么能以"一夜情"惩处他们呢？……我说多了。谈"命"，却谈到了中国大学的问题，没办法，这也是我的"命"啊！生命有代谢规律，快乐需要及时。而快乐最重要的源泉，来自每个生命体的灵魂深处，以及不断执行的心理调节。你调节快乐，快乐就是你的"命"。你调节痛苦，痛苦就是苦"命"的你。

——爱的原则。这个问题，我必须列举在这里，但具体就不多说了。

青年人从祖国各地来到新东方，有仰慕新东方的帅哥美女来上英语课的，也有冲着我来寻求人生咨询的，大家要的无非是一个好"命"。怎样才能得到一个好"命"即人生的成功幸福呢？

理解自然规律，尊重文明原则，选择先进的价值观人生观——在这个基础上，积极生活，积极选择，而选择的结果，决定了我们的人生，定义了我们的"命"。这就是我对"命"的看法，我的"命"观。

把自己能做的、该做的做到底，其余的交给上帝。这是一种最好的"命"，最积极的命。

我不禁想起，历届美国总统发表就职演讲，信誓旦旦说完自己任期内将要为美国人民做些什么事情之后，总要加上一句"上帝保佑美国"。上帝保佑美国——但自己的事情自己做。由此可见，保佑美国的上帝，其实就是选民和他们选出来的政府。我想，这就是美国和美国人民为什么"命"好的根本原因。

"……有两种事物，我们愈是沉思，愈感到它们的崇高与神圣，愈是增加虔敬与信仰，这就是头上的星空和心中的道德律。"如果允许我阐述一下康德的话，我要说康德的星空就是自然规律的总和，他的“道德律”就是“文明规律”的总和，而价值观呢——可惜康德不知道后来中国发生的事情，所以，他没有说到我所说的决定着无数中国人命运的价值观……

选择决定命运。但偶尔选择让和尚道士算算命，也是一种挺好的娱乐……

谁不想“一夜成名”

有一次，一个漂亮的电视女主持采访我。刚从大学毕业的她，很想把这次采访做好，所以对我特别客气。看见她把嘴唇涂得紫紫的，眼圈搽得黑黑的，对我如此热情洋溢，使我心猿意马，心旌动荡。

她问：“徐老师，你如何看待目前风靡全国的超女现象？”

我说：“超女现象？这是人民大众开心之日，这是全民狂欢节的序幕。凡是支持超女的，就是好男女，凡是反对超女的……对于超女这种给郁闷的中国人民带来一点可怜生活乐趣的文娱现象，居然有人反对，真恶心！反对超女现象的人，他们心里哪里有人民啊！”

说完我立即声明：“刚才讲的不算，全部删除。因为这显然不是你的电视台能够容忍的语言。我说的只人的语言，人语，而不是鸟语。”

女主持迷人地笑了笑，耸耸肩，表示这样的语言当然要一刀剪断、无情删除，然后故作姿态地问：“看来徐老师是支持超女的啰？那我问你一个问题……”

我心里一揪，我怕她会问我是谁的“粉丝”，说一句大家不相信的话，由于我总在出差和晚上演讲，除了文字和照片，我从来没有在电视上看过超女——但我是公众趣味的粉丝，凡是收视率高的东西，我都支持，哪怕并不符合我本人的趣味。

说“收视率是万恶之源”的人，如果不是精神接近崩溃，就是人生观彻底陈腐！现代社会，怎能没有统计和标准？(Statistics and specifications)

“那你怎么看待超女现象引发的那种‘一夜成名’的不良风气？”女主持憋了一口气，问出来的问题气势汹汹。

听了她的问题，我不由自主地大怒，因为我知道她的潜台词。我尽量压抑着怒气反问她说：

“一夜成名有什么不好?!谁不想一夜成名?!你难道不想一夜成名吗?!你爸爸妈妈难道不希望你一夜成名吗?!不想一夜成名,你为什么要在自己脸上施朱抹黑,涂脂浇油,成天面对镜头,美目盼兮,巧笑倩兮……?

“告诉你,别人我不知道,反正我是天天夜里都希望,一觉醒来我的博客已经名满天下,超越徐静蕾、击败张靓影、光盖汤加丽、气超范冰冰(最后一句话是我为了讨好博友们而杜撰的,当时的我,还没有开博呢!)

“一夜成名,是人类美好的天性,生命卑微的梦想啊……”

看见女主持愣在那里,我心里大喜,于是继续说:

“虽然人人都想‘一夜成名’,但是世上哪有‘一夜’成名这样的好事。那些‘一夜成名’的人,人人都是经过千锤万炼、历经千辛万苦、走过千水万山的奋斗者……即使是这些名副其实‘一夜成名’的超女,其实也是一路过五关、斩六将、跨海选、战PK、短信海啸不低头、拇指狂风难折腰、玉米凉粉当盒饭、实话实说管他娘……披尽狂沙,千淘万漉……这才成为了平民文化的代言人,短信时代的新偶像!

“超女,超女是亿万人民超生的女儿;超女,超女是广大群众梦想的写真……”

女主持人被我说傻了,她本来还以为徐老师真的是一个温柔甜蜜、人云亦云,见了美女就只会唱诗的色盲呢!

我们冷场在那里。为了缓解气氛,我主动假惺惺地叹了一口气。

“徐老师你叹什么气?”

“我叹你一点希望也没有!”

我抱歉,最后一句话我也是虚构的。我当时说的是:“说到底,你其实就是一个未遂超女,正在费尽心力要找个机会超越她们,即使永远不可能!……我就不信,你真的不想明天醒来,就看见你的节目已经轰动全国、全国人民敲锣打鼓、扭着秧歌、人人传颂你、爱上你、追随你、赞助你吗?!

“想,是真的。不想,是假的。想,说想,是真实的女。想,说不想,是虚伪的人。我实在不明白,为什么你这样一个有血有肉、年轻美貌的孩子,一上电视,马上就换了一副嘴脸,虚情假意、言不由衷,酒肉穿肠过,假话牙缝游,反民众、反人性、反欲望、反希望……我们有什么权利,对亿万普通人那种为自己、为子女、为亲人、为敌人那点可怜的‘一夜成名’的梦想和动力进行嘲讽,加以责难?

“虽然我不责备你,因为造成这种观念和现象的,不是你一人之功。但作为年轻知识分子,刚刚毕业走上主持人岗位的年轻人,你的语言和思维导向,也有助于社会的进步与和谐呢!

“一些精英们,掌握着话语权和垄断媒体,纷纷站出来指责平民百姓喜欢的超女，人民群众生活的梦想，和老百姓作对，和谐社会怎么建设？

"反什么，都可以，就是不要反人性；笑什么，都可以，就是不要笑梦想！笑贫不笑娼，敢做要敢想嘛！"

我承认，上面一席话，除了第一段是真的，其余又是我虚构的。面对电视和美女，我从来不说真话。

女记者紫紫的嘴唇依然紫紫的，黑黑的眼圈依然黑黑的，传递着不可抵抗的性感信息。但是，我脑子里已经没有她的魅影。她说要请我吃饭，我推说后面还有约，罕见地拒绝了一个美女的邀请。

因为，我要回家把这个问题想透：

谁不想一夜成名？

为什么我们在公开场合总是不说实话？

向愚昧宣战

"理想主义＋实用主义这两个基本上是你的思想。虽然号称什么哲学的，北京大学给你的理想主义，美国给你的实用主义，那个李开复基本上是实用主义了，你们这些人一天到晚把成功看成那么简单，以为你们几篇文章几次讲话就能解决每个人的人生困惑了，把人当成动物或者机器了吧？王强才是真正称的上大师，你们这些都是卖西药的，治标不治本，你们和肯德鸡差不多，人家卖食用快餐你们卖实用快餐。西方都把快餐当垃圾可是在中国竟然这么好卖，同样别忘了你们所推的西方价值观，西方人都感到西方现代文明的精神苦闷，试图从东方文化中寻找精神慰藉。你们还把这个大力宣传!!!!!!!!"

昨天，我把这个帖子发在了博客上请博友们讨论，我非常感谢博友们的阅读和讨论。今天，我要参与讨论这个我非常重视的话题。

我非常重视这个帖子，因为，这个帖子反映了一种可怕的东西——这个东西，是一种可以严重阻挠中国繁荣进步的力量——这个东西叫"愚昧"。

什么是愚昧？这个通篇都是胡言乱语的帖子就是"愚昧"一词的定义：在自己根本不了解一种东西的情况下，就盲目对这种东西采取拒绝、排斥、否定、攻击的态度，这种思维方式，就是愚昧。这个帖子，在对李开复、西药、快餐、西方文明等一些列问题上的态度，是彻头彻尾的愚昧态度。所以我要向这个帖子宣战，向这个帖子所包含的愚昧宣战！（我故意不提他对徐小平的攻击，免得人家说我打击报复他。）

举例说明。这个帖子说："人家卖食用快餐你们卖实用快餐。西方都把快餐当垃圾可是在中国竟然这么好卖"——事实完全不是这样，快餐在西方卖得并不比中国差！你可以自己厌恶快餐，但你不可以代表"西方"社会来宣布他们已经"把快餐当垃圾"对待。

再举例说："你们这些（人），都是卖西药的，治标不治本"。此话更是胡说。西方国家那些比中国高的人均寿命，比中国人强壮的国民体质，难道都是吃你家中药吃出来的？

这个帖子并不可怕，可怕的是这个帖子包含的愚昧思维。我愿意借题发挥，借这个帖子，向愚昧宣战。

愚昧是一种暴力。这种暴力存在于个人心中，其力量如青萍之末的微风，也许并不可怕。但一旦愚昧和其他人的心灵串联起来，就会形成阻挡历史发展火车头的破坏性黑暗力量。这种黑暗力量，在中国历史上造成过一次又一次浩劫。近百年来，前有"扶清灭洋"义和团，后有"破旧立新"红卫兵（我自己就做过狗日的"红小兵"，喊过"打倒刘邓陶"），都是发生在华夏大地上的大规模愚民运动。虽然这两次运动都是被统治者恶意利用，"群众是无辜的"，但为什么中国有那么多"群众"总是心甘情愿成为统治者的工具？群众性愚昧，是每个有理性和良知的中国人应该警觉和恐惧的东西。

愚昧是一种暴力。虽然这种暴力开始只是一种思想观念、思维方式，但这种暴力一旦和权力结合，就会产生黑暗的后果。掌权者愚昧，更是每个有理性和良知的中国人最要警觉和恐惧的东西。设想发这个帖子的朋友一旦掌权，他肯定会关闭麦当劳肯德基这些被他视为垃圾的西方快餐，并且是以保护下一代健康成长的名义——想象一下，多少祖国的花朵会因为他的愚昧而失去无数童年的欢乐和美味！当然，掌权者愚昧给国家和民族（或地区）造成的灾难，显然远远不是封杀快餐这样轻松愉快。张春桥说："宁要社会主义的苗，不要资本主义的草"。张春桥这话说在1976春天，正是日本经济这棵嫩苗长成云杉之时，举国上下，对这棵苗却不看也不要，结果把中国搞成那样。

我们今天，还有多少"资本主义的苗"——西方文明的"苗"——应该被移植到中国来而被我们拒绝？

还很多啊！中国的改革开放，任重道远！

向愚昧宣战,如同向非典宣战。向非典宣战,我们的敌人不是果子狸不是高烧的人而是冠状病毒;向愚昧宣战,我们的敌人不是发帖的朋友不是愚昧的人而是人的"愚昧"。愚昧是一种精神非典——别以为这是感冒发热之类的小病,它一旦和群众结合、一旦和权力结合、一旦和舆论结合,它就会毁灭我们的建设成果!

无知和文盲是愚昧高发温床,但有时候,读书万卷的高级知识分子,也愚昧,而且是更危险地愚昧——比如中国人民大学那位提议北京市对外来人口设置文凭限制的教授。而那位没有读完高中的新东方名师罗永浩则说:我拒绝领北京的暂住证,我他妈不在我的祖国首都暂住,我要暂住,我就移民出国住了……这就是在同一个问题上,愚昧者和启蒙者的差异。

愚昧无处不在。即使在新闻自由高度发达的美国,也有可怕的愚昧——美国所谓的反华势力,往往是那些不了解中国、很少甚至根本没有来过中国的那些人。我曾在美国电视上看见基辛格严肃地问一个振振有词攻击中国的美国人:你去过中国吗?那位反华女士说:没有。基辛格冷冷地说了三个字:"I forgive you. 我原谅你(这个傻冒)。"

面对这个发帖子的朋友,我也想问他:你了解西方文明吗?不了解?我原谅你!

但为了中国的进步,向愚昧宣战!

知我者博友,愚昧者有我

署名:Sunfish

昨天读了一篇老徐的博客,结果放不下了,一口气读了一个下午。可怜我上班忘了戴眼镜,就这样脸贴屏幕看了一下午。

老徐真是牛啊。

特别佩服他对我们社会中愚昧现象的批判。很长时间以来,我总以为很多问题是政治体制的原因。但他的文章让我知道野蛮和愚昧的厉害,毕竟有什么样的人民就有什么样的社会。

破山中贼易,破心中贼难。希望我们每个人以后能先把自己心中的种种愚昧因素驱除。

徐小平回应：

我看到这个帖子，当时就很惊讶，我为每个帖子感动，但 Sunfish 的帖子让我惊讶，因为，他的评价指出了我写博客主要目的：对社会中愚昧现象的批判。以及我对每个我的学生、读者、博友们“破心中贼”并把“自己心中种种愚昧因素驱除”的那种殷切期待。

愚昧：就是对于自己不知道的东西拒绝和反对（反过来，盲从和盲信也是愚昧）。从这个角度，我自己也愚昧过。

我刚到美国的第一天，朋友请我去喝酒，酒店老板脑袋上扎了一个小辫子，结果我老人家，其实那时候已经三十一岁了，还在北大教过书，竟然认为这个人就是那种“变态的人”、“腐朽的人”、“丑陋的人”，总之，就因为这根在风中飘呀飘的小辫子，我就觉得他不是好人，警惕他好久……

设想，假如毛主席发一声喊：打倒帝国主义和一切扎小辫子的人……我能不上吗?!

土人啊！俗人啊！庸人啊！肥人啊……徐小平也曾经是这样的人啊！

但是我不怪自己，我怪当时狗日的宣传。我们曾经是多么的愚昧啊!!! 他妈的，搞得我这样的天才也愚昧得天昏地黑。

所以，重提反愚昧，因为中国还有很长的路要走……

感谢博友们，我爱你们，但是，让我们一起来学习、思考、让上帝不笑……

复旦大学的人和猫

复旦大学数学系研究生张亮亮虐猫的事件，曾经引起我巨大痛心。但今天读《三联生活周刊》“虐猫事件中的两种力量”，我感到有些绝望。

我绝望，是因为保护动物的意识，在中国是如此的薄弱；动物保护者的处境，在复旦大学这样的文明之地，居然如此艰难；对这件事情，“复旦校方”、“复旦数学系、团委”、张亮亮那位“著名外科医生”的父亲，他们的态度和处理方式，是如此有失教育者和知识分子起码的道德水准!

保护动物,是文明社会的基本准则之一。一个社会的文明程度有多高,动物保护意识和水平就有多高。虐猫事件如果发生在穷乡僻壤,不会引起这样大的反响。但它发生在复旦大学这种中国文明进步的坐标上,发生在父亲是上海“著名外科医生”的复旦大学数学系研究生身上,就不能不令人震惊。

最令我震惊的,并非张亮亮这个心理可能不健康的年轻人的行为。毕竟,这种行为是孤立的、单个的、一经揭露和纠正就不太会再次发生。

真正残酷的,是在张亮亮虐猫事件之后,有关各方为了“保护”张亮亮,提出的种种奇谈怪论。

别说指控中的20只猫,张亮亮只要戳瞎一只猫的眼睛,就是人道的敌人和人性的罪犯,就必须遭到一个文明社会的舆论强烈的谴责。

谴责张亮亮的行为,就是保护张亮亮,保护和张亮亮一样,有着这样那样可能有变态心理和行为的青年,以及他们潜在的受害猫、受害熊、受害人。

保护复旦大学“tianyawoya”那五位揭露出这个恶行的同学们,鼓励、支持、赞美、协助他们的良知和善举,也是一个文明社会最基本的标志之一。在我看来,这五位同学,才是复旦真正的良知,才是复旦令人骄傲的原因。

肯定和保护这五位同学,就是保护猫、保护熊、保护人,就是保护中国社会的良知,保护中国人曾经遭到巨大创伤的人性。

说什么:谁在传播此事,谁就是毁复旦名声——假如复旦的名声,要靠遮盖和庇护此类暴行的来维护,这种遮盖和庇护,就是比张亮亮丑闻还要恶劣的丑闻。

说什么:“动物再重要,没有人重要”。人当然重要,但人就有权利拿猫眼睛来戳着玩?! 拿无辜动物的生命和福祉来折磨取乐?

说什么“猫和鸡没有什么差别,杀鸡倒没有人管”——这位爱子心切的“著名外科医生”,你是否认为因为你是人,就有道德权利从菜市场买回一只鸡,然后把它的眼睛戳瞎,用来开心?

可以的。如果你和你儿子一样有这个爱好的话。而且,如果你不让我知道的话! 再说,有些社会还斗鸡呢。让鸡斗得血淋淋的,只是为了让人取乐——真是什么文明程度的人,说什么文明程度的话。

与这个恶性事件相关的复旦大学、复旦团委、复旦大学数学系、张亮亮父亲这位“著名外科医生”,作为文明社会体系中重要标志的诸位,你们欠中国社会、中国青年、中国学生,以及你们自己的后代一个解释:你们的文明标准是什么?

正是在这些人的文明标准和人道环境中,成长起了张亮亮这样的虐猫研究生。

他对那些来揭露他虐猫行为的校友们说：他的父亲给学校捐过巨款，谁找他的麻烦就是给自己找麻烦。

他还说："你们要是继续整我，我会把你们整得像猫一样惨。"

写到这里，我的眼睛不禁感到一阵戳痛，一种恐惧感也弥漫我的全身——我这篇文章出来，张亮亮是否也会把我当作另一只猫来诅咒呢？

全国上下的教育家们啊，我请你们捂着自己明亮的眼睛想一想，张亮亮这种虐猫行为，伤害的仅仅是猫吗？

张亮亮当然比猫重要。张亮亮也许是一个成绩突出的数学研究生，一次残忍行为的过错，不应该成为他所有的评价。如同一个人偷了超市、抢了银行，也不该毁灭他的一生一样。谁也不想"毁灭"张的一生——试想，假如他戳瞎的是人呢？可见，人人都知道人比猫重要，不需要复旦大学和张亮亮的父母来提醒的。

但是，文明社会，如果没有惩戒准则，这个社会就会遭难！张亮亮的虐猫行为，必须遭到严厉的谴责和合理的惩罚——复旦大学，我将永远看着你！直到你拿出令公众满意、令良知安宁的处罚决定为止！

我这样，决不是和张亮亮过不去，也不是和复旦大学过不去。我只是对教育有一种深深的迷信和恐惧——缺乏爱心、不解人道、戳猫眼、诅咒人的人，是比任何动物都可怕的人。惟有教育，能够改变这种人。

力量失去控制，就是破坏；知识没有良知，就会残暴。

德智体、德智体，教书育人"德"为先。珍惜生命、爱护动物、同情弱势——都是人类社会最基本的德行！

要知道，古往今来对人类施行了最残酷虐待的动物，就是一种和"人"长得一模一样的野兽！这种野兽掌握的科技越发达，知识越丰富，酷刑越翻新，杀人越随意。

以人为本的社会，如果对这些教育者和被教育者的文明标准、人性标准和动物保护标准，不进行严肃的讨论和修理，中国社会走向何方？

从此，复旦校园在我心中，将和那些永远失去眼睛的猫连在一起。这些猫在寒风中孤号，在痛苦中挣扎，在黑暗中泣血，它们不明白，为什么一个受过如此高等教育的青年知识分子，竟会对他们下此毒手……

想到这里，我真想紧紧拥抱那些被指是张亮亮虐待致残的猫！（虽然我本人在生活中其实非常不喜欢猫。）

一个疑似俞敏洪发的帖子

Yu(发帖时间:2005-12-18 15:01:29)

What Zhang did to cats indicates very typical psycho disorder;

What Zhang and his father said indicates very typical uncivilisation.

Fudan's attitude is very disappointing and depressive. Our media should do more about it. We should say more about it.

The issue is not just between human kind and animals. The issue is about what "human" is, and what the human society should let it be.

(翻译)

张对猫所做的事情表明了一种非常典型的心理障碍。

张和张的父亲所说的话表明了一种非常典型的野蛮。

复旦大学对此事的姿态令人失望和压抑。我们的媒体应该对此进一步深究,我们大家则应该对此进一步讨论。

此事的意义并不仅仅关系到人类与动物的关系。此事本质上是关系到到底什么是"人"这个命题,关系到人类社会到底应该如何定义"自身"这个根本性问题。

徐小平回应:

这个帖子,我怀疑是俞敏洪写的。

虽然我可以随时拿起电话打给老俞来核实一下,无论他怎么回答,我会立即心知肚明地知道这个帖子到底是否出自他的手笔。

但我宁可不打这个电话。如同买了彩票的人宁可不去对奖以免发财梦破碎一样。我愿意让自己处在一个自我满足的幻觉中:我的博客,连敏洪这种大忙人也在阅读、关注、参与和互动。

我怀疑这是俞敏洪,主要凭直觉:1,署名Yu;2,俞氏印度英语;3,帖子包含的俞氏思维。根据我和敏洪二十几年交往的经验,十几年思想的碰撞,我几乎能从帖子里听到他那永不嘶哑的花腔男高音。

这个帖子,有着给我的思想推波助澜、兴风作浪的效应——这也是我和敏洪在新东方多年来互相所做的事情。我给他的书写序,他给我的书写序。我的书中和演讲中永远离不开调侃他,他的书中和演讲中也永远离不开调侃我。

他的经典笑料:"80年代末,我的同学朋友陆续出国,我老婆也耐不住了。先是王强走,老婆说,瞧,还是人家王强比你厉害!都去美国了。接着是老包(凡一)走,老婆说,看,连老包都走了,你还走不了;接着小平走了,我老婆说:连徐小平这种不会说英语的人都走了,你这个杀千刀的,到今天还不走……”(学生大笑。)

我的经典笑料:“当年我在北大艺术教研室工作,主管北大艺术团,是艺术团的指导老师,王强是艺术团团长,英达是话剧队队长,俞敏洪是艺术团最著名的——观众。现在老俞就坐在台下,依然是观众——同学们,一个人坐在观众席上二十年如一日,能够耐得住这种大寂寞的人,肯定不是凡人”……(听众热烈鼓掌。)

言归正传。我希望有人来认领该帖,以证明我的猜测是错误的,但即使有人来认领,我依然认定这是老俞无疑——我理解他的英文,也理解他的思想,我的直觉从来不会错。这个帖子,把我在《复旦大学的人与猫》一文中的观点作了进一步的提升,揭示出了这个讨论自身隐含的核心价值——怎样的“人”,才是中国日趋文明的社会应该认同、应该培育和应该推崇的“人”?

这个思想,就是我们在新东方十几年如一日,反反复复向我们学生所宣扬的那些最基本“做人”的东西啊!发这个帖子的人,即使不是俞敏洪,肯定就是俞敏洪了!

谢谢敏洪。你的帖子,使得我在我的博客里面,享受到了一次精神偷窥的欢乐!

退一万步说,哪怕这个帖子确实不是你的(我不信),好歹我已经把你 YY 了一遍,该干嘛就干嘛去也……

我希望大家从虐猫事件获得什么?

博友“糖的天空”:

我厌恶张亮亮的所为。但我也不赞成以惩罚处置。我想,张亮亮也是个病了的可怜孩子,心理有病。对一个病人,我愿社会多一点点宽容吧。徐老师,我建议,处罚免了吧,强制心理治疗您说怎样?再建议:由张亮亮的监护人出资,建设一个复旦大学心理治疗工作室,关键的是,不要再有第二个张亮亮出现!”

徐小平回应:

亚里斯多德说过:法律是没有情感的理性。

对于张亮亮虐猫行为，理性已经告诉我们这是一种不可容忍的行为，必须得到处罚。

文明社会一切处罚的目的，都是为了对后来者的警示和训诫。我们是从各种奖惩毁誉中知道什么是该做什么是不该做的。所以，对张亮亮虐猫行为给与什么程度的处分我无从建议，但复旦大学必须以某种姿态告诉全社会：张亮亮的行为，是复旦大学不能容忍的行为。否则，将来你去复旦大学看见任何一只猫，就会担忧它的眼睛是否安在；看见任何带着猫的学生，就会害怕这个学生。因为复旦的沉默，就意味着对张亮亮行为的默许。

所以，我希望大家能够理解我参与这个争论的出发点：我关心的问题，既不仅仅是人与动物关系的争论，也不是对于"人"是什么的研讨，我的主要目标，是想借这个事件，呼吁社会确认一个极其重大的原则：教育者对于诸如张亮亮这样的错误行为，必须有旗帜鲜明的爱憎观点，绝不可以采取含糊其辞的态度。否则，就是在鼓励这种暴行，就是对教育者社会责任的背叛。

复旦大学是我小时候就梦想的学校，现在依然是。在这个问题上对她提出要求，是我对她声誉的珍惜，对中国教育的期待。

为什么李嘉诚先生也是温州人？

有一次，我在一个叫中州（化名，以免被我亲爱的读者误解为地域歧视）的北方都市演讲，结束后接受提问，一个看上去疑似大学生的小伙子站起来提问。我说他看上去疑似大学生，因为他虽然看着像，但那提问水平，实在不像一个大学生应有的状态。

"徐老师，你怎么看待温州人？他们很多人在二、三十几岁就成为百万千万富翁，但他们很多人小学都没有毕业，你认为这是一种成功吗？"说完他面露一种残忍，等待我出丑。

这个男生的表情和语气，流露出对"温州人"以及"小学没有毕业"的富翁的鄙视。正是这种鄙视的表情，到现在还在我心里晃动，使我非常难受。

当时我回答了什么已经记不得了。我估计我什么也没有答出来，因为这种问题背后的意图很明显:“温州富翁”没有教育,没有教养,没有文化,值得鄙视。对于这种没有理性的问题,我当时真的不知道如何回答。但我无法忘记这个问题,所以,一直思考到如今。

我敢保证,温州那些“小学没有毕业”的百万千万富翁,如果可能的话,他们是一定会上完小学上中学,上完中学上大学,然后再去创业做生意的。没有人愿意放弃自己天赋的读书权利。但你想读书,你就能读吗?很多人读书的权利,从一生下来就被剥夺了!

是谁剥夺了人们读书上学、接受更好教育的机会?是这个万恶的过去。

谁不想读书?谁不想上学?中华民族谁不信奉“万般皆下品,唯有读书高”这个愚蠢的圣旨般的教条?但贫穷、歧视、不公正,以及中国社会的种种问题,使得无数中国人包括许多“温州人”失去了接受教育的机会,而贫瘠窄小的土地又迫使温州人不得不走出幽闭的温州地区,走向全省、走向全国、走向全世界,只为了一个简单而神圣的梦想:狗日的粮食,生存啊!

1985年左右,我曾经在大连葫芦岛上,见到过一个看上去也就十一二岁、卖眼镜的温州小男孩。他和我们这队来自北大的旅行者,做成了很多生意。这个小男孩,他不想上学吗?他的父母,不知道让他上学吗?但现实生活,迫使他不得不离乡背井,到异地谋生,出卖他的童年……卖眼镜的温州男孩,你现在何方?也许,你已经成为温州的眼镜大王、亿万富翁了吧?(给我捐一点儿!)

贫穷的原因我就不分析了。我不谈我无法深入的问题。我只想和这个疑似大学生,谈谈青年人价值观和人生观的问题。

我记起当时我还说了这样的话:我坚信,新一代的温州人,无论穷富,只要他们有能力,一定会把子女送到他们能够承受的最好学校去接受教育,以弥补父辈因为贫穷而失去的教育机会!

接受更好的教育,是人的本性。即使我们的教育扭曲人性,但人性永远不会背叛教育,如同人性不会背叛吃饭——吃饭高尚起来是美味,不会背叛交配——交配高尚起来是爱情。不幸的是,是教育背叛了温州农民,是教育背叛了无数企图通过教育改变命运的贫穷的家庭,使得他们在童年无邪的岁月里,就不得不面对生存的压力,经商谋生。

正是在这种环境下,温州农民向我们走来,走出了一条辉煌的“温州模式”之路,在改变他们自身命运的同时,也协助改变了中国的命运。“温州人”,是一群值得敬佩和仿效的人们。疑似大学生流露的这种鄙夷,完全令我无法理解。

我们的教育有很多问题:教育资源严重不足导致大量青少年失学是一个问题。

严重不足的资源在被人严重浪费也是一个问题。严重浪费的教育培养出了许多严重无用的人才就是更加可怕的问题。比如这个疑似大学生。

我心目中“严重无用”的人才，并不是今天明天找不到工作，而是在心灵、目光、情感、思维和判断中，扭曲了常识和良知，迷乱了价值与方向，失去了独立与个性的人……疑似大学生，就是一个经典。

读书是学习，使用也是学习，而且是更重要的学习。那个疑似大学生，连毛主席的话，连这个基本真理都不知道，这个大学怎么读的？还不如和那些温州农民一起小学辍学的好！

马克思主义的道理，千头万绪，归根结底，就是一句话：基础是经济。经济是基础，基础是经济。我们的大学，那么多马克思主义毛泽东思想必修课，那么多邓小平理论三个代表政治学，怎么连这么一个基本的道理也没有使他搞清楚！杨振宁还要说中国大学本科教育好！

“人民，只有人民，才是创造世界历史的动力。”人民大起来，就是李书福，就是宗庆后，就是鲁冠球……就是中华民族从深圳到浦东、从中关村到温州的全面崛起！这个疑似大学生，连这点起码的价值观都没有，还不如把那大学文凭（假如有的话）连夜烧掉，亲自去一趟温州看看，中华民族的优秀代表之一的温州人民，是如何在缺乏土地、缺乏资源、缺乏教育，甚至严重缺乏生存空间的情况下，创造出了温州模式，推波助澜了中国奇迹……

这个疑似大学生啊，你的书白念了啊！你完了，你算得罪我了！因为你耻笑了社会不公的受害者，你鄙视了改变命运的真英雄，你侮辱了中国奇迹的创造者，你辱没了大学教育的有效性。

至少你的大学教育，给了你一个榆木脑子。中州也算是中国经济发展比较滞后的都市，落后，就意味着机会。但如果你的这种看法不改变的话，那些将在中州烘烤出来的无数经济发展大饼蛋糕，你顶多只能闻一点香味了。

我还没有去过温州，但我已经到过中州。这个中州疑似大学生的提问，深深伤害了我。因为，青年人可以没有见识，但不能没有常识，青年人可以没有教养，但是不能没有良知，青年人可以暂时没有出路，但不能没有方向啊！

但是我对中州充满希望。我希望并相信中州将在从教育到经济、从经济到教育、从城市建设到人的素质、从人的素质到城市建设全面超越温州……因为，我已经来到中州，我看到中州的大学生并不都是这样！即使那天演讲提问还有一些疑似文盲的问题，但毕竟整体学生素质，令我欣慰，尤其几个女孩的提问，使我如沐春风……

中州的疑似大学生啊，我爱你，但你也该杀杀自己大脑中的思想病毒了！我愿意帮助你，我能够帮助你，并且我坚信你能成功——只要你听我的！

……噢，我差点忘了，李嘉诚先生小学也没有毕业！

这就是为什么我总觉得李嘉诚先生也是疑似温州人的原因。

（“温州人”定义：在什么资源包括教育资源都严重缺乏的情况下，不怨天尤人，而是脚踏实地，通过艰苦奋斗创造经济奇迹、人生成功的中国人。）

又附记：一个博友在本文后面发了一个帖子，我把它转载在这里，谢谢“方圆”博友：

恰好本人前段时间看过香港电台拍摄李嘉诚自传：《杰出华人系列——李嘉诚》，李嘉诚现身说法，讲述其辉煌经历与财富理念。结束语是这样的——

“我是李嘉诚，
12 岁就开始做学徒，
还不到 15 岁，
便挑起了一家人的生活担子，
再没有受到过正规的教育。
当时自己非常清楚，
只有我努力工作和求取知识
才是我唯一的出路。
我有一点钱就去买书，
记在脑筋里边，
才去再换另外一本。
当我今天来讲，
每一个晚上，
在我睡觉之前，
我还是一定得看书。
知识并不决定，
你一生就有财富增加，
但是你的机会就更加多了。
你创造机会，
才是最好的途径。”
这可以算是李嘉诚本人对
小平老师这篇博文的回答吧。

如何工作与如何找工作

徐 小 平 XUXIAOPING

年薪报告:从两万到百万

我的一个朋友,1998 年硕士毕业时加入北京一家民营企业,月薪不到两千,真可怜!

但一年之后,他的工资翻了一番。再过一年,加到六千,又过一年,也就是在他工作到第四个年头的时候,由于企业的发展,月工资一举达到了 2.5 万元人民币,加上奖金、期权等实际利益,年收入几乎直达五十万大关!

时光易逝,薪酬难涨。我问他成功的秘密,他说只有一个原因:主动积极地工作,把雷锋同志为人民服务的“钉子精神”,用在为老板服务、为公司效力、为客户做好事之上。这样的人,就能够迅速脱颖而出,成为年薪统计数字里的佼佼者。

话说这位朋友工作到第五年时,出乎所有人的预料,辞职去美国读了一个 MBA。就在大家还在为他放弃这么高的工资而感慨不已时,他已经获得了 MBA 学位,回到他熟悉的行业,在一家五百强企业找到了一份工作。问他具体收入的数字,他说:“只要你保证不发表出去我就说:十二万美元,将近一百万元人民币。”

年薪一百万!这样的故事,我在新东方咨询生涯中不知道见到过多少。在“大学生就业难”、“研究生就业难”、“海归就业难”的一片狼来了的惊叫声中,在“本科毕业月薪一千二”、“硕士期待值降到两千”、“海龟愿意为三千人民币折腰”之类的哀叹声中,我却满目琳琅地看到无数毕业两三年就月入五六千的本科生,工作四五年就成为小富翁的研究生,回国三四年就实现财富积累的留学生。中国职场收入的这种奇峰突起现象,如同中国机会本身一样,一边是充斥着抱怨,一边是爆发着惊奇。一边是冰冷的低薪海水,一边是白炽的金钱火焰。

那些年薪报告、薪酬调查、人均收入统计,对城市的意义也许有,对个人的意义并不大。因为收入的差异,全世界都存在。我所咨询的学生,天天演奏着从年薪一万、两万,到年薪二十万、五十万,甚至一百万的中国变奏曲。

年薪十二万美元,你敢想吗?假如你不敢的话,就想想美国、日本,甚至中国香港的工资水平吧!处在急剧发展、并且是不均衡发展中的中国,青年人就应该敢作、敢为、敢闯、敢挣。不断高速增长的收入,是全体中国居民的殷切期盼;而迅速达到世界高水准工资的骄傲，则属于那些敢于梦想、善于奋斗的时代青年。

MBA 的贬值与增值

在一片纷纷扬扬高端人才就业难的议论中，出现了另外一种令人不快的杂音：曾经令人敬畏景仰的 MBA 学位，似乎现在也加入了日渐壮大的学位贬值大军。

其实，学历是不会贬值的，贬值的只是拥有这个学位的人。工商管理硕士们，如同其他高等教育人才一样，依然是中国社会的稀有资源。关键问题是：稀有资源也有贫矿富矿、资源配置也有高效和低能。你如何把你的 MBA 学习价值最大化？下面是我的几点建议：

必须有工作经验：我经常告诉所有来找我咨询的学生，如果要读 MBA，一定要工作几年之后再读，否则没有什么用。名牌商学院的招生简章上，都要求本科生毕业三四年之后再申请。

最好是出国留学：工作几年之后，知道自己这辈子要做什么事业，你可以开始你的 MBA 旅程。但读 MBA，最好是出国读，到西方发达国家读，而且最好是美国。你可以退而求其次，但不可以降格以求。在所有学位中，MBA 可能是最最应该甚至必须出国攻读的项目。

GMAT 和口语：中外优秀的商学院，都要求考 GMAT。“有些学校不要求 GMAT！”对。但这类学校肯定不是好学校，你最好不要去。同时，你还必须特别重视口语交流能力，因为，虽然人人都应该学会交流，但 MBA 显然更应该拥有这种能力。

文化更新：读 MBA，为的是在市场上取得成功。而这个市场，越来越不分国内国外，越来越国际化，所以，作为已经是中国人的你，必须通过读书，理解并吸纳西方文化。对西方商业传统和文化价值的深入思考和理解，能够从文化上给你崭新的冲击和更新，使你成为一个国际化新人。

人的艺术：MBA 是一种技术——财务分析技术、市场营销技术、金融证券技术……但 MBA 更是一种艺术、一种文化。在资产损益表、项目论证书后面，隐藏的是一个又一个的活生生、有血有肉、喜怒无常的人。人的艺术，更是 MBA 们需要学习和掌握的东西。

人的艺术是什么艺术？理解这个问题的读者不要听，不理解这个问题的读者听了也没用。我就不说了。

年薪三十万的新东方之路

经常有学电脑的大学生来新东方找我，说他找不到工作；经常有学工程的大学生来新东方找我，也说他找不到工作；经常有学法律的大学生来新东方找我，还说他找不到工作；经常有学 N 专业的大学生来新东方找我，哭说他找不到工作。

教育严重与市场需求脱节，是中国大学、大专教育以及人才发展体系中最严重的问题。这个问题，直接导致大学生就业难，导致按理说最有活力和创造力的一代人，无法享受中国经济发展的甜蜜果头——就业挣钱、回馈父母、成家立业、享受人生。

教育与市场需求脱节，不仅体现在技术方面。大学传授的知识和技术，与技术发展滞后，和生产实践脱节，跟公司需求矛盾，固然是中国大学生就业最难跨越的技能路障。但更深层次的精神障碍，才是造成包括技能路障在内的就业难、行路难的问题。

这些问题包括：大学生就业意识稀薄——不知道毕业后原来是要工作的；求学历程中职业意识缺位——不知道一切学历必须以职业定位为最终目标，结果今年硕士明年博士后年烈士；求职技巧匮乏——不懂得求职技巧原来是连接大学与社会的跨海大桥，因而不知道如何向雇主卖自己（sell oneself）、赢得机会；从业心态糟糕——进入职场后往往不懂得如何珍惜工作机会，竞争发展空间，处理与上司、同事、客户之复杂关系……

上述种种问题，造成了所谓的“大学生就业难”这个社会问题。一方面是社会急需新型人才，一方面是大量受过高等教育的“高级人才”找不到工作，这不能不说是中国人才市场的一大讽刺！

有道是：人人都说就业难，有人年薪三十万！伴随着行路难的叹息声，新东方职业教育中心传来了“大学毕业年薪三十万”的喜讯，而且是到日本跨国就业。初听这个新闻，以为是三十万日元，但核对之后才知道是长得美丽的人民币！对于刚刚离开校园、二十出头的大学生而言，年薪三十万人民币在今日中国，不能不说是一个天文数字，不能不说是一个巨大成功，不能不引起社会广泛关注。

跨国就业，并不是真正的新闻。真正的新闻，在于年薪三十万人民币这个数字，是会引起最发达国家大学毕业生同样艳羡的高收入。从这个意义上，新东方职业教育的成果，已经是国际最领先水平。

跨国就业，也不是三百六十万中国应届大学生主要出路，日本、欧美容纳不了这么多人。中国大学生真正的就业出路，铺设在这个激动人心故事背后的传统而新颖、深刻而简单的培训思想中。

这个传统而新颖、深刻而简单的培训思想、教育观念，就是教育以就业为中心，培训与实际需求相关联，紧紧追踪国际人才需求动向，为中国和世界提供经济发展最需要的热门人才。

说它传统，因为这是西方发达国家多年探索出来的完美经验；说它新颖，因为这是中国教育系统依然在挣扎着理解的一个基本理论；说它深刻，因为这么一个简单的思想，其实蕴含着对人的需求的认识、对社会发展的认识、对教育改革的认识、对环球化时代中国知识分子面临挑战的应答；说它简单，因为它的始发站和终极点简直不需要思考——教育不为人的需求服务，它为什么动物服务？

就业难，就业难，三十万，如梦幻。出国就业，在中国青年千百万就业洪流里，可能永远只是一条支流，但这条出国就业新闻所包含的无比丰富的教育思想和人才信息，却为中国的受教育者和教育者们，开启了一条崭新的成功之路。

海归更要展示真才实学

一两年前，从一个民办学校爆出一条令全国人民称奇的新闻：该校以一百万人民币的年薪雇了一个“哈佛博士”担任校长。新闻出来，立即引起好事者的质疑，有人在媒体公开怀疑这个哈佛博士学历的真实性，一时间成为一个著名的丑闻。

在整个戏剧的发展过程中，我一直等待着这个哈佛博士给大家一些令人信服的回应。某人毕业于某校，这是天底下最容易证明的一件事。读者诸君想想：要证明你自己毕业于哪个学校？找个可信的同学，找个在职的老师就能解决问题，更何况是哈佛这样万众瞩目的名校呢！

我要声明，我从一开始就对他身份的真实性没有一点兴趣，因为我知道“哈佛博士”、“哈佛女孩”等故事，只不过反映了公众对于高学历的盲目崇拜。但我还是非常强烈地希望看到，这个留学生朋友能够战胜媒体质疑，扫除公众疑云，恢复自己的荣誉，让那些怀疑他和关心他的人都没有话说。

但是，我却非常惋惜地从媒体上看到，他面对公众的质疑，自始至终都表达了一种拒绝、封闭、厌烦、恼怒等等姿态，对于维护自己真实性这样一个基本尊严问题，居然没有表现出一点点沟通能力、交流技巧、说服艺术、论辩方法等文明人的基本素质。最后在媒体的持续质疑下，黯然离开了这个校长位置，不知去向。

我很伤心地承认，根据我对他在媒体上的表现推断，他很可能不是“哈佛博士”，就算他确实有“哈佛博士”之学历，但却并没有“哈佛博士”之学养，既不值一百万元年薪，也不适合担任一校之长！

作为哈佛博士，或者作为一个留过洋的人才，当全国人民在质疑他的真实性时，他只要走到电视上，展示一下作为“哈佛博士”应有的口才、辨才、思才，显摆一下作为留洋学生应有的风度、姿态、风采……哪怕他微笑不语，甚至一言不发，只要他面对摄像机无奈地耸耸肩，自信地摇摇头，苦苦地撇撇嘴……全国人民，无数“准哈佛女孩”，都会为之信服，为之艳羡，为之倾倒。谣言不攻自破，疑云不翼而飞，该博士从此也会成为全国最著名的民办学校校长，这个对他重金礼聘、寄予厚望的民办学校，从此也会成为全国民校的翘楚！

但问题是：如果你不能拿出真才实学，在挑战和压力面前不能展示处理困难与挑战的智慧与能力，在具体工作中不能拿出解决问题与发展业务的竞争力，即使你能拿到一纸“百万年薪”的合同（这可是国内工资的峰值了），你依然会像那位哈佛博士一样最终失去它，成为继续漂流的“海带”。

因为，国内人才市场，正在趋于成熟，虽然人才的履历依然是一个重要的参考值，比如这位“哈佛博士”，但人才的实际能力，已经成为在大浪淘沙的职场生存的前提。

小平又及：

我正在加拿大，一个在美国大学任教多年的老友打电话来，对我这篇文章表示祝贺。

但令我意外同时也不意外的，是国内一些可爱的博友，反而对我的观点提出了不少批评。我一并感谢这些博友，但我要告诉大家，你们的观点，也会害了你们自己。

哈佛大学招聘学生，或者推而广之，整个美国教育对于大学生的要求，除了学习能力之外，对于他们的表达、沟通、人际、社会等各种能力，都有相等的要求，如果不是更高的话。当然美国也有纳什那样不善言辞的人，但别忘记，纳什精神不正常。

可怜中国传统教育以及这个教育下变态出来的传统青年，并不理解知识分子，或者读书人，除了做学问，还需要做人，还需要做事，还需要学问之外的各种社会能力，即所谓"综合素质"。比如那个"哈佛博士"，假如他是真的，已经在这场媒体危机中坦率说彻底丢了哈佛的人。

中国的素质教育啊，任重道远。

感谢博友们的批评，引发我进一步的感想。

街头看女人与求职面试

我是2003年9月才第一次有机会到美丽的山城重庆。到了重庆，我从新东方重庆分校校长李丰那里学到的第一句重庆话是："打望"。后来我好几次去过重庆，但可惜总是因为工作繁忙，至今还没有机会享受到在这个著名美女之乡，悠闲自得地享受街头"打望"的欢乐！遗憾……

打望，大望，望什么？望美女。秀色可餐，美丽有理，"打望"无罪！

但是，打望与大学生就业有什么关系呢？一般而言，打望都是自费进行，而且根本没有收入。打望是娱乐，打工是苦役。但打望与大学生就业之间确实有关系。只要仔细想想打望的功能，你就会知道这里的奥秘：在就业市场上，雇主就是"打望"的看客，求职者就是被"打望"的对象。街头打望，人们用回头率来给你投票，而职场"打望"，雇主用人民币来为你打分。

在国家取消毕业分配制度很多年之后的今天，中国社会依然缺少正确的就业观念与文化。在无数造成大学生就业难的问题之中，有一个问题真的与重庆人民热爱的"打望"活动有关：这个问题就是大学生个人内在气质和外在形象的塑造问题。

被外企带到中国来的求职规范与程序，其中最重要的一条就是面谈。获得面谈资格的人，都是在纸面资格审查上，包括简历、求职信、推荐信、文凭、证书等等硬件上已经得到企业认可的人。理论上、或者精确一点说从“硬件”要求上，这些人都已经是合格者。但面试一关，将最终决定这些纸面上看来合格的求职者的命运。

面试？面试什么？面试的就是雇主和他的人事经理们，对你这个申请者的视觉、听觉甚至嗅觉印象——是的，嗅觉印象同样重要。假如你在面试时嘴里的气味把对方熏倒的话，你就等着他在晕厥过去之前把你请出门吧！

这些“印象”，都是外在的东西，真是会被人认为是肤浅的、表面的、不值得重视的东西。事实上，这正是被中国的大学生求职者常常忽略的东西。大家在学校里追求“知识”和所谓“真才实学”，而忘却了一个更加重要的真理：许多外表的东西，包括衣着打扮、化妆发型、卫生面貌、谈吐举止、肢体语言、交流方式等等，都离应该拥有的实在差得很远。要知道，这些外表的东西，其实也是一种知识，也是一种文化，也是一种素质，也是一种教养啊！显示在你脸上身上的东西，有时候甚至比蕴藏在大脑心灵里的东西更加重要，比如就业面试！

怎么办？想想“打望”的哲学吧！街头打望，引起你身体化学反应的，不就是过路者的形象、服饰、妆扮、气质、形体、姿态、仪表、风度吗？而求职面试，其实也就是职业场上的“打望”啊！

重庆的朋友们，你们来自一个有着美好打望传统的家乡。努力啊！让面试者被你的表现迷倒，成为职场打望行动中的优胜者！

全国大学生求职者们，我爱你们，但要知道，求职面试，就是一场雇主对于求职者的全民打望运动啊！

武小锋给求职大学生的三点建议

武小锋“北大学子卖糖葫芦”事件居然是个假新闻。他只是在找工作的间歇回家帮家里“串”了一下糖葫芦，就被媒体渲染成“找不到工作‘卖’糖葫芦”。搞笑。这是我从武小锋向媒体发表的声明中知道的。

不过，这不是我关心的重点。我最关心的，是武小锋在这个声明的后半部，给那些依然找不到工作的大学生朋友提出的三点建议，我觉得真是非常有价值。我把武小锋声明中的建议部分用楷体字摘录如下，并在最后附加我的简短评论。

我的事件已经告一段落了，但是在我们国家还有许多和我之前的处境差不多的大学生。截止到2005年9月，2005届大学毕业生就业率只有72.6%，也就是说将近三成在毕业时没有就业。和他们相比，我觉得自己非常幸运。我希望社会各界能多关心一下这些大学生，给他们展示自己才华的舞台。

同时我也以自己的失败的求职经历向那些正在求职的大学生提几点建议：

一、一定要有一部手机。即使你的生活再怎么困难，手机一定要有。

二、要找上门去推荐自己。从我本人的经历来看，去招聘会效率很低。因为招聘会上求职的人特别多，往往你中意的单位会收到一堆简历，你的简历被挑选出来的几率可想而知。如果你是上门去找的，企业的领导就会对你有一定的印象，尤其是当你和其他从招聘会上收到的简历中挑选出来的人一起面试时，领导可能一下就叫出你的名字，而叫不出别的人的名字，你的胜算可能更大。

三、考虑一下私人企业。也许你希望将来稳定一些，有个铁饭碗，我不反对，因为我以前也一直这样想的。但我想说的是，在私人企业，地位、待遇完全看成绩，在事业单位这些可能主要靠的是人际关系。去一家私企，展现自己的才能，做出一番成绩，不怕没有饭碗。而端着铁饭碗，碗虽有，碗里的饭好不好吃还很难说。

以上建议是我个人看法，仅供参考。

武小锋2006年1月25日

徐小平评论：

看到这三点建议，我为武小锋学弟感到骄傲！他在自己坎坷求职路上，还忘不了给更多和他同命运共烦恼的学友们提供求职建议，而且这些建议是如此的有价值。

武小锋给尚未找到工作的大学生三点建议，反映了一个令人无奈的问题：许多人找不到工作，不是因为没有工作，而是因为自己不善找工作！既然同桌的他和睡在上铺的兄弟都找到了工作，为什么你找不到？这个里面，大环境固然是一个问题，但个人求职能力，也是一个决定性因素。武小锋的建议，恰恰点到了个人因素的重要性。

我上一篇文章是教同学们如何做好“求职面试”的，简直和小锋学弟给大家的建议不谋而合啊，真所谓英雄所见略同也！

大学生就业难有许多原因。大学只顾拼命扩招忘记学生出路是一回事，另一方面，由于中国大学职业辅导的薄弱，中国社会就业文化的滞后，大学生自身求职素质差，也是就业难的一个核心问题。求职素质，包含求职的价值观，比如武小锋提议大家考虑私营机构，就是三个代表式的伟大建议。新东方就是一个彻头彻尾的私营机构。如果世到如今，你居然会鄙视私营机构的话，就业市场肯定鄙视你。找到铁饭碗也端不长，吃不饱……

简单说，在一片大学生就业难的叫苦声中，听到武小锋的建议，我感到很高兴。那些听取武小锋这些简单建议的人，真的有福了！

武小锋的建议只是寥寥几句，但很有价值。请允许我在这里也补充几句有价值的话：找不到工作的同学，也要回过头来仔细看看自己在求职素质上是否有不足，求职技巧上是否能改进——如果有的话，赶快恶补！

怎么补？读读武小锋的信，以及我老人家的《邮箱里的灯光》，里面全是我和当代大学生关于求职、就业、教育出路的通信。肯定也能够帮助你！

当你、武小锋、徐小平，以及社会各界相关人士和部门，都起来正视造成“大学生就业难”的种种主客观原因时，“大学生就业难”的阴影，就会在中国校园上空烟消云散。

趁着我们还年轻

小时候妈妈经常教训我：“从小一看，到老一半”。意思是，从一个孩子的行为模式，能够基本看出这个孩子长大后的人生结局。

等我长大成人，成为北京大学以及后来新东方的老师之后，这句话成为我观察青年、指导学生的一个重要工具。

比如，八十年代北大校园里许多学生会干部，现在很多人成为了从中央到地方的各级领导干部。从小确立的从政愿望，在二十多年后成为改造社会、推动历史进步的实际力量。这些立志从政的朋友，如果没有大学期间就确立的从政理想和积极行动，他们就永远成为不了政治人物。

再比如：北大学生新闻社、广播台的那些活跃分子，大量人才都成为今日中国传媒领域令人瞩目的身影。谁能想到，那些校园黑板报出版家、油印报纸发行人、学生广播赵忠祥们，在毕业之后就会一步步以自己在中学、大学校园里萌发的这点兴趣和爱好，走出校门，就会成为中国传媒与文化的精兵强将！

我曾经有一个邻居，在北大读书期间就通过为学生印名片、组织家教等手段，努力赚钱。毕业后，直接在中关村做起了生意，不到二十五岁，已经是百万富翁，不到三十岁，就是千万富翁。我住在他的楼上，经常叹息自己少壮不努力。

再举一个例子：被誉为英语“口语教父”的王强，是当年北大艺术团长、话剧社演员、广播站播音员。话剧演出和播音员的活动，对王强的英语职业有什么关系呢？领教过王强口语魅力的人都知道：王强的语言教学，里面熔铸了强烈的艺术表演色彩，形成了标志性的王强口语艺术。

中学、大学是人生打基础的时候。青年人除了埋头学习之外，无论如何一定要思考自己的前途：将来靠什么谋生？靠什么谋生，就是什么前途。

也许这个时候积累的知识和经验并不直接兑现于我们的职业和前途，但趁着年轻，你可以幻想很多很多种可能的前途，你也可以尝试很多很多具体的实践活动。正是这些幼稚的、冲动的、不切实际的，有时甚至是狂妄可笑的幻想和尝试，将播下你人生大树的种子，为你生命的旷野，预订一片浓荫。

徐 小 平 XUXIAOPING

交流方法和处世心态

两个交流的方法问题

1. 向演讲者提问

有一次我在广州新东方老师培训会上演讲，结束后接受老师提问。一个老师站起来提问，在他说了一段时间之后，我打断他说："我已经知道你要问的问题了，我来回答你，你请坐。"

但这个当时还在大学三年级读书、却优秀到可以在新东方教书的老师不肯坐下来，他说：徐老师，我发现你有一个问题（缺点），你经常打断向你提问的同学的话，我觉得这样子不够礼貌……

这是 05 年 1 月份发生的一件事，我至今不能忘怀。

打断提问同学讲话的问题，有时候成了我的演讲时一种最出奇制胜搞笑的手段。一般同学不会觉得被我冒犯，我无非是表达了一种"迫不及待"想回答你问题的心态，而从来不会是制止你提问。几乎在百分之百的情况下，听众都会哄堂大笑，真诚为我热烈鼓掌。

但广州新东方这个老师的批评，使我思考到如今。因为，我是以演讲吃饭的人，如果我的演讲有这样那样的毛病，甚至有"冒犯听众"的嫌疑的话，听众很快就会厌烦我，把我赶出讲台的。不过，我思考的结果却有一个重大发现，愿意和大家分享——这就是在演讲会上提问的艺术或方法。

在演讲会上向演讲者提问唯一的正确方法，是直接了当向演讲者提出你的问题。简单一句话，或者简单几句话，把你想了解的问题提出来，达到引发演讲者阐述观点、调动听众积极关注的目的，而千万千万不要借机表达、阐述你自己的什么观点。

"提问"，ask your question，说出你想从演讲者那里知道什么。

提问，而不是"阐述"，不是表达你的观点，present your opinion。

表达观点非常重要，但在演讲会上千万不要这么做。这是演讲会的性质决定的。因为，演讲会总有一个（或几个）大家为他而来的"演讲"嘉宾，嘉宾的观点和思想，是参与者最想听到的，而不是提问者。提问者的最高艺术，是问一个与主体相关的问题，问一个在座的参与者们共同感兴趣的问题，从而深化、强化，甚至间离演讲者的观点。

假如你不同意演讲者的观点，你也不应该在演讲会上反驳他——这依然是演讲会的性质决定的。你可以通过提问，把演讲者问倒，逼迫他讲出更深的东西，或者露出破绽来。

比如，这样的问题我最喜欢——这是我在西安电子科技大学演讲时一个学生的提问：

“徐老师，你的演讲总是讲就业、生存、挣钱，可是难道当代大学生不应该志存高远，追求理想吗？”

当时全体学生被这个提问者对我的刁难性问题引得很开心，哄堂大笑。可悲地我却因为音响系统的问题，并没有听清楚这个女生的问题，所以当时的回答并不精彩，至今引为遗憾。

这个问题，反映了这个同学的迷茫，反映了这个同学想通过我澄清的疑问，也反映了这个同学并不赞同我的观点的她的观点。（这是一个伟大的女生的提问。）

同时，这个问题也逼迫我必须把我的观点说得更加透彻，更加全面，更加完整。以达到和在场上千学生老师交流、向大家传播我所认为的正确人生目标之目的。事实上，我至今还在思考这个问题，许多学生已经根深蒂固地拥有了自己的、和我不尽相同的人生价值观。我的演讲或文字，必须考虑到这些学生，更加有效地向这些朋友传递我的信息……而不是仅仅在台上高谈阔论，说几个橙色段子搞搞笑就好的。

这是使我终身难忘的一个非常好的演讲提问。

从这个角度可以看到，提问本身也是可以表达自己观点的。通过自己的思想锋芒，激发受问者的思想运动，才是“提问”的最高艺术。

中国学生最糟糕的习惯，是在演讲会上利用提问的机会，滔滔不绝地表达自己的观点。无论你是反驳或赞同演讲者，都同样糟糕。因为，当你占用宝贵演讲会时间在长篇大论时，实际上剥夺了其他听众希望多听主讲者观点的权利和期待，也剥夺了主讲者完成自己演讲使命的时间，也剥夺了主办者希望多给听众机会的目的……这是一种基本交流意识，是我们需要补上的交流常识课。

不要误解：我这里讲的，仅仅限于演讲会上提问的方法。

2. 向咨询者求助

我天天收到不少来信。我努力尽自己最大精力和时间给同学们回复。虽然我永远不可能给每一个人回信。

什么信最能够引起我的注意？什么信最容易引发我的回答？

那种开门见山，用简洁的语言，把你的麻烦 trouble，problem and confusion 说清楚的人。

我最怕的信，是从幼儿园写起，看了半天，才写到初中，又看了半天，刚写到高考……等到他写到大学毕业面临的困境时，我已经退休了……

最好的信，应该符合下列几个原则：

1. 时间顺序，用倒述形式。Reversed chronic order. 从现在写起，你现在有什么问题。虽然你目前的问题往往植根于你的童年，但至少你要把现在的问题说清楚，我们才能遥想当年无知时，什么事情摧毁了你未来的正常。顺便说一句，最经典的个人简历，也应该使用这个时间方式，从现在到过去，反过来写。

2. 用疑问句开始。第一段落，用提问的形式，用疑问句开始，把你最想咨询的问题问出来，迫使阅读者顺着你的思路继续下去。

3. 在拒绝滥情的同时，要有真情，表达真实情感。什么是滥情——徐老师，我已经不能活了，我恐怕等不到你见我的那一天了……表达没有事实在内的情感是滥情。什么是真实情感——徐老师，多少天来，我一直有一个无法克制的自杀倾向，因为我最爱的女友背叛了我……表达某种事实引发的情感，是真实情感。

4. 尽量不要太长，不要超过两页纸。如果非要长不可，可以作为附件。收件者如果感兴趣，自然会继续阅读。当然，如果你想通过写作来宣泄自己的郁闷，越长越好。等你想自杀时，发现已经累了——洗洗睡吧！明天再杀！

上述几点，是我个人的期待。但毫无疑问，也是写求助信、咨询信的一种规范。

任何事情都有规范。没有规范，不能成事。接受这个时代对人才期待的种种规范，是人生成功的起点之一。

小平又及：

不要因旧国情，拒绝新国情

“我一向认为你的文章基本不是很适合中国国情，你接待的人都是实力很好的人，我觉得都是个案，没有普遍性。”这是“西风玉树”博友对我文章的评论。谢谢啦！

不过，什么是国情？中国的改革开放从无到有，“无”是中国国情，“有”是对这个国情的改变。无是可悲的旧国情，有是值得庆贺的新国情。

思想和方法领域，中国没有的东西太多太多。我在这里做一个文化小贩，为同学、读者叫卖一点新观念、新方法，自得其乐，并且乐此不疲。我要做的，就是要针对教育和职业领域内落后的国情，狠狠博客一把。

观念落后，方法落后，是旧国情，正在引进的新观念，新方法，是符合中国发展、青年发展需要的新国情，是伟大的国情。哪怕今天不存在，依然是我们需要创造的新国情。

论“说”

一

新东方的老师有什么共同特点？假如在诸多共同的特点中，你只让我选择一个的话，这个特点就是“能说会道”。在新东方，优秀的老师，都是能“说”的人——因为，作为一个教学机构，新东方的一切，都是“说”出来的。新东方老师的性格也许有内向和外向的不同，但他们一登上讲台，就会像三峡大坝开闸放水一样，滔滔不绝地一“说”而不可收。一个再“优秀”的老师，假如走到讲台上依然恪守“沉默是金”、“言多必失”、“少说多做”这些中华文化的黄金法则，学生就会开口把他轰下台。

简而言之，新东方就是“说”出来的。

在文字发明之前，人类除了靠原始的音乐、舞蹈和美术来表达爱情与饥饿之外，最主要的交流方式，恐怕就是“说”了。

“说”是人类满足最低需求的手段。“说”也是人类实现最高目标的前提。从新东方老师讲课挣钱，到美国总统竞选当官。“‘说’是一套，‘做’是一套”，是中国人对爱“说”者最廉价的攻击，但这恰恰成为“说”的荣耀。美国政治家全是这样的人——如果他不有“言”在先，把选民“说”服，他哪里能够走进国会大厦、白宫大堂，“做”他想“做”的事情呢！美国总统虽然食言的例子很多，但美国四十三届总统，大概除了华盛顿，其余基本都是通过竞选选出来的——看官！须知竞选也是一种内战，但其唯一的武器就是“说”！

“说”是推销员做生意的根本大法，“说”是管理者统领员工的精神法宝——天下伟大的管理者，都是善于激励员工的大师。只“说”不做的人，是司令员和指挥家；不“说”只做的人，往往受治于人，既说又做的人，则可以治人。治者理也，管理者一定要会说！

说，会说，能说，“说”得比唱得好，“说”得天花乱坠，“说”得别人如痴如醉。这些都是人才成功的优秀素质，罕见品质。崔永元“实话实说”就是“说”，赵忠祥“动物世界”只是“读”。所以，仅仅开牙“说”话是不够的，还要“能说会道”，还要说得言之有理，还要说出自己的思想，说出自己的激情，说出自己的灵魂。这种“说”，才能为你带来成功和光荣。

三

我不知道为什么中国文化里面对美丽的“说”是如此的有成见，有反感，有保留。

“说”，说到底只是一种不含褒贬的技术。希特勒非常会“说”，克林顿一样也会说。什么藤儿开什么花，什么阶级说什么话——这个我们且不去管它——但无论你口中有多少莲花要开、象牙要吐，你至少要首先学会如何开口、如何倾吐，如何“说”！

“说”，同时也是一种伟大的艺术。我们的教育家、思想家、文学家、青年奋斗家，千万种各式各样的家，首先要认识到“说”是一种必备的人生技能，“说”是一种需要演练的人生艺术，“说”是奋斗者成功实现自己的重要前提。无论你是找雇主，还是找雇员，无论你是面对团队，还是面对市场，你都必须会“说”。

为“说”正名，为“说”歌唱，为“说”游说，是我这篇文章的主旨。

四

“我说，故我在”。这是我在 2000 年出版《美国留学天问》时，骄傲地给我自己拟定的墓志铭。

我承认，我相当会“说”。尽管经常因为在演说时“说”得不够好而精神崩溃。但崩溃之后，我继续“说”！

有时候，我会为自己说话的能力而吃惊。我吃惊，不是因为我确实会说，而是因为，以我这样的教育背景，我居然依然拥有说话的能力而这个能力没有被扼杀，这简直是一个奇迹啊。

我想起从小到大，我的说话风格和方式，一方面总能引起身边的朋友们的喜欢和赞赏，一方面也总是引来一些朋友的批判和反对。

我记得在中学里，我经常被老师同学训斥：你这个人能说会道，好表现自己！

“能说会道”，“好表现自己”，这是两个在我看来无比美丽的词汇，在那些老师同学眼里，是一种骂人的话……

当时的我，才十三、四岁，面对这样的批评，不知道如何反驳。我清楚地记得当时我的心情：一方面我感到尴尬，因为毕竟人们的批评显得那么义正词严，似乎代表着某种官方意志、正确路线、至高权威，是以此在对我进行帮助教育。但另一方面，年轻的我心里涌出一种追求真理的本能的困惑：一个人难道必须不“能说会道”，不“好表现自己”吗？这有什么坏的？

从小到大，这种被人指责“能说会道”的尴尬局面相当多。我非常非常迷惘。就在这种迷惘中，我“说”着“说”着就长大了！

我庆幸，我在成长过程中没有和那些批评者一样“清醒”。种种偶然和必然的因素使得我“说”的兴趣和能力没有遭到扼杀。这个能力，到了成年后在音乐学院读书期间，被同学朋友们认可，到了后来北大任教期间，被学生同事们接受。甚至，成为多年后俞敏洪来温哥华找我加盟新东方的历史原因之一……我承认，我在北大当年的“说”，迷倒过敏洪、王强等一大批北大的牛人牛孩。

好汉不提当年“说”，但我怎么能够忘记那些为了青春、为了欲望、为了荣誉、为了理想而口若悬河的北大岁月啊！

生不息，说不止。

我说，故我在。

五

“说”和“干”，是一对孪生兄弟，他们从来都不是冤家对头。

假如有人把“实干”与“说话”对立的起来，这样的人，如果不是对于自身说的能力不自信，一定就是对于人类说的价值不了解。

在作为文化教育集团的新东方，把这个问题说清楚是非常重要的，因为，这关系到我们用什么样的思想来影响我们的学生，用什么样的人格来塑造未来中国栋梁的大问题！

虽然压制“说”的时代已经过去，“说”的恶名，依然存在。“说”的后果，依然恐怖。以至于即使在新东方这种以说为主业的地方，依然会有那种“少说多做”的传统文化残余存在。

说，作为一种人类的美德，在中国社会，依然缺少足够的认识和充分的提倡；说，作为中国青年人尤其是青年知识分子必备的应付人生挑战的一种能力，依然由于先天的缺失、后天的鄙弃而远远不能适应生存竞争的需求。

“少说多做”，是体力劳动者经常说的一句话。因为，“说”是要耗费力气并动用精神和肉体力量的。对于体力劳动者来说，“做”是他们的宿命。

而“一呼百应”（呼就是说），则是知识分子的“做”、知识分子的“干”、知识分子的行动。

对于知识分子而言，在很多情况下，"说"就是他唯一的使命。说的价值就是说！比如讲学，比如演说，比如谈判，比如宣传，比如营销、比如电视、比如电台……

宋美龄在美国国会那篇改变美国对华援助政策的演说，其力量，可以和后来飞虎队运来的武器装备相当。

林肯在葛底斯堡的演说，马丁·路得金"我有一个梦想"的演说，都是人类争取自由幸福的强大思想武器，给了一代又一代的后来者伟大的精神力量。

孔子一生没有写过什么电子邮件，一部《论语》，是学生记录的他的言论。"子曰"就是"孔子说"。

耶稣也没有发过什么手机短信，一本"圣经"，是门徒描写的他生前的言行。

圣人说，伟人说，古人说。

凡人也说，俗人也说，今人也说。

说着说着，凡人也许就成了圣人，俗人也许就成了伟人，今人总会成为古人。

孔子在曲阜说，耶稣在耶路撒冷说，林肯在葛底斯堡说。

新东方的老师，在北京说，在中国说，在东方说……

新东方老师们的"说"——包括我自己的在内，比起古往今来的圣贤，也许就是一堆泥沙。不过，根据聚沙成塔的说法，我们也能够成为通天的宝塔——我们并不敢、也不愿自卑。

谦虚过后，我们吃点金嗓子喉宝，润润嗓子，继续"说"！哪怕就说一点圣人先贤说过的"说"也好啊！

我想我在这里已经说得够多的了。留点时间去做点实事吧——因为，明天早晨，我还要去新东方课堂开"说"呢！

致博友及疯狂的日程

一、致博友

easter_xu 在《论"说"》后发表回帖：

一直在关注老徐的Blog何时更新，等了5，6天了。

这个博友的帖子，触发了我的感觉，我想把上周的日程发布在这里，让大家知晓我没有更新的原因。

这个博友、以及所有其他博友的期待，使我诚惶诚恐，使我内疚感动，使我想一天更新三次……

新浪博客给了我一个非常好的窗口，让我有机会和更多的青年朋友和家长们交流。每天清晨，我怀着人类登月、少年偷窥一样的好奇心，登上我的博客，因为那里有博友留下的评论和留言。

每次读完，都有努力写作、发布的冲动……但几乎每天早晨，时钟都在争分夺秒地催我去赴会、去机场。很多时候，我没有灵感，只有"快赶"——生命短暂，我总在赶路。

我喜欢我的博客，并打算努力发布下去，让我的观点，在这里得到更多博友的认可，也让我自己的思想，在博友的批评下，得到更大的完善——除非我的日程，总是像本周这样，不过这是不可能的。

我爱每个博友！民主的力量，在这里生根发芽！

二、疯狂的日程

这是一段疯狂的日程。记在这里，让自己自豪和感动一次。一个人能够感动别人并不难，难的是总能自己感动自己！

同时，一个人疯狂忙碌一周也不难，难的是一辈子都这样疯狂的忙。我这辈子，并不算苦大仇深的忙人。所以，博友不必为我仅仅一周的日程感动。要感动，请向俞敏洪致敬。他是那种一辈子都在以比我本周日程还要紧张的节奏中工作的人。他才是疯了！

……

22日(2005年10月)飞回北京，立即开会，商量第二天北大一个活动。

23日，飞广州，在广州大学城演讲。上午在北大参加故友吕林追思会，下午已经到了广州大学城和俞敏洪一起为学生演讲。演讲前剩下十分钟吃盒饭，居然是烧鸭，这个时候，谁有时间啃骨头？饿着肚子上了讲台。夜里12点，在宾馆和一对从深圳赶来的年轻夫妇谈了1个小时。女的要留学，男的想留人。留学经常导致分离、分手和分裂。

24日，赴中山大学演讲。上午广州电视台采访。下午休息。晚上在中山大学和俞敏洪、王强演讲。夜里两点睡。演讲效果迷人。每次面对汹涌的学生人流，心里总紧张，最怕同学不鼓掌。可怜天下“说”者心！

25日，飞太原。下午四点在中北大学演讲。这是一个巨型大学，有三万五千学生，之前居然不知道！中国大学扩展的效果，在这里令人惊讶和自豪，虽然教育内容尚需大力革新。晚上七点在太原理工大学演讲。每个学生，都令我入迷。这是我第一次一个人紧接着做两次大型演讲。虽然俞敏洪一天三、四次的演讲是家常便饭，值得敬畏，但上帝给了他一个花腔男高音的嗓子，不会破的，而我，知名公鸭嗓，虽然性感，却一叫就破。

夜里读《蒙牛内幕》，深感牛根生是一个伟人。最伟大之处在于：对伊利老板郑怀俊的以德报怨。在这个问题上，他是一个圣人。唯有人格伟大，才能最终成就大业。郑俊怀则是完全相反的例子。仅此一点，牛根生就为中华文明留下了千古风范，丰富了当代精神。我还没有见过其他巨贾，展现过类似人格典范。一个人如果既创造物质财富，又创造精神财富，则可以彪炳千秋。“牛根生以德报怨”，可以和李白“铁杵磨针”的故事一样，载入小学课本。

26日飞北京。到新东方新总部大楼，参加新东方董事会。大楼一片新气象，厕所特别好。后来才知道是开发商建的。

27日飞深圳，中午在深圳参加教育部大学生就业论坛，演讲。六点飞回北京。回到北京，想起已经预约的好多个要见面的学生，舌头的溃疡发出剧痛……

28日，休息……舌头退肿，为国家，挽救一条会说的舌头！

言论自由，从心开始

新浪开设徐小平博客，是朋友们撮合的好事，我自己其实也很开心，既让我多交朋友，又增加我的知名度，嗨，有什么不好的呢！

但是，问题很快就来了。我的博客开张没几天，评论栏中，也出现了恶意评论。我在网上经常看到一些实在是恶意得无厘头的帖子，没想到我开了博客，也惹上毒帖。

我一直在期待着严肃的批评，哪怕是刻薄的恶毒的评论，只要你有内容，能够使我得到改正就好。否则，你倒是骂得痛快，一泻如注，但我却不得要领，不知道我做错了什么？就是赔礼道歉，也得有个缘由啊。否则，我简直就是贾宝玉面对林妹妹赌气时的冤屈了：妹妹，有什么话好好讲，否则，我就是死了，也死不明白啊！

说心里话，我还真不知道我有什么敌人。我既没有政敌，也没有私仇，我只有朋友，和即将成为朋友的陌生人。至少这是我的希望和追求。如果因为我的过错导致什么人不开心，我会努力一百倍地改正。

但在博客上看见一条莫名其妙骂我的帖子，我心里还是不如看见夸我的帖子那么开心，一怒之下，就想动用我管理博客的权力，把狗日的贴子给删了！咔嚓，像阉什么东西一样，把它割了！一时间，我真的下手了！

删节完毕，我心里挺高兴，但偏偏这个时候，我“那玉洁冰清”的优秀素质，浮现在我的心头，我面对删过的评论栏，发出了对自己的质疑：

我突然发现，原来我自己一直渴望的言论自由，真的降临到我自己身上，却一点也经不住考验。看到那么多条夸我的帖子，我是那么沾沾自喜，卑鄙而甜蜜地睡着了，但看到一条骂我的帖子，我就如此 upset，马上就睡不着，而且本能地想动用自己那点可怜的管理自己博客的权力，必把人家删除而后快！

嗨，我还算是知识分子吗？我还算是读书人吗？我还算是接受过西方教育的教育者吗？我不成了言论控制部长了吗！？我这样的人，幸亏一点权力也没有，如果一朝有权，我不是世界上最卑鄙的言论控制者我是什么！妈的我真卑鄙啊！

于是，我自己脸红心跳地制服了我删帖子的欲望，把那条已经删除的那个帖子，恢复了过来，看着那一分钟前令我十分厌恶的文字，我眼中居然看到了神的启迪，心里居然感到了救赎的快感！

瞧！人类的精神快感有好多种——可以来自滥用权力、钳制言论的快感，也可以来自尊重自由、容忍异见的欣悦。前者的精神快感建筑在他人的精神窒息的基础（哪怕是“不正确的精神”）上，后者的愉悦，建筑在对于他人言论权利平等尊重之上。

我庆幸，在这个无人知晓的瞬间，我自己完成了一次精神的飞跃！哇噻，如果天天这么飞跃一次，我岂非成了圣人！？岂敢、岂敢！

瞧！这个发帖子恶意攻击我的朋友，居然给我带来了精神的升华，他读到这里也会骄傲吧！谢谢啦……

于是我想到，原始森林之所以有强大的生命力，亿万年覆盖着地球母亲，其实就是她的包容。原始森林，它里面有参天大树，它里面有苔藓杂草，它脚下有百年的落叶、千年的枯树、万年的腐枝，它怀中也有茁壮的幼苗、挺拔的松柏、顶天的云杉。原始森林永恒的生命力，来自于它的无所不包，无所不容。如果有一个园丁走过来，斩这个毒草，砍那个恶苗，铲这个恶花……原始森林，就会变成脆弱不堪的植物园，就不可能茁壮成长，成为生生不息、泽被世界的生态圈。

人类的言论自由，其实如同原始森林，只有对于一切不可容忍之言论，进行最大限度的容忍，只有对所有人发表言论的自由，进行如同捍卫自己自由一样以必死的决心来为之挺身捍卫，人类文明才能真正发展、成长、延续……靠控制言论、压制自由而治理社会，社会必然漏洞百出，险情四伏……

“防民之口，甚于防川”，我记得这好像是古文观止里第一篇文章的第一句话。这些道理，其实不用我说，大家都是知道的。

然而，我这篇博文的意义却无比深远！因为，它是我自己“狠斗专制一闪念”得来的思想火花，它是我自己对自己专制本能进行自我钳制并且获得成功的光辉瞬间！这一刻，我真大言不惭地感到自己是一个伟人——因为我克制了人类天性中那种最卑鄙的遏制对自己不利言论的冲动，并通过这个遏制完成了一次自我完善。哈来路亚！

我们总在抱怨缺乏言论自由。但那么多名人一旦遇到不利于他们的言论，马上图穷匕首见，把人家拖上法庭，告诽谤，诉侵权，这些人，你能想象如果他们掌权，会给我们带来什么样的言论吗？渴望并争取更多言论自由当然好，但在中国知识分子的心灵深处，我们是否能够给与他人言论自由从而也就给与自己这种自由了呢？中国知识分子，喝着五千年言论不自由历史的狼奶，被这种精神乳汁喂大的我们，包括我老人家，对自由到底理解多少啊！

我决定，言论自由，从我做起，从心做起，从我的博客做起，从保护这条恶毒攻击我的帖子做起……我想象，我的博客会变成一座精神的亚马逊，言论的兴安岭……阳春三月，江南草长，杂花生树，群莺乱飞……知识分子梦想的言论自由，我在自己的博客里面，迎来了一个小阳春！

……

事情并没有结束。

过了几天，我在我的博客看到一个帖子：骂我删除了骂我的帖子。我感到委屈，赶快去查看，结果发现还真是没有了。我立即知道，这一定是新浪为了鼓励大家努力博客，采取的保护作者的行动，以免精神脆弱的博客们不开心，影响博客的繁荣……新浪的朋友们哪里会知道，我自己已经经历了一次删与不删的思想斗争，并完成了一轮精神升华了！他们不删，我也很开心的。

不过,(徐小平悄悄地说),既然新浪的朋友们替我做着言论审查的坏事,网上只留下夸奖我的好帖,我又岂能不开心?!

叹息 ing!

如何对待毒贴和恶意攻击

phuck you 在《外国语是月薪四千的一把暗器》后发表回帖:

徐小平,你就不要骗小朋友了,什么意大利语热哦,放狗屁!

大家要有自己的判断力,不要被这个垃圾写的狗屁东西蒙蔽。

亲爱的 Phuck You:

首先抱歉我只能这样称呼你,因为这是你自己给自己的名字啊!

感谢你对我的博客感兴趣,并提出了恶毒的意见,意见虽然恶毒,但毕竟也是一种意见啊。

不过,如果我是你,我肯定不会用你这样的语言来说话。

从积极的方面,你的意见使我想到:告诉大家学意大利语就业机会很好,有什么错呢?我错了吗——我没有错!我可以再说一遍,学意大利语的人,在中国就业市场上供不应求,肯定是一个激动人心的事实。瞧,你的毒贴,给了我一个重新发表并宣讲自己观点的机会,真不错!

所以,你称我为垃圾,但我却不这样看你。因为你是人,虽然是会侮辱人的人。更何况,你还激发我对上述观点进行一次有益的反思。

可见,博客朋友们,恶毒意见虽然令人厌恶,也可以找到好东西的啊!你们要有我的心态,那首歌的梦想就实现了:“这世界,会变得,更可爱!”

不过,我还是忍不住要建议这位兄弟把名字改一改。否则,每次人家根据你的名字称呼你,无论人家对你怀着多么深的敬意和善意,你都会觉得人们在侮辱你。

这里又有一个真理:侮辱人的人,必自取其辱。

你为什么要这样做呢!我们都不愿别人侮辱我们,我们都需要别人的尊敬。我们都需要别人善待自己，也都需要友谊和爱！

不要因为别人恶意对待过你，你就这样恶意对待别人。对我而言，我从你的愤怒中看出你一定遭受过某种生活的不公，甚至虐待。但无论这个世界如何对待我们，我们都应该以最大的爱心和善心来对待生活，对待他人——“打你的左脸，把你的右脸给他”，这是圣经上说的，过去我不理解，现在我理解了——而奇迹，就会在这个时候出现，你会感到风平浪静，云开日出，阳光明媚，生活美丽。人人都美丽而友善，处处是微笑和尊敬。真的，相信我一次，你会改变对于生活的看法的！

我特别希望能够见到你，并给你我的帮助。我的公开邮箱是 xuxiaoping@staff.neworiental.org. 我邀请你给我写信，我想听到你心里的声音，并真诚希望帮助你！

再见，Phuck you——但这不是我的错！

你的坚信每个人都会更加美好而你也会变得更好的徐小平

正确对待心理疾病

一个爱我的学生从英国打电话来，说在博客看到了 PY 这篇卑劣的帖子，愤愤地告诉我不要我理睬这种人！

我感激这位学生对我的关怀，以及其他所有博友们的支持和关切。但我在电话里告诉这位朋友，我不能不理睬 PY，甚至我渴望“约见 PY”，和他交谈并帮助他——因为，PY 的问题有一定的代表意义，通过 PY，我可以帮助一批类似的人。

PY 有什么问题？他的问题有什么代表意义，值得我为他写第二篇文字？

一，PY 是一种精神疾病。从他的文字对他进行诊断，我看到，PY 是一个心理不健康的青年。心理不健康，如同精神残疾，是一种真正的疾病和不幸。不是 PY 不想做一个普通人，而是他的心灵有了某种创伤，失去了做一个普通人、正常人、健康人的基本能力。

我的职业本能告诉我，我有责任让他自己知道自己有病，正视自己的心理残疾，从而寻求我的帮助。

我要在这里重新发出我上次向 Phuckyou 发出的邀请：“我特别希望能够见到

你，并给你我的帮助。我的公开邮箱是 xuxiaoping@staff. neworiental. org. 我邀请你给我写信，我想听到你心里的声音，并真诚希望帮助你！”

我现在还想帮助你，给我写信吧！

二，我甚至不认为 PY 的行为是一种道德问题，我也呼吁大家不要这么看问题。一个人的道德，很难溃败到这个程度，以至于对一个并没有伤害过他的人，发出如此恶毒的语言伤害。事实上如果一个人坏到了随意辱骂与他无关的人的时候，大家想想，这个人还是正常人吗？他一定应该进入非正常人类研究中心了！

所以，我相信 PY 的问题不是道德问题。

坦率说，我是没有能力解决一个人的道德问题的。道德问题，是长年累月潜移默化日积月累之结果，绝非我一次两次对话能够解决。而心理疾病，往往植根于某种突发的、扭曲的、患者自己并不愿意接受的成长环境中，一旦有人向他指出，给与分析，仔细沟通，他往往可能在很短的时间内认识到问题的症结，豁然开朗，云开雾破，阳光普照，立地成佛，成为他自己的弥勒佛、健康佛。

三，可怜的 PY 同学的心理问题，绝对不是“缺少教育”、“缺少知识”的问题。我见过多少没有读过几年书、识字很少的人，依然对世界充满热情，对人生充满希望，对他人美好善良。PY 的问题，和知识多寡无关，甚至和道德教育无关，而只和心理健康意识有关。

中国教育落后的地方很多，心理健康教育不健全，就是一个严重问题。多少健康问题，被当作人格问题，多少心理问题，被视为道德问题，多少青少年正常的欲望的表达和宣泄，被他妈的当作犯罪问题。中国教育的落后，害了多少中国自己的人，我这里暂且不表。但既然 PY 找到了我的门上，我就不能让他继续成为另外一个受害者，坦率说，我要帮助他，我要拯救他。

我要用我的爱心，把他扭曲的心灵扭曲过来，把他扭曲的生命扭曲过来，把他心里无端的仇恨、无端的亵渎、无端的敌视，扭转为愧疚、悔恨、遗憾、抱歉……扭转为羞耻、惊诧、醒悟、良知，化为爱心、关心、体贴心、同情心……

这世界，并不会因为 PY 的变好就会变得更好，但只要 PY 认识到了自己心理疾病的恐怖并愿意配合我来帮他治疗，PY 的世界，就会变得无比生动、新颖、靓丽、亲切、温馨……PY 的世界，就会瞬间变成一个美丽新世界！

我对此结果有百分之百的信心——至少，我对 PY 可能得到的这种人生幸福转折，充满必胜的信念！

……

最后，鉴于我上面的分析，我呼吁博友们不要再反击病中的 PY，大家已经知道，他的行为只是一种疾病而已，是一种需要治疗并能够治愈的病。你不会攻击一个人得了艾滋病，你也不会攻击一个人得了禽流感，你更不会攻击一个人患了血友病。那你就不要攻击 PY。

因为，PY 的问题，是一种需要治疗并可以治疗而且还能够治愈的病！

正确对待心理疾病，从 PY 博友开始！耶！

最后……最后，请博友们还不要赞美我的大度和善良。我之所以心态这么平和，只是和周星驰那样，换了一个角度来看世界而已。我可以告诉各位亲爱的博友我的真实心态：我在看了 PY 的帖子后，心里还感到非常恶心的——对于这样恶心的东西而不感到恶心的人，一定是虚伪的。但是我恶心的结果，是看到了 PY 的病，看到了我能够帮助他的机会，而不是生他的气。

哈哈哈哈哈哈哈！

这个世界上真正能够让我生气的只有俞敏洪。而且一旦我生气了，我就会去气他，结果是“负负得正”我们马上又会不生气……好不容易“气”起来了，结果一下子又泄了“气”。我的身上缺少生气基因。

……

关于 PY 的事情到此为止，读者诸君不必再为他浪费一秒钟时间。我呼吁 PY 写信和我联系，我保证和你见面，并尽我的能力帮助你，但不允许你再在我的博客上旧病发作，如果我再发现你那继续丑恶的文字，我会立即删除，让你写了白写！

自由与仇恨

好多读者写帖子，让我不要理睬 PY，这些读者都是我最铁的粉丝，龙口粉丝，我感谢你们！

但是，我要你们读一小段文章，以请大家理解我执意和 PY 对话原因。

“美国自由的一个核心内容就是‘宽容那些我们仇恨的言论’。如果这个自由受到威胁，美国的价值和美国的生活方式就受到了威胁。”

这段话出自薛涌先生写的《谁的大学》（云南人民出版社，2005 年 1 月）。这本书，新东方提倡所有人阅读。我手头的这本，就是从俞敏洪办公室抢来的，并以“人格担保”一定还他。但是我不想还。

我对PY的两篇回应，以及更早前写的“言论自由，从心开始”，都是想表达这样一种有关“自由”的最高境界！

我写“言论自由，从心开始”时，PY小友还没有出现。但我已经表达了这种“无论你多么令我恶心，我也要保护你说话自由权利”的心态。我写这些文字，实在是为了向我的读者灌输一点关于自由的概念。

这个概念就是：只要不涉及违法，容忍任何不能容忍的东西。千万不要以自己的观点、立场、趣味、品味、人格、思想……等这些主观的理由，去禁锢别人表达自己观点、立场、趣味、品味、人格、思想的自由。这就是真正意义上的自由。人人都能够从中获得好处的自由。这就是定义了中华文明的春秋战国时期的思想典籍得以诞生的自由，这也是决定了美国民主、繁荣、强大、富有的自由。

自由在中国，历来是一个可怕的字眼，珍贵的资源。人们常用一句最滑稽的话——“世界上没有绝对的自由”——来反对那些渴望一点可怜相对自由的人。

什么是“绝对的自由”？谁要啦？先给我们一点“相对”的自由可不可以?!

所以，我想在徐小平博客的小小世界里，创造一种相对自由。什么人都可以说话，哪怕恶心无比，哪怕是PY。

然后，根据我的良知，有选择地进行评点和回应。PY小友的帖子，以及此前引发我写“言论自由，从心开始”的帖子之所以有意思，因为他们给了我一个考验：当权力在握手上时，我会尊重别人说话的自由，哪怕他说的是非常恶心的话吗？

我自豪，至少到目前为止，我能够做到。

我想读者诸君应该理解我了。我是想用PY等这些网上司空见惯的恶意文字，来表达一个思想：只有我们学会容忍所谓不可容忍之人、之言、之论，我们自己才会有真正的自由、“相对的”但却是“真正的”自由。

PY的言论是恶劣的，但这是他的自由。

但PY的心理是不健康的，所以，从事青年咨询的我，感到有责任帮助他。

所以，我依然邀请他来新东方找我咨询。我自信能够帮助他，使他成为和我的其他读者一样的一个健康的人。

想一想，几天之后，经过我的咨询而变得友好善良的PY同志，来到我的博客举行网络对话，心平气和地告诉大家他和我对话的结果，我们的世界，就多了一个和谐快乐的人，少了一个被扭曲与被污辱的人。

而我的读者们，也会更加理解，“宽容”的力量，原来可以融化仇恨，甚至可以超越爱，让这个世界变得更加美好！

写到这里，我都有点爱上PY了——你是女孩吗？

（我知道他不是，女孩不会那样……）

反性骚扰总动员

一、冬月遇到性骚扰

一个女生给我写信，说有严重的人生问题要向我求助，随信还附了一张玉照。照片上的她相当漂亮，看得我胆战心惊，于是紧急约见！

但是，见了面我却非常失望——冬月长得确实漂亮，邮件里那个差点被我做成桌面的可人儿，肯定就是她。但是，正处在女人风情万种年龄段的冬月，为什么眼睛吹皱两池苦水，笑容折叠无限沧桑，声音潜伏雷鸣电闪，身躯显现曲折漫长？她不仅不构成一种诱惑，甚至给人一种忧伤。

女人的美在于鲜活的灵魂和个性，而不是桌面图片。到底是什么事情，摧残了冬月的青春活力，扼杀了冬月的生命激情？

原来冬月遇到了色狼！而且不是独狼，是群狼——不知为何，她在工作中总是凑巧遇到对她性骚扰的狗日的领导。但听她说，她对付性骚扰的主要方式就是回避、躲避、逃避。惹不起，躲得起。不怕不骚扰，就怕不逃跑。她不断换工作，毕业八年，她已经换了七个单位。

春去秋来，时光荏苒，冬月在最后一个工作岗位上往回一望，心里凉了半截：当年大学里的女同学们纷纷在生活中找到了自己的位置和方向，大家成家的成家，立业的立业，傍大款的把自己傍成了大款，养白脸的自己养就一副白脸，偏偏自己，三十岁上，还不知道自己是什么？喜欢什么？善长什么？属于什么？……冬月的脚步，陷入失败的沼泽。

听着冬月的讲述，看着冬月的沧桑，想着冬月的美丽，咒着冬月的色狼。我心里百感交集，郁积着同情，充满了义愤！师生情、色狼恨、异性趣、祖孙爱，涌动在我心间。

我想拥抱她，但一想不行——冬月肯定不愿接受这种安慰。有道是“一朝遇色狼，十年怕色盲”。我不能犯教条主义的错误。

她愤怒地问我:“为什么女人生来这么倒霉,总是遇到色鬼色狼色男色情狂!?”

我说:“是啊,他娘的 and 他狼的!……”

但我感到我的谴责空洞无力。我也感到我并没有能力帮助她。因为,我微弱的声音无法达到冬月那些色狼耳朵里,也无法吓退那群色狼高涨的性欲。相反,这种廉价的谴责会强化冬月的“弱者”和“受害者”身份,对帮助她搏击狼群、走出人生困境于事无补。

我叹了一口气——假如色狼真是一种狼,我看见冬月多年来与狼共舞的笨拙舞姿。

二、如何看待性骚扰?

原谅我不能在这里详细描述冬月为什么总是遇到性骚扰。她的故事很复杂,一篇短文无法说清楚各种冬月遇到的是是非非。我只想借冬月的故事,讲讲如何对付性骚扰,传播一种我的性学哲学。

人生幸福是一种系统工程。获得幸福人生需要综合素质,需要满足种种复杂条件才能达到这个目标。但人生失败,却只需要一个看上去微不足道的缺口。倾美国举国国力打造的那价值很多亿美元的“挑战者”航天飞机,惨烈爆炸只是因为一个几分钱的螺帽。

冬月长相也许美丽,冬月知识也许丰富,冬月为人也许善良,冬月工作也许勤勉,但在男女关系问题上的处理方式,成为导致冬月人生航天飞机坠落的那个螺帽。

色狼为了自己的性福,注定要进行性骚扰;冬月为了保卫自己的幸福,必须学会反性骚扰。

“他骚扰你?你就不能骚扰他吗?”我几乎被冬月一败涂地的人生激怒了。

色狼真是害群之狼,把我们男人的集体名声都败坏了——虽然男人的集体名声基本不好。

什么是性骚扰?

性骚扰是“你所不欲但人所欲你”的性欲。Unwanted sex,你不想要的性。这个定义,是处理性骚扰问题比较先进的西方社会,一个比较经典的解释。

哪里有性骚扰发生?——在有人口的地方。有人口,就有性欲,有性欲,就有性骚扰。性骚扰也是一种性欲,虽然是一种“你不想要的性”。

这是一个人欲横流的世界。蜜蜂与鲜花同在,性欲与人口共存。毛主席说:凡是有人口的地方,都有左中右;徐老师说:凡是有左中右的地方,就有男女 gay——

我说的“男女 gay”这里指人类三种不同性取向——男性、女性、同性。

性取向，性取向，有性就有性取向。愿取是爱情，巧取是骗搞，购取是买春，索取是骚扰——强取？强取要坐牢。

离开校园，走进职场，少男少女们其实就是走进了名利场、掉进了是非场、闯入了欲望场、陷进了骚扰场。性骚扰，只是你人生面对的无数骚扰之一。无数骚扰，里面包含性骚扰。

不幸的是，我们的教育，家庭学校社会，并没有为青年人走向生活做好充分的准备，让他们迎接这些人生必将面临的真实而严峻挑战。

许多学生告诉我：大学毕业不想踏入社会而想留在大学，因为那里比较“清静单纯”——错了！知识分子越多的地方，尤其是在人才流动越不自由的地方，人性斗争越阴暗、越复杂，甚至那里的性骚扰，一点不比外面少。

教育的责任，不仅要让我们的孩子知道三皇五帝、天文地理、问题和主义、知识和真理……同时，还必须让他们知道真实的人生，以及真实的人生所要面对的种种敌人——人生的敌人很多，其中就包括你不想要的性欲、你不想要的竞争、你不想要的内斗、你不想要的解聘，以及那些种种可能压抑你自己人性发展的他人人性。

三、如何对付性骚扰？

每天每日，我们都在人性高速路上驾驶着自己人生战车飞驰，车前车后，总有超速飚车、酒后驾驶、违章开车的危险情况在威胁着我们，分分秒秒，时时刻刻，都对我们的驾驶技术和竞赛能力进行检验和挑战！你不能因为一时交通堵塞而躲在安全岛上徘徊不前，你不能因为几个鸟人骚扰就撤离奋斗大道、翻车抛锚！

性骚扰必须谴责，应该制止，最好杜绝。但是，性骚扰一般都发生在熟人之间——而这些狗日的熟人，往往又是那些拥有着能够影响你人生和职业发展权力的人——你能影响的人，又有可能会被你骚扰……这就是处理性骚扰问题最大的麻烦所在。

性骚扰包含复杂的人性因素、情景因素和性质转换的因素。随便举个例子：身上有着“你不需要的性”的人，也可能是那种有“你需要的友谊”之人。因此，在你拒绝和反击性骚扰的时候，除了打耳光、吐唾沫、顶膝盖、扫堂腿之外，还必须有相应的艺术性处理，以减少反骚扰带来的人际关系不必要的损害和职业发展成本。

禅曰：菩提就是树，明镜亦有台，世间尘埃多，我有鸡毛掸！

一物降一物，鸡毛扫尘埃，我佛早就为我们解决性骚扰问题提供了现成的战争方案了啊！（有人说查不到这首偈语，怀疑是我编的，待考。）

性骚扰像一块石头，横在冬月人生路上。谴责它？控诉它？回避它？远离它？……都是最消极和最糟糕的政策。他人人性不因你的好恶而改变，他人性欲也不因你的需求而存废。面对复杂的人欲世界，我们唯一的应付之道，就是认识人性、直面人性、尊重人性、巧对人性，勇敢面对、巧妙处理、变废为宝、化险为夷……辨识性骚扰、对付性骚扰、反击性骚扰、“利用”性骚扰——炸药用对了地方就是建设。

把那些狗东西炸药一般猛烈的性欲，定向爆破成对你人生发展有利的建设性力量……

瞧，商场、职场、官场、名利场，处处有那些艳美大姐肥美大嫂，她们在觥筹交错、瞬息万变的社交场面——社交有时是性交的前戏，记住哦！——那副八面玲珑、五官齐鸣、口蜜腹剑、笑里藏刀的样子，简直令你觉得面前那个喝醉了的男人即使是狼，也只是一匹已经被驯服家化的狼狗，令你想象那狼那狗那狗狼日的性骚扰，完全不可能在她们面前获得伸张！东风吹，战鼓擂，现在世界上，谁在骚扰谁……啊，这个境界，才是冬月妹妹这样的孩子要学会的生活艺术啊！

人在江湖行，哪能不挨刀？女在世上走，须学反骚扰！

我们谴责性骚扰者。但同时，我们要提升反性骚扰的技艺。两头都要抓，两手都要硬！

可惜在见我之前，从来没有人告诉过冬月这些基本道理。性教育的落后与贫乏——性、避孕、艾滋病、责任、性骚扰——中国对性骚扰立法和舆论建设的落后和迟缓，加上中国人文教育人性教育和人本教育的落后和虚伪，造成冬月她们对抗性骚扰能力的低下薄弱，拧下了导致冬月这样的姐妹人生飞船爆炸的螺帽……

四、我为什么要讲这个故事？

冬月她惨淡地去，正如她惨淡地来。看着她渐行渐远寥落的身影，我感到无比失落。

我失落，是因为我觉得冬月完全不该这么失败。我失落，是因为我感到我没有能够给她提供立竿见影的帮助。但更使我失落的，是我觉得我声嘶力竭地说了半天，好像都并不是她需要的东西！虽然她表面上口口声声说她收获很大，不虚此行，但我听到她的心却在说：徐小平，你真虚伪，你若不和我一起去把那几个骚扰过我的男人阉割了，你就也不是好东西！

我不去，万一谁不小心错把我当作开刀对象，我冤不冤哪？

谁说我的咨询能够解决所有问题？瞧，我就无法解决冬月的人生困扰。但我能通过讲述冬月的故事，帮助更多的人适时堵上这个人生成功幸福的漏洞。

还有多少女孩男孩没有准备好就走上人生骚扰场了啊！

兄弟姐妹、老少（姑）娘们，学会对付性骚扰！

下面是两个网友的回贴：

女同志都躲起来了，这个话题不好讨论啊……

性骚扰是一个很麻烦的话题，一方面固然在不容易界定骚扰和非骚扰的界限，另一方面，如老徐所说，那些进行骚扰的人，往往是具有一定便利的家伙，比如熟人和上司。而且，骚扰者往往“不屈不饶”，很是难缠。

我的建议有几条：

1. 心态：女性的心态一定要刚强，我看过类似的情况，被骚扰的小姑娘除了哭和诉苦，好像没有别的办法。

我认为，女同志一定要有一种“老娘”心态：妈的，老娘什么没见过，就你小样儿，看老娘的小李剪刀～～

我老大就和我说过，有个很漂亮的前辈，在公车上遭遇很严重的骚扰，前辈大怒，说：TMD，比你大老娘见多了！结果那个骚扰他的同志因此受到“心灵”上的创伤，从此不举。

心态很重要：老娘就是他妈的孙二娘，敢到老娘的地盘上耍把式，咔嚓！！

2. 学习：学校应该教一些防范的经验，如果学校不教，就要向有经验的前辈请教。很多前辈，这方面经验很丰富的（俺听她们没事儿整天就聊这种问题）。

3. 技巧：骚扰者必定会有自己的弱点，比如社会地位的问题。前一段时间，清华大学教授去台湾清华大学，对一位女大学生袭胸——妈的，你以为你是马，敢踢林志玲！！！那个女大学生当即就投诉。要是有人骚扰你，你牺牲一点让他得逞一次，搞下证据，然后弄得他家破人亡，未尝不可。

技巧应该有很多的，他有多少种技巧，你就能有多少搞定他的办法。

如老徐所说：奶奶的，就你能骚扰老娘，老娘就不能骚扰你！！

老娘

性骚扰确实是挺让人无奈的，特别是那些你惹不起的人。

作为一个女性，并且是有点姿色的女性，这样的经历肯定会有点。

我从事 IT 行业，换了几个单位。几乎我所在的部门都是清一色的男同事，刚入职时，也经常会有些男同事围着我转；外出谈项目，应酬客户也经常会遇到一些有非份之想的人。但在见过几次面，倾谈后，他们一般不敢乱来，原因是在他们看来我是个“不太好惹”的女人。也许在男人的眼里女性都是弱者，但偶尔碰到个个性强的，他们反而会慎重了，不敢轻举妄动了。由于职业的特性，在我的交友圈内基本是以男性居多，基本上我都可以做到既不得罪他们的同时，又保障了自己的安全，而且不少人还可以做“好兄弟”。绝招就是“别在你不在意的男人面前把自己太当女人看”。这是我的观点。仅供参考！

头上星空

我是博客青苹果

每天起床第一件事，就是登陆我的博客，看读者有什么评论，朋友有什么留言，然后根据当时的心情，写一些文字。

博客对于我，真是一个新奇而好玩的物品。直到今天，每次登录和更新，都有点兴奋和激动。我是博客青苹果——还不够老练、尚没有经验之谓也。

博客以来，我的写作空前高涨，主要是博友们直接而真实的反应，激发了我的灵感，也许还有少许的内疚感——因为我自己也是我的粉丝们的粉丝，我要为他们献身——错了，有道是献艺不献身，我要为他们献艺！

令我快乐的，是读者对我的夸奖；令我内疚的，是博友对我的期待；令我进步的，是那些批评我的好人；但最能令我反思并能从反思中得到提升以及提升的快乐的，是那些充满愤怒痛苦仇恨的帖子。我自豪我在这个小小的博客世界，通过和博友们的沟通交流，传达了一些我平时没有机会传达的思想。

博客还给了我一个好处：就是和社会互动、沟通社会心理的机会。人的活动总是限定在某个特定领域，我的是在教育咨询领域。博客使得我和社会各界的朋友建立了情感的联络，心情的汇流，哇，只要一登陆博客，我的书房马上就连接了天南海北，五洲四洋，三教九流，六亲八仁（后面四个字是为了娱乐我自己，临时编的）……

活着能够活到博客时代，真是一种幸福！

过去有一句话，人生能有几回搏？这句话现在显然没有意义了——人生可以天天博,而且一天可以N次博。虽然此博非彼搏,不过呢,此博彼搏总是BO嘛!

想想,苹果又要出新iPod了、索尼又要出新本本了、国家大剧院很快就要开张了、福娃已经开始热卖了、国产车又增加了新品种了、徐小平博客又有新内容了!

……每天太阳升起,能够给我们带来多少这样美好的新东西啊!对了,美好的生活不能漏掉这一项:某某明星又有新绯闻了——绯闻虽然总是进行在太阳落山的时候但总是曝光在太阳升起之后……啊,好娱乐!

今天早晨,就写这么多,这是我问候你的早上好——假如你在早晨上网;这是我送给你的晚安——假如你是夜里登陆。

但愿人长久,千里共博玩……

Life life could be fun,Blogger blogger come on down!

神译啊!!!

徐小平和徐静蕾

打开新浪博客首页,看到我的博客文章"我是他妈的大专生"赫然出现首页上,成为热门话题之一,心里很开心,很开心,很开心……

谁不想被人们认可、认同、认真啊!就连我老人家也一样。

中国社会和文化的特点之一,就是不敢面对真实的人性,比如嫉妒心,功名心,欲望和野心,这些东西,其实才是人类发展的原动力呢!

假如我看见我的文章登上首页不开心,不渴望被登上首页,谁来写博客呢!作为文明发展新形式之一的博客,就不能得到发展,网络文明就不能得到发展啦!

由此想告诉大家一个并没有发生的私人故事:我一直想写一篇文章"徐小平和徐静蕾",讲讲我暗中和这个美女较劲的故事。

我不认识徐静蕾。但有一天,我看到她的博客已经突破一百万点击量,而当时我老人家的博客,才五六万,心里就开始嫉妒徐静蕾她老娘家。

刚才看到徐静蕾的博客,点击率已经达到208万以上,比起我那可怜的8万多读者,整整超越200万人次!

你说我还活着干什么?至少我的博客还写着干什么?

当然我知道我为什么要写，我为什么要活，原因很简单，大狗叫，老狗也叫，徐娘叫，徐伯也叫，而且就应该叫得更响，叫得更勤！

我叫，故我在！

我叫，故我在。她叫，故她在。她叫，我不叫，我就不在。我叫，她不叫，我就叫得没劲！她叫，我也叫，我们叫来了博客的春天……到处莺歌燕舞，更有狗叫连连，大猪小猪落玉盘，大狗老狗二人转……

于是我又想到另外一个故事：俞敏洪在他那演讲了千遍万遍不厌倦的演讲中，有一个著名的段子，说人应该如何根据自己的不足，发挥自己的优势——是的，听俞敏洪演讲，你几乎会发现，他简直是一个完全根据自己的不足发展起来的人……

俞说：我在北大时发现自己和身边同学比，什么都不如，我读书不如王强多，就请王强帮我买书，虽然他尽帮我买些黄色书；思想不如老包深刻，我就和老包谈哲学，虽然他尽和我谈些反动思想；谈吐不如小平潇洒，我就天天到小平家里去，听他们那帮人牛比。结果呢……结果老俞有了王强的博览，有了老包的哲学，有了小平的谈吐……（他从来没有这样说过，但逻辑上肯定是这样啦！）

同样的思路，到了新东方时期，俞说：我在新东方英语能力并不是最强的（尽管这样也创办了新东方），我的口语不如王强，写作不如老包，狡辩不如小平，于是我就背单词——牛津英语辞典从A到Z我能倒背如流，不信你问我第六百页第八行是什么字……于是我成了国内前十名词汇专家……所以，人虽然要和别人比较、竞争，但要注意不要把自己短处和别人的长处比，而要找到自己的特点发展自己……

（热烈鼓掌！）

我说一个我的故事：三驾马车经常一起演讲，俞敏洪嗓门具有一种强烈的穿刺力，王强的声音之雄浑，简直具有摧枯拉朽的力量，三人之中惟有我的嗓门……也非常独特！

每次，如果我的演讲是在王强后面，我都会开几句玩笑，以缓和人们对我那刺耳嗓音的愤怒。我说：王强老师的音色太迷人啦！所以一般安排演讲，我都很不愿意排在他的后面，显得我的声音对不起听众似的，虽然我的声音也迷人！我最喜欢在俞老师后面讲，因为比起俞老师的花腔男高音，我的声音，就显得特别性感……

学生总是哄堂大笑……因为，上帝创造了人，但每个人都被上帝创造得独一无二。我们只有利用上帝的赐予把自己的事情做好，而不要因为别人的成功而自己干着急。嫉妒心是有用的，但它唯一正当的用途是驱动自己做好自己的事。无论你的事目前多么糟糕，或者多么出色，你只要集中精力做好自己事，让它变得更好一点、再好一点，你就是一个更优秀的成功者。

写作有了新的定义

Blog Redefines The Meaning of “Writing”.

电脑出了点问题，无法上网。看不到读者诸君在我的博客上又贴了些什么赞美的、批判的、睿智的、“愚昧的”评论，我坐在电脑前，大脑和电脑一样停滞，竟然不知道该做点什么。

自从博客以来，醒来第一件事，就是上新浪，看博客，写文章，抢沙发，连过去必看的新闻也不管了。现在不能上网，这些事情都做不了——不能上网，我还能上什么？

我写博客才两个月，已经深深地迷上了这个崭新的娱乐和写作体验。我相信从此我的文字和思想，会紧密和博客联系在一起。我惊叹，我再次走在了时代的前面——或者谦虚一点说，我再次没有落在时代的后面！

你博客吗？你居然不博客！——这种人，别理他！（Just kidding）

CNN 改变了新闻的定义：从“新近发生的事件”，变成“正在发生的事件”。现场直播，成为 CNN 时代最重要的新闻传播方式。

博客则改变了写作的定义：把“为读者写作”这样一种自文字发明以来的文明积淀形式，变成了“和读者一起写”的过程。现场直评，成为博客者喜欢博客最主要的原因，成为博客者从此不能罢休的精神生活。

这个写作新定义，虽然人人都能体验，但也许是我老人家首先明确提出来的——我要申请专利！

想想：一个写作新手，刚刚创建了自己的博客家园。他每天上网查看有无读者来访，如同渔夫查看有无鱼儿落网，如同猎手查看有无猎物下阱……突然，他看见博客上有了第一个帖子，一个不知名的 dd 或 mm，对他的博客表示了赞赏……从此他的人生体验，一定再也不一样——为了陌生的知己，为了自身的惊喜，他将再也离不开这种感觉！

莫道人间无知己，天涯处处有博客！

和读者一起写作，写完就知道读者的反馈，随时写随时改，不断根据读者的批评建议，赞美肯定来整理思路、激发灵感继续写……作者和读者的界限虽然依然清晰，但读者和作者在精神上的沟通、融合、交流、协调，则前所未有地模糊和统一起来……

这种写作体验和环境是空前的，它必将深刻影响和改变有史以来人类写作的传统与习惯。

1990 年代初期，移动通信革命刚刚开始时，我读到一篇文章预言道：一个人生下来从此就一个电话号码，走遍世界，一生一世不变。这个预言，其实在同一城市，同一国家，已经可以实现。我相信只要稍作协调，全世界范围内的一人一号，已经不是什么遥不可及的事情。

而博客的出现，使我看到另外一个已经成为现实的远景：一个人生下来，从此就有一个博客，走遍世界，历经奇幻，他的所有经历和思考，创意和心愿，苦闷和欢欣，都将被他自己记录在博客上。

喜欢他，就上他的博客欣赏他；讨厌他，就上他的博客批评他。而他，喜欢你，就上你的博客欣赏你；讨厌你，就上你的博客批评你。不打不相识，不博不知己……人类的精神大同，将在博客首先成为现实。

记得那首“国际歌”吗？跟我唱：这是最后的斗争，团结起来到明天，英特奈雄博客，就一定要实现！

博客，将成为人类文明百川归海的太平洋……